県歌「信濃の国」

浅井洌《きよし》 作詞
北村季晴《すえはる》 作曲

一
信濃の国は十州に　境連ぬる国にして
聳《そび》ゆる山はいや高く　流るる川はいや遠し
松本伊那佐久善光寺　四つの平《たいら》は肥沃《ひよく》の地
海こそなけれ物《もの》さわに　万《よろ》ず足らわぬ事《こと》ぞなき

二
四方《よも》に聳《そび》ゆる山々は　御嶽乗鞍駒《おんたけのりくらこま》ヶ岳《たけ》
浅間は殊《こと》に活火山　いずれも国の鎮《しず》めなり
流れ淀《よど》まずゆく水は　北に犀《さい》川千曲《ちくま》川
南に木曽川天竜川　これまた国の固《かた》めなり

三
木曽の谷には真木茂《まきしげ》り　諏訪《すわ》の湖《うみ》には魚《うお》多し
民のかせぎも豊かにて　五穀《ごこく》の実《み》らぬ里や[illegible]
しかのみならず桑とりて　蚕飼《こが》いの業《わざ》の打[illegible]
細きよすがも軽《かろ》からぬ　国の命《いのち》を繋《つな》ぐなり

四
尋《たず》ねまほしき園原《そのはら》や　旅のやどりの寝覚《ねざめ》の床《とこ》
木曽の桟《かけはし》かけし世も　心してゆけ久米路橋《くめじばし》
くる人多き筑摩《つかま》の湯　月の名にたつ姨捨山《おばすてやま》
しるき名所と風雅士《みやびお》が　詩歌《しいか》に詠《よみ》てぞ伝えたる

五
旭《あさひ》将軍義仲《よしなか》も　仁科《にしな》の五郎信盛《のぶもり》も
春台太宰《しゅんだいだざい》先生も　象山佐久間《ぞうざんさくま》先生も
皆此《この》国の人にして　文武《ぶんぶ》の誉《ほまれ》たぐいなく
山と聳《そび》えて世に仰ぎ　川と流れて名は尽《つき》ず

吾妻《あずま》はやとし日本武《やまとたけ》　嘆《なげ》き給《たま》いし碓氷山《うすいやま》
穿《うが》つ隧道《トンネル》二十六　夢にもこゆる汽車の道
みち一筋《ひとすじ》に学びなば　昔の人にや劣《おと》るべき
古来山河《こらいさんが》の秀《ひい》でたる　国は偉人のある習《なら》い

『信濃の国』とは、1900年（明治33年）に作詞浅井洌（あさい　きよし）、作曲北村季晴（きたむら　すえはる）によって作られた長野県の郷土歌である。歌い継がれてきた結果、1968年（昭和43年）に県歌として制定された。長野県民の多くが歌えることで知られる。

大学的長野ガイド
――こだわりの歩き方

長野大学環境ツーリズム学部　監修

昭和堂

蘐園社同人七子讌集図 部分 左端が太宰春台（飯田市美術博物館 所蔵） 本書21頁

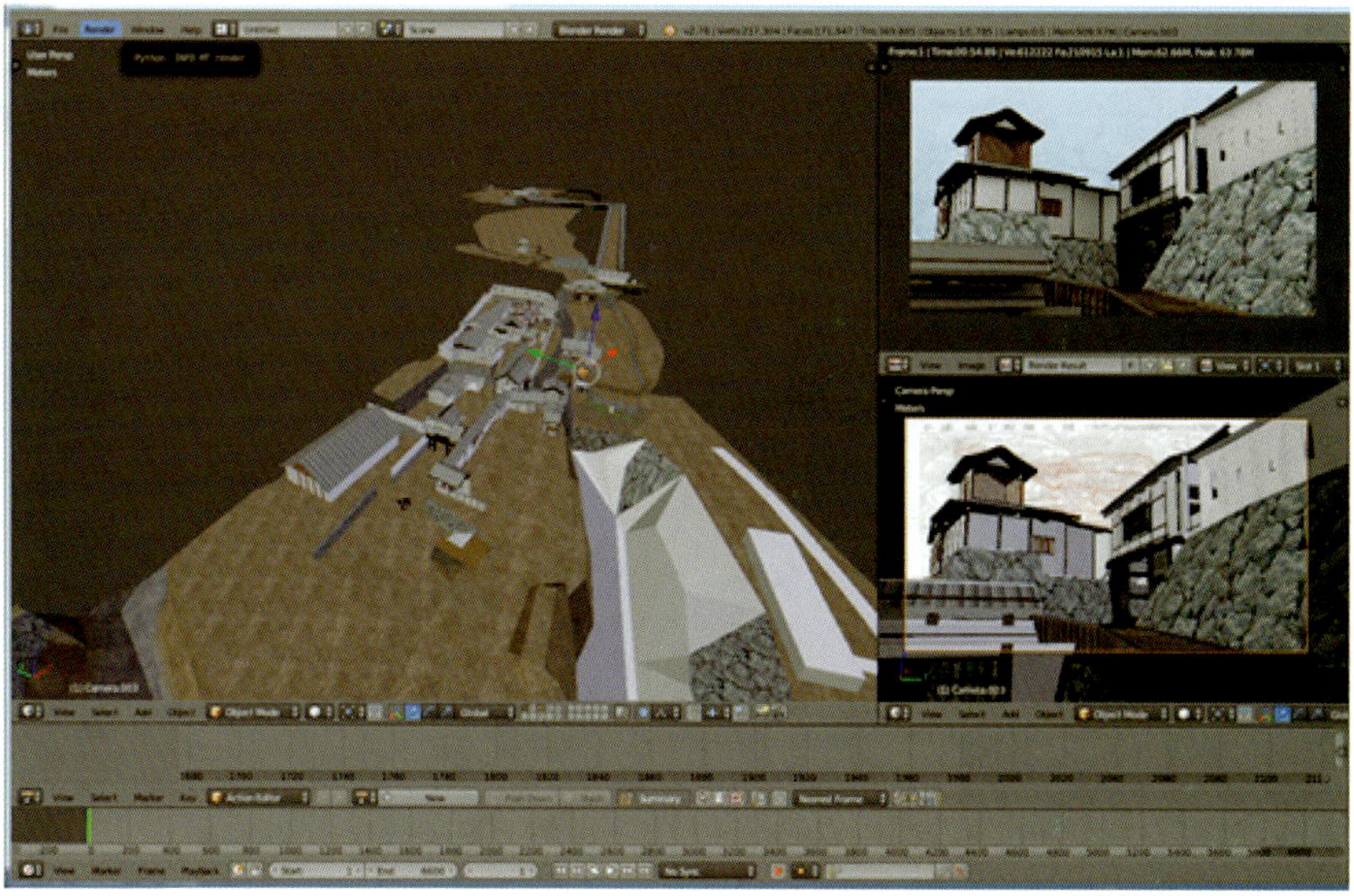

情報を統合して、小諸城の城郭全体の3DCGを構築（日本デザイン学会誌「デザイン学研究特集号」Vol.24-3、2017年より） 本書235頁

つけばに仕掛ける網を持った西沢徳雄さん（佐藤哲 撮影） 本書109頁

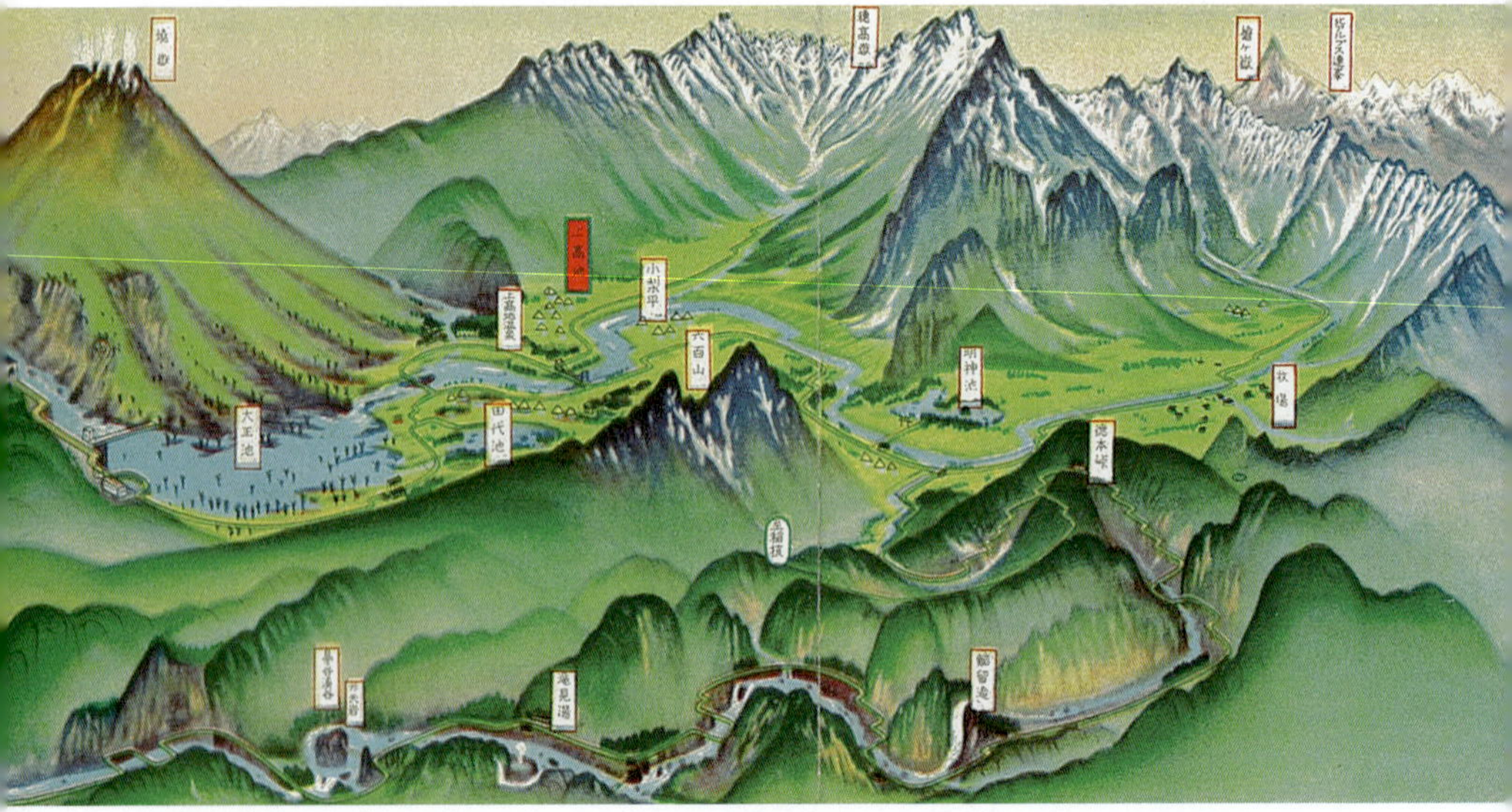

（横関隆登 所蔵〔吉田初三郎「日本八景上高地溪谷名所圖繪」『主婦之友』14巻8号、1930年〕） 本書179頁

ツキノワグマ（髙橋一秋 撮影）　本書151頁

日本八景溪谷部門一位を記念して描かれた上高地の案内図 部分

うえだ城下町映画祭：自主制作映画コンテスト表彰式の様子（2023年度）（小林一博 撮影）　本書275頁

ビラールモスクナガノ（英名：Bilal Masjid Nagano）の外観（入安ビラール 撮影）　本書315頁

『大学的長野ガイド』の発刊に寄せて

三学部を擁する長野大学は、これまで長野県を中心に地域の魅力の発掘、地域課題の解決に取り組んできました。教員からその成果をまとめて出版してはどうかとの気運が高まりました。

具体的には、環境ツーリズム学部の教員が軸となり、企業情報学部、社会福祉学部の教員と共に出版の準備を進めてきました。そして、京都の出版社、昭和堂が企画する「大学的地域ガイド」シリーズの長野県版として『大学的長野ガイド』を出版することにしました。この書籍は、長野大学の教員が取り組んできた研究活動をベースにして、研究者の立場から長野県の状況について説明、解説をおこなうもので、「長野」の魅力を掘り起こす内容になっています。

長野大学は、地域における社会・産業の学術研究の拠点として、教員個人および組織的な研究活動を進め、福祉、環境・観光、企業情報の分野における成果を積極的に地域に還元することによって、人々の豊かな暮らしの実現に貢献することを目指しています。本書籍がその一翼を担うことを願っています。

長野大学学長　小林淳一

『大学的長野ガイド』の概要

大学教員は、研究を生業とする職業である。専門分野に対するこだわりを持ちながら、研究者としての道を歩んでいる。こうして歩んできた研究人生の成果を活かし、長野をガイド（案内）する本として編纂されたのが、『大学的長野ガイド―こだわりの歩き方』である。

本書は、長野大学に勤務経験のある二十四名の執筆者による十六編の論説と九編のコラムが収録されている。取り扱った話題の大きさは、長野県内の市町村、その集合体としての県、さらには国際関係に至るまで多岐にわたる。目次は、県勢、自然、文化、定位の四つの視点を基軸に、それぞれの視点を二つの具体的なテーマに分解し、全体を八つの部で構成した。

「県勢」に焦点を当てたガイド（大学的長野の県勢ガイド）では、長野県を深く読み解く。第1部「県をよむ」では県の個性を浮き彫りにし、第2部「県をつくる」では県という単位が意識されてきたうごきを紹介する。「自然」に焦点を当てたガイド（大学的長野の自然ガイド）では、長野県内の自然資源を取り上げる。第3部「食をはぐくむ」では、人の手で管理される自然を紹介し、第4部「みぢかな生き物」では、人の生活圏で生息する生き物を紹介する。「文化」に焦点を当てたガイド（大学的長野の文化ガイド）では、長野県内の文化資源を取り上げる。第5部「文化をつかう」では、人を惹きつける文化を紹介し、第6部「テクノロジーと文化」では、テクノロジーを介する人と文化の新たな関係構築の可能性を提示する。「定位」に焦点を当てたガイド（大学的長野の定位ガイド）では、人々のものの見方を中心に据え、地図上には現れない観点から地域を描く。第7部「地元とあゆむ」では、執筆者が生活の場とする長野大学が所在する上田市を紹介し、第8部「世界とつながる」では、県内地域と国際社会との接点について論じる。

長野をガイドするものは数多くある。地元紙『信濃毎日新聞』が今を伝え、古を伝えるのが『長野県史』や各自治体の郷土誌、さらには観光ガイドブックがその魅力を鮮やかに描き出している。デジタル時代においては、観光協会のウェブサイトや、市民や事業者がSNS（ソーシャルネットワーキングサービス）を通じて発信する写真や動画も含まれる。このように、多様な立場の人々が、それぞれの視点で長野を案内してきた。本書では、その中でも大学教員としての専門分野に対するこだわりを活かし、他のガイドするものとは一線を画すことを目指している。執筆者それぞれの専門分野から見たこだわりにぜひご注目いただきたい。本書を通じて「長野」という土地の魅力をさらに広げていただければ幸いである。

編者　横関隆登　髙橋一秋

第6部 テクノロジーと文化――大学的長野の文化ガイド

第7部　地元とあゆむ――大学的長野の定位ガイド

第8部　世界とつながる――大学的長野の定位ガイド

執筆者一覧（氏名／現職［2024年12月現在］／専門分野）

相川陽一（あいかわ・よういち）／長野大学環境ツーリズム学部教授／社会学
石川義宗（いしかわ・よしむね）／長野大学企業情報学部教授／芸術学
市川正夫（いちかわ・まさお）／元長野大学環境ツーリズム学部教授／地理学
入安ビラール（いりやす・びらーる）／元長野大学環境ツーリズム学部教授／数学
片岡通有（かたおか・みちあり）／長野大学社会福祉学部教授／教育学
久保木匡介（くぼき・きょうすけ）／長野大学環境ツーリズム学部教授／政治学
熊谷圭介（くまがい・けいすけ）／長野大学環境ツーリズム学部教授／観光学
古平浩（こだいら・ひろし）／長野大学環境ツーリズム学部教授／社会学
小林一博（こばやし・かずひろ）／元長野大学環境ツーリズム学部教授／文学
佐藤哲（さとう・てつ）／愛媛大学SDGs推進室特命教授／環境学
髙橋一秋（たかはし・かずあき）／長野大学環境ツーリズム学部教授／環境学
髙橋大輔（たかはし・だいすけ）／神戸女学院大学人間科学部教授／環境学
田中法博（たなか・のりひろ）／長野大学企業情報学部教授／情報学
塚瀬進（つかせ・すすむ）／長野大学環境ツーリズム学部教授／歴史学
徳永哲也（とくなが・てつや）／元長野大学環境ツーリズム学部教授／哲学
羽田司（はた・つかさ）／長野大学環境ツーリズム学部准教授／地理学
古田睦美（ふるた・むつみ）／長野大学環境ツーリズム学部教授／社会学
前川道博（まえかわ・みちひろ）／長野大学企業情報学部教授／情報学
松下重雄（まつした・しげお）／長野大学環境ツーリズム学部教授／建築学
満尾世志人（みつお・よしと）／長野大学環境ツーリズム学部教授／環境学
宮本秀樹（みやもと・ひでき）／長野大学社会福祉学部教授／福祉学
矢野亮（やの・りょう）／長野大学社会福祉学部教授／社会学
山崎隆之（やまざき・たかゆき）／香川大学経済学部教授／観光学
横関隆登（よこせき・たかと）／長野大学環境ツーリズム学部准教授／造園学

第*1*部

県をよむ
——大学的長野の県勢ガイド

ふしぎ・なぜから始まる信州学

市川正夫

はじめに

長野県を信州や信濃と呼ぶのはなぜでしょうか。長野県の県庁はなぜ北部の長野市にあるのでしょうか。長野県は東日本か西日本かどちらでしょうか。何故長野県人はことあるごとに県歌「信濃の国」を歌うのでしょうか。そんな疑問を紐解きます。

1　科野、信濃から長野県へ、シナノノクニ・信濃・信州・長野県の語源

信濃国が長野県と呼ばれるようになったのは一八七六（明治九）年のことである。これは筑摩県のうち筑摩、安曇、諏訪、飯田の四郡を長野県に合併した時でこの結果、長野県の領地と信濃国が一致することになった。シナノノクニとは七世紀末の藤原京跡から出土

写真1　碓井峠（写真提供：西野寿章氏）

写真2　神坂峠（写真提供：阿智村教育委員会）

した木簡に科野国と書かれたのが最初である。七世紀末にヤマト王権が、全国的に国制を施行するなかで科野国が設定された。ただし国印には「信濃国」と表記されている。

国内で最も古い歴史書である『古事記』（和銅五年、七一二年）には、シナノクニはすべて科野国と書かれている。しかし『日本書紀』（養老四年、七二〇年）には、一例を除いて信濃国である。シナノクニの語源については、諸説あるが江戸時代の国学者賀茂真淵は「科の国はいにしえに科野と書く。その地名に科のこと多く見ゆ。山国にて階坂《しなさか》あれば地の名となりけむ」とし、険しい坂（峠を意味する）の多い地域であるとしている。

『信濃地名考』（安永二年、一七七七年）には、賀茂真淵説としては「信濃国いにしえ科野と書く。その地名には科のこと多く見ゆ。山国にて階坂《しなさか》あれば地の名となりけむ」とあり、埴科《はにしな》・保科・妻科などいずれも階坂ある地と記している。しかし古代には碓《うす》日《い》坂《ざか》（碓氷峠、現在の入山峠）・神《み》坂《さか》（神坂峠）・県坂《あがたざか》（木曽の鳥居峠）のように、古代坂は峠を指していて、峠の多い険しい場所と捉えていた。

『万葉集』には科野・信濃にかかる枕ことばが「水《み》篶《すず》刈る」であるが水篶は篶竹《すずたけ》のことで篠とも言った。篶竹が科野の国にも多かったことからシナノというようになったという説もある。

『千曲之真砂《ちくまのまさご》』（宝暦三年、一七五三年）には、「信濃と号する当国に科の木あり、この木をはいで諏訪の神事に用ふることあり。よって科野国と名づくる也」と書かれている。科野国の山野には科の木が多く自生していた。また諏訪大社の御柱祭に用いる御幣《おんべ》は、科の木の樹皮で造られていた。この科の木がシナノクニに多かったことから科野国が名づけられたというのである。

八世紀はじめになるとシナノクニの表記に信濃国が用いられるようになった。『古事記』には「科野国」と書かれたものが、『日本書紀』には「信濃国」と書かれている。

鎌倉時代になると信州・信陽《しんよう》という表現が用いられた。「信州」とは信濃国の略語である。また「信陽」というのは太陽の恵みが豊かな国という意味である。信州・信陽という表現は鎌倉時代に禅宗の僧侶により使われるようになり、ともに略称であり、正式には信濃国が用いられていた。

2　廃藩置県と長野県・筑摩県の誕生

一八六八（明治元）年それまでの幕府領と旗本領が明治政府に移された。その折、府と県の行政区画が設けられた。一八七一年には廃藩置県の実施で、藩がそのまま県と改められたため、全国には約三〇〇の府県が設けられた。その年の末までには、三府七二県にまで統合された。

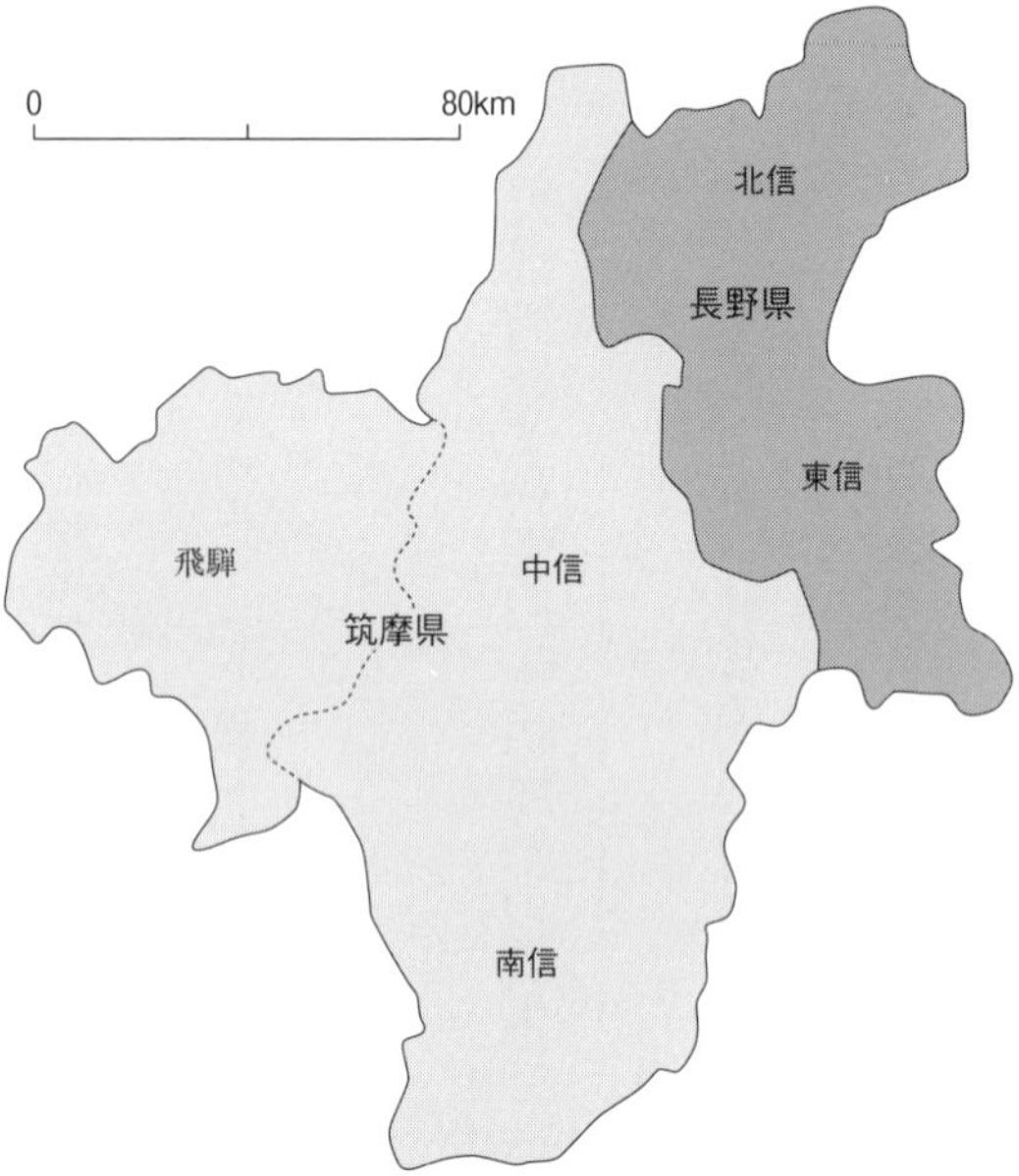

図1　1871（明治4）年に再編された長野県・筑摩県

一八七一（明治四）年、現在の長野県は長野県・筑摩県に分かれていた。当時長野県とは北信地方（更級・埴科・高井・水内の四郡）と東信地方（佐久・小県の二郡）のことであった。南信地方（諏訪・伊那郡）と中信地方（東筑・安曇郡）は、現在の岐阜県飛騨地方（大野・吉城《よしき》・益田《ました》の三郡）とともに一八七六年まで筑摩県であった。明治政府が信濃国を長野県と筑摩県の二つに分けたのは、東西で大きく文化が異なっていたためである。江戸時代の信濃国と違ったのは、筑摩県が飛騨と経済的・文化的交流があったからである。筑摩県の県庁は松本にあり、支庁が飯田と高山に置かれていた。飛騨支庁は旧飛騨代官所に置かれた。松本の県本庁と飛騨支所を結んだのが野麦街道で、飛騨鰤《ひだぶり》と言われた越中産のブリが飛騨高山経由で松本まで運ばれた。なお松本では『信飛《しんぴ》新聞』が発行されたのも、両者の関係の強さを表している。

長野・筑摩の両県成立時人口は、長野県が四六万六六五二人、筑摩県が四五万五四七五人、管轄高は長野県が四五万五四七五石、筑摩県が四〇万七五〇〇石と、両者はほぼ同じである。両県では各々教育制度や地租改正が進められていた。

一八七一年、長野県庁は今の信州大学教育学部構内に置かれた。ところが筑摩県の県庁は北深志町（松本市）に置かれていたが、一八七六年六月一九日放火され消失した。放火犯は旧上田藩士で筑摩県庁がなくなると、長野県と筑摩県が合併させられて県庁舎が上田に置かれると考えたからである。これを機に府県合併政策を勧めていた明治政府は、中信・南信地方を長野県に統合し、飛騨三郡を岐阜県に併合した。これにより長野県飛騨三郡以外四県（筑摩・安曇・諏訪・伊那の四郡）は長野県に統合した。この結果、かつての信濃国一円が長野県の領域となったのである。

3　県庁所在地はなぜ長野市か

一八七一（明治四）年七月に明治政府が廃藩置県を断行し、藩を廃して府・県を設置した。それまでの藩知事は罷免され、新たに県令が中央から派遣された。明治時代、信州では東・北信の飯山・須坂・松代・上田・小諸・岩村田・田野口の旧七藩と、中・南信の松本・尾張（名古屋）・高島（諏訪）・高遠・飯田の旧五藩が県となった。それ以前の一八六八（慶応四）年四月、信濃国におけるすべての幕府領（天領）は伊那県に移管された。伊那県の県庁は伊那郡飯島（現飯島町）に置かれた。一八七〇（明治三）年九月、伊那県を分県して、東北信の旧幕府領を管轄する中野県の県庁が旧中野陣屋に置かれた。しかし、中野県庁が一八七〇年一二月に起きた新政府に反対する中野騒動で消滅した。そこで政府は翌年六月県庁を中野村から長野村（通称善光寺町）の西方寺に移した。

ここで長野村から「長野県」という名称が付けられた。

一八七六年八月二一日、明治政府による筑摩県の長野県への統合で、筑摩県であった中南信の人々による不満が出てきた。さらに県庁が長野にあり、北信地方では中心にあるが、長野県全域から見るとかなり北に偏っている。松本を中心とする中信地域を、西信でなく中信と名のったのも当然のことであった。中信地方では地理的・精神的にも長野県の中心であるという意識が強かった。そこで長野県庁を松本に移すべきという意見に対して、県は飯田と松本に支庁を置いている。

写真3　飯島陣屋（写真提供：飯島町教育委員会）

このように長野に県庁をもってきたのは、ある面では必然性があった。一度決定したことを、明治政府が許可しなかったのは、各地で同じような、移庁問題があったからである。

4　最近まで続いていた分県論・移庁論

一八七六（明治九）年八月二一日、明治政府は広い県であった筑摩県を解体し、飛騨地方は岐阜県に統合された。残った筑摩県は、長野県へ統合された。

長野県に統一された経過として、前述した一八七六（明治九）年六月一九日松本城二の丸にあった筑摩県庁が消失した事件があった。火災の要因は旧上田藩士による放火であった。この放火事件によって明治政府が両県の統合を進める理由になったことが伺える。つまり筑摩県庁は建物だけでなく、書類等すべてが消失した。そこで県庁としての行政機能は全く失われてしまった。この上からの統合に対して、常に中南信の人々は北の長野に県庁があることに不満をもっていた。これが県庁移庁論や分県論で一九六三（昭和三八）年まで続いた原因でもあった。

一八七七（明治一〇）年と翌年には管轄地域が広いということで、県庁を上田に移庁伺いを出したが、政府から認可されなかった。さらに一八八〇年と翌年には県議会で中信議員から移庁案が出されたが、北信の議員から反対があり否決された。同じ頃の一八八〇年には高知県から徳島県など新しく八県ができている。このような分県運動が全国的に広まるなかで、一八八五（明治一八）年小里頼永松本町長が中心となり分県論は高まり、一八九七年には筑摩県再置の請願書が出され、元老院により中南信の分県が可決された。ところが内務省はこれを却下した。しかし県庁移転運動は終わらず、翌年には移転派の松本市民一万人が、警察署を襲う事件が起こっている。

一八七四（明治七）年に建設された長野県庁（現信州大学教育学部）は、一九一一（明治四四）年に焼失している。これを機に移庁論・分県論が再燃して、昭和恐慌時の一九三三（昭和八）年、第二次世界大戦が終わった一九四八年には、林虎雄民選知事のもとで定例県議会において、中南信の議員から分県意見書が出されて採決したが、賛成・反対ともに法定得票数に届かず、分県はできなかった。その時誰からとなく、歌われたのが後日長野県歌に指定された「信濃の国」であった。

一九七二（昭和四七）年には中南信市町村が「県庁移転新築期成同盟会」を作り移庁運動を始めた。しかし翌年「松本諏訪地区新産業都市」に指定され、県庁舎の改築問題が解決した。これにより八八年間続いた南北戦争は、政治的解決をみた。その後、一九七三年の「やまびこ国体」、一九九八（平成一〇）年の長野冬季五輪の際も南北の小規模な対立があったが大きな問題にならなかった。

5 長野県は東日本か西日本か

日本を大きく二つに分けると東日本と西日本となる。その分け方の境界線として長野県がそれに当たることが多い。また長野県の中でもフォッサ・マグナが東西を分ける分岐点となる事例がある。フォッサ・マグナとはラテン語で大地溝帯という意味でこの一帯は第三紀中新世から鮮新世まで海であった。

フォッサ・マグナを埋めていた筑摩山地や蓼科山、霧ケ峰、八ヶ岳などの富士火山帯は、東北信と中南信とを分ける分水嶺となっている。一八七一（明治四）年から一八七六年まであった長野県と筑摩県の境は、分水嶺と一致する。

それらの東西文化圏の違いが葱、犂、町名の呼び方、雑煮などで現れている。

葱《ねぎ》には葉葱と根深葱の二つがある。国内は関東では深谷葱を代表とされる根が五〇㎝にもなる根深葱が一般的である。関西など西日本では葉葱が多い。これには根深葱は冷涼な気候を好み、葉葱は温暖な気候に適していることがあげられる。長野県では松本市並柳の

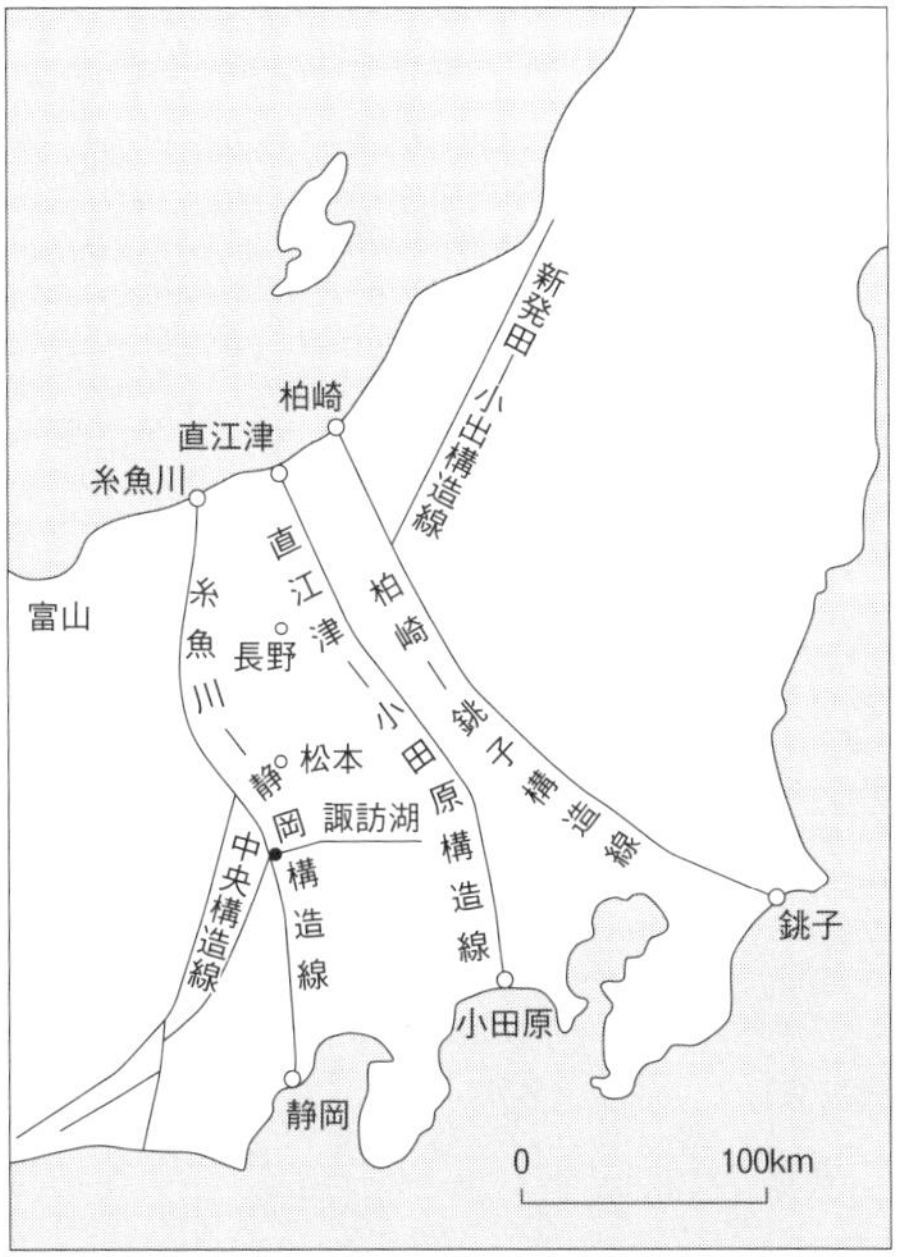

図2　フォッサ・マグナ周辺の主要地質構造線（山下1970をもとに作成）

松本葱や長野市篠ノ井塩崎の塩崎葱が知られるが、両者ともに根深葱である。しかし下伊那・上伊那地方では葉葱が栽培されている。

日本における犂《すき》は明治中頃には馬耕により普及した。当時の犂は、西日本では短床犂、東日本では長床犂であった。短床犂は深耕できるが耕起には高い技術力が必要であった。一方長床犂は深く耕せないのが欠点であった。長野県では東北信が長床犂、中南信が短床犂であった。埴科郡農会の技師であった松山原造が、長床犂と短床犂の長所をとった双用犂の特許を得て売り出した。これが松山犂で全国的に普及した。

町名は東日本では「まち」、西日本では「ちょう」と呼んでいる。北陸地方や関東地方では「まち」と呼ぶところがほとんどで、長野県では阿南町《あなんちょう》だけは例外で「ちょう」、他は「まち」である。これは阿南町の旦開村は愛知県設楽郡豊根村と第二次世界大戦中まで、産業組合を合同で設けていたほど、経済的に両村は密接であった。そこで阿南町が成立した時、「阿南ちょう」に決まった。フォッサ・マグナを境に東日本は「まち」が多いが、例外として山梨県では鰍沢町《かじかざわちょう》、身延町《みのぶちょう》など「ちょう」名がほとんどである。また北海道の

写真4　葉葱

写真5　根深葱

ようにほとんどが「ちょう」名、福岡県や熊本県は「まち」名が多い県もある。

6　信州で分かれる鮭と鰤の文化圏

日本人の多くは大晦日《おおみそか》の歳取り《としと》に食べる魚として、鮭《さけ》か鰤《ぶり》がある。その歳取り魚は東日本では鮭、西日本では鰤である。その分岐点がフォッサ・マグナである。なぜ東日本は鮭で、西日本は鰤になるのであろうか。日本では大晦日やお正月は「ハレの日」のため食事には貴重品が出される。その折には海のない信州では海の魚が出される。

長野県内で松本・諏訪・伊那の盆地、木曽谷などでは鰤文化圏である。それ以外の長野・佐久盆地などの東北信では鮭文化圏となる。この違いを決定するのが、街道である。信濃は古代から東山道、近世には中山道・甲州街道など国内でも主要な街道が通っていた。さらにそれに次ぐ脇街道が縦横にあった。しかし、信濃に入るには何日かの日々と峠を越さなければならなかった。海浜から運ぶ鰤や鮭も、移入のしやすい場所に根付いていった。

鰤の漁期が一一月下旬から一二月下旬で、「寒鰤《かんぶり》」と呼ばれる油ののったときが最もおいしくなる。中でも富山湾で獲れる越中鰤は水揚げ高が一〇〇万尾といわれている。その品質は「寒鰤」といわれた最高品であった。地元北陸三県や京阪神、飛騨・美濃・信州にも運ばれ高値で取引されている。富山湾の氷見（現氷見市）・滑川（現滑川市）・四方《よかた》（現富山市）・東岩瀬（現富山市）などで水揚げされた鰤は飛騨や信州に送られる。その輸送ルートが「鰤街道」と呼ばれ、四方や東岩瀬から飛騨街道や東飛騨街道、野麦街道を通り松本などが主流であった。松本から塩尻峠（一六七二ｍ）を越えて、諏訪地方に運ばれた。このほか奈川村（現松本市）や木祖村との境にある境峠（一四八六ｍ）を越えて木曽谷、そこから権兵衛峠（一五二二ｍ）を経て、伊那盆地に至るルートがあった。また飛騨高山から東濃（岐阜県東部）の付知《つけち》・中津川を経て大平《おおだいら》峠（一三五八ｍ）を越えて、飯田に至る道も鰤が運ばれた。

一方鮭は縄文時代から千曲川・犀川・姫川に鮭が日本海から遡上していたことが、出土した土器から分かっている。戦国時代、武田信玄は信濃の鮭が獲れる川を鮭川と称していた。江戸時代から一九三五年頃まで長野盆地や飯山盆地で鮭の漁獲高が多かった。千曲川では南佐久郡まで鮭が遡っていた。そのため歳取り魚として鮭が好まれていたのである。千曲川や犀川における鮭が不足するため、江戸時代は北国街道で越後から鮭が運ばれた。なお新潟県では糸魚川と佐渡島は鰤文化圏でそれ以外は鮭が歳取り魚となる。

写真6　飛騨の塩ぶり市（写真提供：岐阜女子大学デジタルアーカイブ研究所）

7　県域と県民をつなぐ長野県歌「信濃の国」

都道府県の多くに県歌がある。ところがほとんどの都道府県民が歌えないが、長野県人ならほとんどの人が歌えるのが「信濃の国」である。「信濃の国」が世に出たのは、一八九九（明治三二）年のことである。当時歴史地理唱歌が全国的に作られた時代で、長野県でも歴史地理唱歌の要望があった。さらに作詞者は長野師範学校教諭浅井洌《きよし》であった。浅井は長野県の地理・歴史・文化的内容、産業・旧跡・名勝、長野県出身の著名人、街道・鉄道などを歌詞の中に入れている。

第一番では「十州に　境連ぬる国にして」とあるが、北は越後、西は越中・飛驒・美濃、南は三河・遠江《とうとうみ》・駿河、東は上野《こうづけ》・武蔵・甲斐一〇か国と接している。現在の行政区画では新潟県、富山県、岐阜県、愛知県、静岡県、山梨県、埼玉県、群馬県の八県に接している。また「松本　伊那　佐久　善光寺　四つの平」とあるが、県内には盆地は、その四つだけでなく飯山・上田・諏訪の大盆地と野沢温泉・須賀川（山ノ内町）など二〇ほど盆地がある。

第二番では山地と河川がある。「御嶽　乗鞍　駒ケ岳　浅間」とあるが、駒ケ岳以外は火山で独立峰である。一八九九（明治三二）年の「長野県統計書」では穂高岳や槍ヶ岳が紹介され、北アルプスでも代表的でアルピニストの憧れの山である。この頃は登山も普及しておらず、県民にとって身近で親しんだ山が好まれたのであろう。

写真7　御嶽山

第三番では産業「木曽の谷には真木《まき》茂り」とあり、この真木とは本当の木を意味して、木曽桧《きそひのき》のことである。桧は耐久性、防虫・防腐という意味でも最高の材で、一八八九（明治二二）年には官有林から御料林に指定された。そして木曽の地場産業である漆器・曲輪《まげわ》・木材などの工業製品として一大産業となった。「諏訪の湖《うみ》には魚多し」にある諏訪湖は明治時代、富栄養湖として鯉や鮒などの漁獲高も多かった。「五穀の実らぬ里やある」とあるが、長野県では木曽谷や伊那谷の山間地、南佐久の高冷地でも田稗《たびえ》や粟《あわ》、黍《きび》などは栽培できた。「蚕飼いの業の打ちひらけ」とあり、長野県の養蚕の発展について強調している。養蚕は明治期後期から昭和初めまで長野県だけでなく日本を代表する産業である製糸業を支えていた。

第四番では信州の名所旧跡を六か所あげているが、いずれも日本の古典にでてくる。長野師範学校で国文学を教えていた浅井は、平安文学や近世文学に記されている信州の景勝地を選んでいる。「園原（阿智村）」は信濃と美濃の国境にある、神の御坂《みさか》（現御坂峠）をひかえた交通の要地であった。「寝覚《ねざめ》の床《とこ》」と「木曽の桟《かけはし》」は、木曽川にある。寝覚の床には花崗岩の節理があり浦島太郎伝説が残っている。木曽の桟は何度か改修されて、一八九九（明治二二）年の橋は江戸時代のものとは違う。犀川渓谷にかかる「久米路橋」は、幕末の民俗学者の菅江真澄が書いた『真澄遊覧記』に記されている。「姨捨山」は平安時代の『大和物語』にあり、「更科の名月」でも知られる。

写真8　寝覚の床

第五番では信濃の国の偉人四人を挙げている。「木曽義仲」はわずかだが京で将軍となっている。「仁科五郎信盛（正式には盛信）」は、武田信玄の五男で、信玄の滅ぼした安曇の豪族仁科氏を名目的に継がせている。飯田出身で江戸中期の儒学者「太宰春台」、幕末の偉人「佐久間象山」が出てくる。

第六番では産業革命の原動力となった明治期の鉄道交通に触れている。信越本線は当時太平洋側と日本海側を結ぶ大動脈であった。また日本武尊《やまとたけるのみこと》と碓氷峠は『古事記』『日本書紀』にも記されている。さらに碓氷峠を越えるのに二六のトンネルを開削したという状況をうたっている。

8　長野県における高距限界日本一

山国長野県では、高距限界《こうきょげんかい》つまり高さの限界にあたるものが国内の都道府県で最も多い。まず都道府県の県庁所在地の長野県庁が三七二mで日本一である。市役所では茅野市が八〇一・六mで国内最高である。さらに村役場はでは川上村が一一八五mで国内で最も高い。

さらに国道のある峠としては、志賀草津高原ルートの渋峠が二一七二mである。但し冬季は積雪のため通行止めとなる。一般の峠として最高所は諸説がある。まず北アルプスの針ノ木峠は富山県との県境である針ノ木岳（二八二一ｍ）と蓮華岳（二七九九ｍ）の鞍部にある。標高は二五四一ｍとも二五三六ｍとも言われている。南アルプスの三伏《さんぷく》峠は、大鹿村と静岡県との境で、烏帽子岳と荒川岳との間にある。標高は二五八〇ｍとも二六一五ｍとも言われる。その両者の関係者は、自分の所が日本一高い峠と言っている。

大学において私立大学では和歌山県の高野山大学が八二〇ｍで日本一、国公立大学では、信州大学農学部が七七三ｍで最も高い。また公立高等学校で長野県富士見高等学校が九六七ｍで最高所にある。そのため富士見町は長野市の城山公園にあるソメイヨシノの開花と比べ、三週間は遅い。さらに小学校では南牧村野辺山高原にある南牧村立南牧小学校は一三三二ｍで日本最高所にある。

写真9　針ノ木峠（写真提供：一般社団法人大町市観光協会）

長野県の代表的な高冷地農業について述べる。長野県で一番低い所は栄村役場がある森地区で三〇〇ｍを少しだけ割っている。その他の村は三〇〇ｍ以上である。また日本農業の中心となっているのは稲作である。水稲の高距限界はどの程度かと言うと、乗鞍高原の楢ノ木坂（一三七〇ｍ）である。それに比べて一番寒さに強い穀物は蕎麦である。蕎麦は六五～七〇日間で成熟し、収穫できる。そこで乗鞍高原の蛭久保地籍で、一六五〇ｍまで蕎麦を栽培している。

9　長野県は長寿県

世界保健機構の統計では二〇二二年、平均寿命で日本は八四・三歳、二位がスイスで八三・四歳、三位が韓国で八三・三歳とあり、日本は世界一の長寿国である。日本国内では二〇二二年、男子の平均が八一・四九歳で、第一位の滋賀県は八二・七三歳、二位が長野県八二・六八歳、三位は奈良県八二・四〇歳である。

女子は全国が八七・六〇歳で、一位が岡山県で八八・二九歳、二位が滋賀県で八八・二六歳、三位が京都府で八八・二五歳、四位が長野県で八八・二三歳である。男女ともに長野県は長寿県である。

写真10　蕎麦畑（写真提供：下條村）

長野県民が長寿という秘訣は、長野県では①食生活、②地勢、③自然環境、④気圧、⑤県民性、⑥生きがい、⑦名医多数、⑧保健予防活動が挙げられる。まず食生活が最大の要因である。長寿というのは七〇歳以上とすると、この時代の長野県人は米以外の雑穀を多く食していた。長野県は山国で山間地や傾斜地が多く、かつて米が足りなかった。そこで食されていたのが雑穀で五穀とも言われ、米・麦・豆・粟・黍（または稗）があった。このようになんでも食べることが栄養バランスに優れていた。さらに伝統食として味噌・醤油・豆腐・漬物・寒天・納豆・凍り餅などがあり、味噌汁にも自家製野菜や山菜などが多く使われた。これは「一汁一菜」という一見粗食だが栄養価が高く、必要なエネルギーを摂取できた。さらに海がない長野県では動物性タンパク質を川魚やイナゴ、ハチの子、鹿・熊・イノシシなどの山肉などから摂取していた。また郷土食のおやきや五平餅などは全国的に知られるものになった。

地勢とは山や谷のことで、山野をかけ巡ったことで足腰が丈夫である。自然環境は山野が多く、清浄な空気とマイナスイオンの多さがある。気圧は標高が高いため、心肺機能に優れている。県民性として、周囲を山に囲まれたイメージのせいか信州人は議論好き・理屈っぽいと言われる。また理想主義者で倫理観が強いというが強調性やユーモアに欠けるとも表現される。名医が多いというのは、佐久総合病院佐久医療センターをはじめとする農村医療の充実と予防医療がある。そのため七二歳以上の治療にかかった老人医療費は長野県が最も低い。全国平均が七八万円のところ長野県は六三・五万円で、最も高い福岡県九六・五万円と三三万円の差がある。

おわりに

はじめに書いた信州のふしぎ・なぜはわかりましたか。もっと詳しく調べたいなら長野県に関する多くの書籍があるのでそれをご覧ください。

〔参考文献〕
市川健夫『信州学大全』信濃毎日新聞社、二〇〇四年
市川正夫『ふしぎ発見！　長野県の地理』しなのき書房、二〇一一年
市川正夫責任編集『令和版 やさしい長野県の教科書　地理』しなのき書房、二〇二〇年
市川正夫『改訂版 信州学　長野と松本のなぜ？』信州教育出版社、二〇二二年

長野が生んだ思想家　その1
——太宰春台——

徳永哲也

1　太宰春台の生と死

長野の思想家、春台と象山

「♫しっ・なっ・のっ・の・くーにーは……」に始まる長野県歌「信濃の国」（浅井洌作詞・北村季晴作曲）は一番から六番まであるが、その五番にはこうある。「旭将軍義仲も　仁科の五郎信盛も　春台太宰先生も　象山佐久間先生も　皆この国の人にして　文武のほまれたぐいなく　山とそびえて世を仰ぎ　川と流れて名はつきず」（原文から一部ひらがなにした）。ちなみに、「旭将軍」は「朝日将軍」と表記するのが有力な説であり、「信盛」は「盛信」が史実としては正解らしい。

　ここにあるように、鎌倉時代直前の源《みなもとの》義仲《よしなか》（木曽から京都に上った）と安土桃山時代の仁科盛信《にしなもりのぶ》（高遠城の戦いで討ち死にした）という武人に並べて、太宰春台《だざいしゅんだい》と佐久間《さくま》象山《しょうざん》（長野県では「しょうざん」よりも「ぞうざん」という読みを支持する人が多い）を、長野県が生んだ文人として讃えている。ここでは、江戸時代中期の春台と江戸時代末期の象山を日本の近代化に貢献した二人の思想家として取り上げよう。本章では春台について語る。第一にその生まれから死までの概略を、第二にその思想内容の要点を、第三にその思想史的意義を叙述しよう。

春台の少年時代

太宰春台は一六八〇（延宝八）年生まれ、一七四七（延享四）年死去。文化繚乱の元禄期から財政改革の享保期（一六八八～一七〇三年と一七一六～一七三六年。この間に短い宝永期と正徳期がある）に青春期・壮年期を生きた。四〇以上の著作があるが、主著と呼べるのは一七二九年著の『経済録』、一七三二年著の『聖学問答』である。そして本章では、『経済録』の続編と言える一七四四年刊行の『経済録拾遺』にも光を当てたい。

生まれ年は一六八〇年、場所は信州飯田である。ここに居たのは九歳（満八歳）までで、そのあと信州で生活することはなかった。信州の文人としてもう一人取り上げる佐久間象山が、壮年期に松代藩の要職を務め信州とかかわりを持ったのとは、対照的である。

写真1　太宰春台邸址（長野県飯田市）

春台（本名は純《じゅん》で春台はのちの号）は父言辰《のぶとき》と母游《ゆう》の二男として生まれた。八歳上に長男が生まれており、四歳下に妹が生まれる。父は平手姓だったが太宰謙翁の養子となって太宰姓を名乗った。父の四代前の政秀が、織田信長の少年時代の守役で、破天荒な信長を諫めるために切腹死しており、その武勇の血筋を春台は誇りに思っていた。

父の太宰言辰は、春台生誕の前年一六七九年に飯田城主堀氏に召し抱えられて家族と共に飯田に来て、兵法武術の師範を務めた。父も母も文武両道を信条とし、父の下で『論語』を読み、母の下で和歌を詠んだ。不幸な転機は一六八七年。春台にも引き継がれる剛直さからか、言辰が大声で言い争いをしたことに時の城主が立腹し、一家は追放されて江戸に戻る。九歳の春台がのちに信州で暮らすことはなかったが、望郷の念は持ち続けた。

浪人の身から学問の道へ

江戸で、太宰一家は浪人の身となり困窮（春台の兄重光は病弱で一時は仕官したがやがて僧となった）。少年春台は考える。父方も母方も武勇と教養を持つ血筋だが、仕官の道は見つからず、元禄文化の時代は武術の価値が薄れる。和歌の腕はあるが、公家が独占する歌道で出世は望めない。そこで、『論語』等も学んでいた春台は漢詩に転じ、詩作を身につける。父母の影響もあって学ぶセンスは高かった。

一五歳で出石藩主松平氏の小姓頭となりつつ、一七歳で朱子学者中野氏の私塾に入門。二一歳のとき母が病死し、出石藩を離れて（藩主の怒りを買って他の藩に仕官する道も一〇年間封じられ）、貧しい苦難の中で学問に精進。二五歳で京都に出て、儒学の大家伊藤仁斎《いとうじんさい》に学ぶ。ただし仁斎の死去により、受講は二回のみ。大坂で結婚し、三二歳で江戸に戻る（仕官を封じる一〇年間処分が解除される）。ここで春台は、仁斎を越えようとする江戸の儒学者荻生徂徠《おぎゅうそらい》に入門。なお、仁斎と徂徠については本章次節で述べよう。

儒学と経世済民学

春台は、徂徠の「古文辞学」という儒学の学派の門下となり、江戸小石川の自宅を「紫芝園」と称して研究・教育所とする。生実《おいみ》藩の書記役となってわずかな扶持を得るが、病気もあって四年でやめ、以後は浪人の私塾経営者。「春台学」を信奉する一部の大名が扶持米を与えてくれたが、相手が大名でも礼に反すると見なすと非難し、やがて扶持米も辞退する。武家の血筋と学問の矜持にうるさい春台だが、その学識の正確さに評判は高まり、武士、商人、医師、寺僧が門下生として集まった。

春台が研究し教育したのは、「経学」と「経世学」。「経学」とは、孔子の教えに基づく儒学、四書五経（『論語』『孟子』『中庸』『大学』、そして『易経』『詩経』『書経』『春秋』『礼記』）をテキストとする学問。他方、「経世学」は経世済民（世をおさめ民をすくう）の学で、今日の経済学よりも政治哲学というイメージ。ただし、本章後半で述べるように、春台の経世学は近現代の経済学に通じるところがあり、筆者はその点に最も注目している。いわば春台は、「日本最初の経済学者」なのである。

写真2　太宰春台画像〔蘐園社同人七子讌集図 部分〕（飯田市美術博物館所蔵）

後年の春台

春台は、どこかの藩のお抱え学者であった時期はほぼなく、市井の学者である。この点では、徂徠のような、ときに幕府の中枢部におり、そうでなくても多くの扶持を得ていた者とは対照的だ。その生き方は、良く言えば「権勢におもねらない本物の学者」だが、悪く言えば「剛直さが過ぎ、幕府社会との折り合いを欠く世渡り下手」である。本人には「主君が家臣を選ぶとは限らず、家臣が主君を選ぶ目もあるのだ」という自負心もあった。

一七二八年、春台四九歳のときに徂徠が六三歳で死去する。春台は、師匠である徂徠に批判的意見を吹っ掛けることもあって、師匠から快く思われていないと感じていたようだが、実際には「経学において徂徠の後継者は春台だ」と自他とも認めるようになっていく（なお、徂徠の別の側面、詩文においては、服部南郭が徂徠の後継者となる）。

徂徠の大業績『政談』より四年遅れて一七二九年に、春台は『経済録』を著す。両書とも江戸社会では評判となり、時代の曲がり角（武家中心から商業などの役割を認知する社会へ）に影響を与える。経世学でなく経学（儒学）の大著『聖学問答』を著すのは一七三二年、『経済録』以上の経済学書と見なせる『経済録拾遺』を刊行するのは一七四四年。この時点ですでに老いは深まっており、刊行までの編集作業は弟子たちが担った。その後、一七四七年に六八歳で死去する。なお春台は、一人目の妻を六年で亡くしている。のちに再婚はしたらしいが、実子はなかった。春台六三歳のときに、当時一三歳の男子、定保を養子とし、彼が家を継いだ。

2　春台思想の要点

江戸時代の「官の学」と「民の学」

太宰春台の学問の道に最大の影響を与えたのは荻生徂徠であるが、そこを説明するには、日本思想史としての「古学派」系譜を最小限でも述べておく必要がある。山鹿素行（一六二二―一六八五）、伊藤仁斎（一六二七―一七〇五）、荻生徂徠（一六六六―一七二八）とつながり、そして太宰春台（一六八〇―一七四七）にたどり着く。

「古学」とは、古代の学問に学び直す研究、その古代のテキストは中国の儒学の創始者、孔子（紀元前五五一―四七九）と孟子（紀元前三七二―二八九）である。日本は漢字文化も宗教も学問も中国大陸経由のものが多いが、江戸時代（一六〇〇年ころから約二六〇年間）の学問と政治哲学は儒学に基づくものが主流であった。同時代の中国では、古代儒学の中世解釈版と言える朱子（一一三〇―一二〇〇。本名は朱熹）と王陽明（一四七二―一五二八。本名は王守仁）の朱子学と陽明学があり、宋王朝の官学は朱子学。孔子以来の儒学そのものは日本に四～五世紀に入っていたが、中世主流の朱子学と傍流の陽明学が入ってきたのは鎌倉時代。

戦乱の世を治めて安定を求める江戸幕府は、朱子学が政治哲学として応用しやすいと見て、林羅山（一五八三―一六五三）を登用。「日本朱子学」を上下秩序を安定させる「官の学」とする。以降、林羅山の子孫が林家《りんけ》として幕府御用学者となる。他方、「日本陽明学」は中江藤樹（一六〇八―四八）をはじめとする傍流の「民の学」として市井の教養人に親しまれ、武士の中にも「仕事場では朱子学、夜にこっそり陽明学」という者が現れる。

朱子学は、孔子の説く「人の世の理」を「宇宙の理」とし、ある種の宇宙法則の下に「敬」をはじめとする人間社会の理屈もある、とする。これを江戸幕府創世記の秩序の理屈に解釈したのが林羅山で、「上下定分の理《じょうげていぶんのことわり》」をいう政治原則を提唱。武士と庶民を分ける「官の学」としては、これが都合が良かった。

他方の陽明学は、宇宙法則を人間に当てはめるのでなく、人間の主体的な心に焦点を当てて「心の活動に理を見出す知性」を重視。中江藤樹は朱子学を学んでいたが、病弱な母への孝行から武士的出世を捨てて故郷に戻り私塾を開くという人生選択も伴って、陽明学に「敬」よりも「孝」を見出し、形式的秩序よりも内心の人間関係を見つめる日本風土に合った陽明学を説く。江戸後期の大塩平八郎の乱（一八三七年）や幕末の吉田松陰らの志士たちの活躍には、日本陽明学の「民の学」の精神がにじみ出ている。

「古学派」の系譜――素行、仁斎、徂徠そして春台

さて「古学」である。儒学を古代から受容しつつ「官の日本朱子学、民の日本陽明学」をもって江戸安定期に入ると、「そもそも我々は何を探求しているのか」という根源的な問いが生まれる。そこを洗い出すには古典にさかのぼって文献考証からやり直すべきだ、という思想潮流が出てくる。ヨーロッパ社会ならこれが一四～一六世紀のルネサンス、日本なら江戸中期の「古学三派」である。筆者は、「日本史にもルネサンスに相当する時代はある。それは外圧による開国の明治維新ではなく、思想史的には古学三派である」と唱

えている。

前述の通り、朱子学も陽明学も「中世型解釈学」。「原点回帰」すると何が見えてくるか。文武両道とはいえ「武よりも文」の江戸中期になり、武家や上層市民の文献力も識字率も上がってくる。「朱子や王陽明の解釈を越えて孔子そのものを読んで現代に生かそう」と考える人々が出てくる。この第一派が山鹿素行らの「古学」、第二派が伊藤仁斎らの「古義学」、第三派が荻生徂徠らの「古文辞学」、これら「古学三派」の思想潮流を、筆者は「ルネサンス日本版」と呼ぶ。

まずは山鹿素行。彼は林羅山の門下生だったが、「天の理と人の性は別だ」と考えるようになる。他方の陽明学でさえ「心にこだわる唯心論だ」と見なし、「古典回帰」として、孔子や孟子を後世の解釈に依らずに読解しようとする。そして、人の徳として「仁」を重視し、「情」も認めつつも節度として「礼」を訴え、心情を踏まえた「誠」を実践の倫理とする。「仁から誠へ」が素行が古典に見出した哲学である。

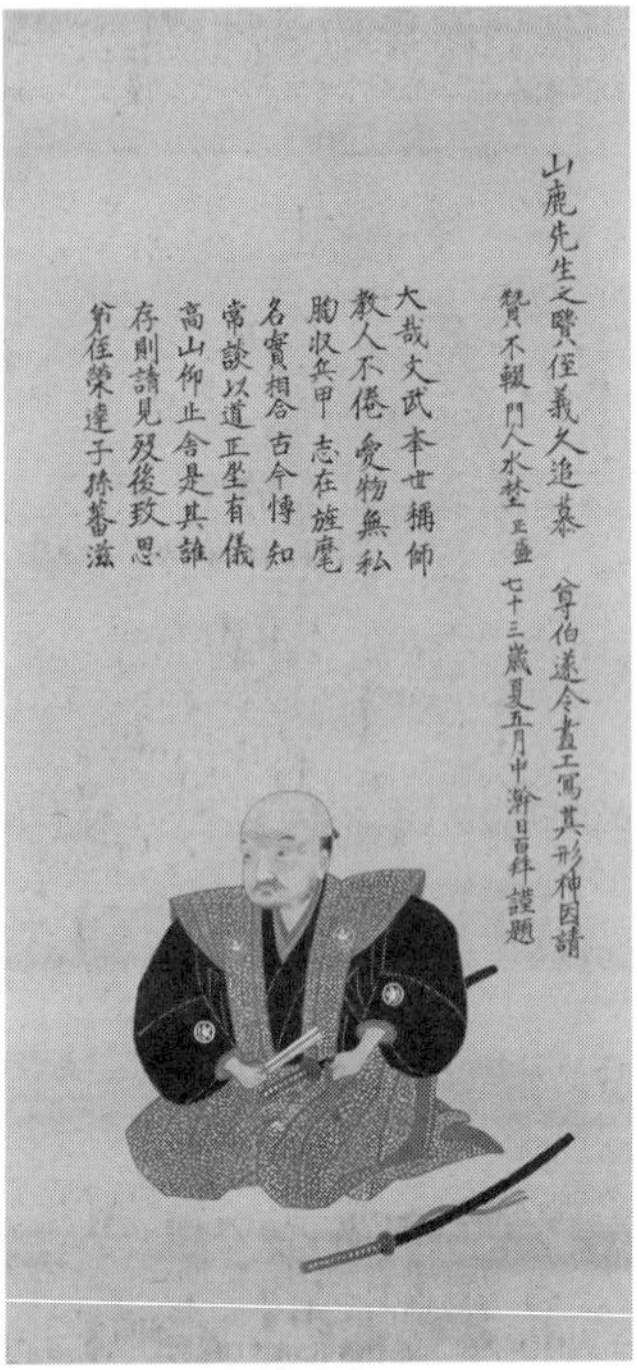

写真3　山鹿素行像（京都大学総合博物館所蔵）

次に伊藤仁斎。やはり古典回帰で孔孟思想の原点を見つめ、「古義」を再発見して現代の世に生かそうとする。武家出身の素行（徂徠も）と違って仁斎は、京都の材木商の子で、「京都町衆」という教養市民層の一員である。日本史に市民階級・中産階級が存在したのかと問われれば、ここに存在したと答えよう。京都に「古義堂」を建てて町人文化の一翼を担い、息子や門下生と「古義学」を樹立する。孔子から「仁義礼智」を中心思想として取り出し、「仁愛ある庶民の人倫」を説いていく。

次に荻生徂徠。素行「古学」、仁斎「古義学」を見てきた徂徠（仁斎に教えを請いたいと願ったがかなわず、恨みもあって「反仁斎派」に転じたらしい）は、こう考える。古典回帰と言っても、素行は朱子の解釈にまだ影響を受けており「現代中国語」で読んでいる。仁斎はそれより「古い時代の語義」に接近しているが漢文訓読法にとどまり現代的関心が強すぎる。そこで私（つまり徂徠）は古代中国語をそのまま直読直解して「古文辞学」を打ち立て、本当の古き良き政治哲学を抽出する。そこに本来の「礼楽」（人々を制御する儀礼と、それを

写真4　荻生徂徠肖像画（玉川大学教育博物館所蔵）

表現する音楽定式）が見出され、これを実践するのが「先王の道」を模範とする「経世済民」である。実際、徂徠の中国古典語学能力は中国人をも超え、やがて勢力が衰える「仁斎学」と違って、「徂徠学」は江戸社会に大きな影響力を保つ。

この門下に居たのが太宰春台。「経学」すなわち五経（易経・詩経・書経・春秋・礼記）を基本テキストとする儒学研究を最も正しく引き継いだのが春台であり、さらには「経世学」として徂徠の経世済民の思想を現実の経済社会で発展させたのが春台である。経学においては、徂徠に劣らない中国古語読解力と基本文献暗記力を示す。経世学においては、元禄期から享保期という文化繚乱期と経済転換期において、徂徠より半世代分遅い時代を見極め次の時代への提言となる考察を示す。

なお、素行～仁斎～徂徠については、拙著『今を考えるための近世思想――時代と向き合った日欧16人の思想家』第13～15章で詳述している。その手前の第11～12章では林羅山と中江藤樹も詳述している。

経学（儒学）の大著『聖学問答』

春台の「経学」の集大成は『聖学問答』であり、「経世学」の集大成は『経済録』である。そして『経済録』以上に筆者が注目するのが『経済録拾遺』である。まずここでは、『聖学問答』を紹介する。

『聖学問答』は文字通り「聖学」の研究、徂徠「古文辞学」の後継者として中国古代の「先王・聖人」（孔子が挙げる堯・舜・文王・武王ら）を範とする政治哲学の研究である。政治哲学とは言っても、要は聖人たちの人格に基づく治世理念の探求で、いわば人間論である。

人間論と見るなら、孟子の性善説や荀子（紀元前二九八―二三五）の性悪説が想起されるが、春台は人間の性を抽象的に決めつけることを「聖人の道の論ではない」とする。人間一般には善の芽はあるがそれは頼りなく、環境で善にも悪にも染まりうる。多数の人間は中庸（アリストテレス哲学の言うちょうどよい真ん中、ではなくて、品位が中程度という意味）にあり、だからこそ聖人が道を説いて禽獣レベルに陥りかねない人々に教えを示すべきだ、と語る。仁斎は朱子の「天の理」を越えて孔子の「人の仁」にたどり着いたが個人の徳の抽象論にとどまっているから、徂徠のように人々を善に導く聖人政治論を立てるべきだ、と語るのである。

　よって春台は、徂徠にならい、孔子の「先王・聖人の道」を個人の心性とはせずに、社会的環境・文化的枠組の問題と考える。しかし春台は、徂徠と少し違って、社会に生きる人間に「習」として獲得する善を期待する。その習で規範とする型が「礼楽」である。

　「礼」は、人が禽獣に陥らないための「身を縛る節度」である。「楽」は、儀式音楽に代表される「気の盛り立て」である。人間一般の善の芽は、移ろいやすい「第一の自然」である。そこで聖人を範として善に習熟すれば、それが「第二の自然」となる。内心には善を曇らせる情欲が湧き上がる

写真5　聖学問答（飯田市立中央図書館所蔵）

ときもあるが、礼に従う努力に習熟すれば外形は整う。極端に言えば、内心には情欲を抱えていても節度ある行為ができればよいのである。もちろん、そこまでよいということではなく、習熟を究めて内心と外形が一致すること、「楽」を心に響かせて気を養って「第二の自然」が「礼」をしみこませた本物の自然となること、これが究極目標である。

以上は、徂徠を春台が研ぎ澄まして語った内容であるが、ではこの文脈で二人に全く違いはないのかと問われれば、少しは違いがあると答えよう。

聖人の道は礼楽をもってなされ、それに習熟することで人間社会は善を実現しうる、というのが徂徠と春台の二人が共有する結論である。しかしその習熟の過程に、二人は違う絵を想定する。文化システムの中でゆったり礼を身につけるという「優游」を想定するのが徂徠。他方、楽を響かせても禽獣に陥る危険と隣り合わせにある一般の人々には縛りとして「検束」が必要でそれが礼だと想定するのが春台。徂徠には、社会が人間をつくるという少し楽観的な想定があり、春台には、個人として自己陶冶するのが人間だという厳しい想定がある。

経世学（経世済民の学）の大著『経済録』

経学（儒学）ではないほうの経世学（経世済民の学）において、春台の師匠徂徠は何を残したか。『政談』と『太平策』がそれに当たると言える（『経済録』と比較する文脈で『政談』には少し触れよう）。春台なら『経済録』ということになり、『経済録拾遺』がそれに続く。死去翌々年に刊行された『産語』もある。ここでは『経済録』について述べよう。

『経済録』は「第一巻　経済総論」「第二巻　礼楽」…と第十巻まであるが、実際に経済関係の話と言えるのは「第五巻　食貨」であるので、ページ数も多いこの巻に話を絞ろう。「食貨」とは「人々の生活を支える国の政治」を意味する。「食」は米その他の穀物を指し、「貨《たから》」は貨幣も含むが広く生活財全体（衣料や器物や燃料、そして肉野菜の副食物や調味料も）を指す。

春台はまず「食貨の道は富国の本」と力説し、米穀（年貢米）に基づく生産・流通、そのうえでの生活財の行き渡りを訴える。「富国強兵」という言葉はすでにあって春台も口にするが、春台の理想としても時代背景としても「兵を強くして覇者の政治を」という発想はなく、あくまで国を富ませることで結果的に兵を強くすることもできる、ということである。『聖学問答』に示される人間論・政治哲学との兼ね合いで言えば、衣食足りて礼節を知る、という境地を彼は考えている。礼楽の世をつくるにしてもまずは食貨を整えよ、ということだ。

「経済を語る」という意味で着目したいのは、「農作物は適地適作、そして交易が必要」という記述である。諸地域には気候風土によって適不適があるから農作物は適地で作って後に各地域が交換し合えばよい、ということである。この発想は春台以前からあって、荻生徂徠も『政談』で適地適作を語っているが、「年貢米の代わりに特産物を上納すればよい」という意味にとどまり、地域交換経済までは見通していない。この点では春台に「経済のセンス」を感じる。

この『経済録』段階の春台は、言ってみれば「農本主義」にある。米穀などの農業生産に基本を置く経済システムを重視している。師匠徂徠はもっと農本主義で、武士も含めて地元の農地に土着することを求め、『政談』で「人返し」（浮浪農民を元の地に返して農業に

写真6　経済録（飯田市立中央図書館所蔵）

勤しませる）を主張する。ただし、徂徠が「武士と農民が故郷の農地に土着し続けるのが基本。飛び回って稼ごうとする商人はいなくなってもよい」と強く言い切るのに対して、春台は交換経済・貨幣経済の新時代を予感している。「宝は土地」と言いながらも、「土地から利益が出るには年数がかかるから、その年数の〝人夫の労〟と〝金銀の費〟を覚悟せねばならない」とも言っている。つまり、土地利用にも人的労働と費用は必要だ、と言っているのである。春台は時代直感として、「土地と労働と資本」という資本主義生産三要素に気づいていたのかもしれない。ここにも「経済学者太宰春台のセンス」を見出せる。

隠れた名著『経済録拾遺』

『経済録』に『拾遺』と付くのだからたんなる増補版だろう、と一見したところは思える。そういう流れで書かれてはいる。しかし実は、『経済録』以上に経済学の書と評価すべきなのが、この『経済録拾遺』なのだ、と筆者は評価している。

たった今、「春台は農本主義。ただし交換経済の推奨から資本主義の予感へ」と述べた。この流れを経済学的に表現するならば、「重農主義から重商主義へ」となる。春台の生きた時代が、「農民とそれを庇護する武士」を主役とする時代から「商人と貨幣と米穀以外の生産物」が主役となる時代への転換期にある。時代の実体経済と春台のセンスが、重商主義的着想を得ていく彼の思想と著作に浮上する……それがたんなる「拾遺」にとどまらない『経済録拾遺』なのである。

先に述べたように、春台は徂徠にならって「農本商末」をまずは基本思想とする。「民の本業は農であり、工・商は末業」と言うのである。しかし時代は転換期であり、春台もそれを予感している。『経済録拾遺』は「制度」と「食貨」の二巻からなるが、質・量とも重要なのは「食貨」。前著『経済録』の「食貨」が米穀中心の農本主義・重農主義を抜け出せなかったのに対し、『経済録拾遺』の「食貨」は一皮むけた位置にある。

かつては「適地適作と交易」をつつましく語っていただけだったが、ここに来ると「その地ならではの特産品を藩や諸侯の専売事業として生産・販売しよう」となる。農閑期の工芸品生産にまで話は及び、交易は「藩どうし」はもちろん「国際貿易」まで視野に入れる。これらをたんに「期待し奨励する」というだけではなく、「実体経済がすでにそうなっている」と語る。対馬は朝鮮と、薩摩は中国と、実際に輸出輸入があった。こうした交換経済には物々交換より普遍的媒介物が便利だとなるから、貨幣経済はさらに発達する。米穀を含む産物は集中的に貯蔵管理し相場を見ながら売買するのが有利だとなるから、「蔵屋敷」を整えた流通という話になる。

以上のように、実体経済に突き動かされつつ、春台自身の時代を読むセンスもあって、春台経済学は近代化を受け止めつつの時代先取り理論となったと言える。

3　春台思想の意義

「春台学」としての存在

伊藤仁斎には「仁斎学」という呼称が与えられており、荻生徂徠にはより強固に「徂徠学」という呼称が与えられている。では、太宰春台には「春台学」という呼称を与えうるか。ここは議論が分かれるが、与えうるというのが筆者の結論である。

春台学は徂徠学のコピーにとどまらない。経学（儒学）では、まだ「受け売り」が多いし古典読解力は徂徠が上だったが、徂徠の「システム論」と少し違う「人間論」を春台は語っており、そこには独自性がある（春台のほうが優れているというわけではないが）。

そして経世学（経世済民の学）となると、春台は重農主義から重商主義への移行を実体経済としても今後の経済理論としても見て取っており、独自の「春台学」を表現している。目の前の時代を受け止める器量、そして次に到来する時代を読み解く器量は、今の我々が手本とするに値する。もっとも、春台の生来の剛直さ、それゆえの他者との衝突や自身の困窮は、あまり見習いたくないが。

時代の曲がり角にあった「経世学」

今日の「経済学」が「経世済民＝世をおさめ民をすくう」から来た語であることはよく知られている。ヨーロッパ語としても、古代ギリシアの「オイコノミカ＝家政学」が「エコノミクス」の語源である。『経済録』と『経済録拾遺』、そして言及できなかった『産語』も合わせるると、春台は時代の先端を行く経済学者だったと呼びうる。経世済民を、江戸中期社会の実情を見ながら分析し提唱したのだから。

経世学としても、「春台は斬新な経済学、徂徠学は古典に依拠する政治学」と呼べる。ではなぜ荻生徂徠には時代の先を行くような経済学、経済社会への新しい提言ができなかったのか。それは、二人の資質の問題というよりは、生きた時代と置かれた身分の違いによる、と考えられる。

写真7　太宰春台の著書（飯田市立中央図書館所蔵）

たった半世代一四年の年齢差とはいえ、元禄から享保は大きな時代の曲がり角である。米穀生産と年貢米財政で物事を考えればよい時代と、商品経済への幅広い移行を無視できない時代、その曲がり角が二人の「たった半世代」に存在した。また、ずっと武士階級に居て一時は幕府に役職もあった荻生徂徠と、ほぼ浪人の生涯で市井の学問者であった太宰春台とでは、古い時代を守るか、新しい時代に飛び移るかの精神姿勢は違っていただろう。

近現代の経済学の先駆

経済学は、カネ儲けの学ではないが、時代ごとの生産・流通・消費を学問的に理解する学問である。その意味では、哲学のような「形而上学」ではなく、地に足をつけた「実学」である。貨幣経済が発達する近代、カネという現物を飛び越えて金融商品や仮想通貨が貨幣さえも消去する現代にあっても、経済学は生活物資と資産を考察する実学である。その経済学の日本史上の先駆が、「経済学としての春台学」であると言える。

「適地適作をして後で交易すればよい。そのほうが各地域が得意分野で安上がりに生産できる。無理して我が地で何もかも作り揃えようとはするまい」という理論は、現代の経済学の「比較生産費説」(イギリス古典派経済学者リカード(一七七二—一八二三)が提唱)を地で行く考え方である。

『経済録』第一巻では「一に時を知る(時代を見極める)、二に理を知る(科学的な理屈で考える)、三に勢を知る(理の通りではないモメンタムも感じ取る)、四に情を知る(人々の人情や実情に敏感になる)」と書いており、経済考察の「極意」を語っている。例えば現代の経済社会で「時、理、勢、情」を知って金融商品取引をすれば、たぶん有利に立ち回れるであろう。

やはり太宰春台は、近現代の経済学の先駆者だと評価できる言説を残している。「思想史研究から今を考える材料を得る」という筆者のモチーフを駆り立ててくれる思想家の一人なのである。

〔参考文献〕
武部善人『太宰春台』(人物叢書新装版)吉川弘文館、一九九七年
田尻祐一郎・疋田啓佑『太宰春台・服部南郭』(叢書日本の思想家17)明徳出版社、一九九五年

山泰幸『江戸の思想闘争』角川選書、二〇二〇年
李基原『徂徠学と朝鮮儒学―春台から丁若鏞まで―』ぺりかん社、二〇一一年

長野が生んだ思想家 その2
──佐久間象山──

徳永哲也

1　佐久間象山の生と死

「しょうざん／ぞうざん」問題

長野県歌「信濃の国」の五番にある「♬〜〜春台太宰先生も　象山佐久間先生も〜〜文武のほまれたぐいなく〜〜」の文人二人目が、佐久間象山（一八一一―六四）である。幕末期、松代藩の下級の藩士であるが、まさに「文たぐいなく」才能を発揮し、開国へと向かう日本に先見の明を示した才人と言える。「先見」すぎたのか、攘夷派からは目のかたきにされ、五四歳にして暗殺される。鎖国下にあって吉田松陰（一八三〇―五九）に海外密航を「そそのかした」件で、四四歳から五二歳まで蟄居幽閉されたことを含めて、波乱万丈の生涯であった。

さて、上記県歌の歌詞のふりがなを見ると「象山」には「ぞうざん」と付いている。全国的には「しょうざん」説だが長野県には「ぞうざん」説を支持する人が多い。「象山」（二七歳ころから名乗った「雅号」。本名は、少年期は「啓之助《けいのすけ》」で二八歳からは「修理《しゅり》」）はどちらで読むのかという、「しょうざん／ぞうざん」問題がまず存在する。これだけで数ページの小論が書けるのだが、本章の最初に短く述べておく。

ぞうざん説の要点。中国南宋の儒学者「陸象山」（一一三九—九二）にちなんで「しょうざん」と号したと思うかもしれないが、陽明学につながっていく陸象山を、朱子学者である佐久間象山は批判していたから、それはない。松代の南部には象が腹ばいになったような山があり、「ぞうざん」と呼ばれる。これにあやかった「ぞうざん」が正しい。

しょうざん説の要点。その山は古来「竹山《たけやま》」と呼ばれており、山麓に建てられた恵明寺に「象山恵明寺《ぞうざんえみょうじ》」との号が付けられて山も象山《ぞうざん》と呼ばれるようになったのは、江戸中期以降である。あやかるほどの由緒はない。また、象山は漢学に造詣が深く、呉音「ぞうざん」よりも漢音「しょうざん」を選ぶはずだ。

その他、当時の書簡類などの資料から、筆者は「しょうざん」説を支持するが、こだわりはないので、長野で話すときには「ぞうざん」と発音することもある。ちなみに、彼を祀る象山神社（一九三六年建立）が松代町にあるが、これは「ぞうざんじんじゃ」である。

生まれと育ち

一八一一年に象山は、信州松代藩真田家の家臣である佐久間一学の初の男子として生まれる。幼少期から才能に長け、漢学も数学も詩文も早々に習得する。藩主真田幸貫に認められて二三歳のとき江戸に遊学し、儒学者佐藤一斎の門下生となる。二年たって松代に帰り藩学の講師助手を務め、また一八三九年に江戸へ上って、今度は神田に自身の塾「象山書院」を開いて、主に経学（五経—詩経・書経・易経・春秋・礼記—をテキストとする儒学、特に朱子学）などを教える。

佐藤一斎の教えも受けるが、実は一斎は「幕府への表向き朱子学者を名乗るが本心は陽明学者」という当時の文人にありがちな学風を持っており、朱子学一筋の象山は「一斎からは詩文のみを学び儒学は自分でやる」としていた。（江戸期の日本朱子学と日本陽明学については、徳永著『今を考えるための近世思想』第11、12章に記述している。）

写真1　象山生誕の地（写真提供：真田宝物館）

名士たちと交流を重ね、三二歳で高島流の砲術を江川坦庵の下で学ぶ。このころから砲術のみならず多くの兵学を学び、医学をきっかけにオランダ語を習得して西洋砲術、軍事学に目を届かせるようになり、「今の日本の軍備は時代遅れだ。異国船が本気で来たらひとたまりもない。まずは大砲を輸入し、やがて自前の武装と兵士教育も追いつかせて、相手の属国化ではない本物の開国をやろう」と考えるようになる。

象山思想を象徴する標語に「東洋の道徳、西洋の芸術」がある。儒学者、特に朱子学者として強固な道徳論を述べながら、兵学も医学もオランダ語を通して吸収し西洋の科学と技術（これを芸術と呼んだ）を積極的に取り入れようとしたのである。

政治舞台に立つ象山

象山の肖像を見ると、「威風堂々」そのものである。卵型の顔は縦に長く目はギョロリ。

写真2　佐久間象山（近代日本人の肖像）

正面からの画は耳がないように見えるが、耳たぶがうしろに張り付いていたらしい。身長は一七〇センチと当時としては高く、筋骨隆々。アメリカからペリーが二度目に来日したとき（一八五四年）、象山は幕府の応接役として横浜にある松代藩陣屋にいたが、通りがかったペリーが、象山の風貌から幕府要人とでも思ったのか、一礼したという逸話がある。

啓之助という名だったころから、父一学の教養と剣術を受け継いだが、粗暴でもあったらしい。年齢とともに礼儀は知っていくが謙虚さには結びつかず「粗暴」は「傲慢」に姿を変えただけ、というのが筆者の見方である。

父一学が病気で早期に隠居し、象山（まだ啓之助）が一八二八年に一八歳で家督を継ぐ。真田家からは下級藩士のわりには重用されていたが、象山が政治の表舞台に立つようになったのは、一八二三年に真田幸貫が松代藩主を継いでからである。二三歳からの二年間と二九歳からは江戸遊学を認められ、神田に私塾も開き、以降は松代在住が主だが江戸にもしばしば、という生活となる。

政治の表舞台で役目を背負ったのは、藩主真田幸貫が江戸幕府の老中に抜擢された翌一八四二年に海防係に任ぜられた時である。ここで「啓之助あらため修理」となっていた象山は、軍事顧問として海外事情調査を命じられる。そこで幸貫に提出した意見書が「海防八策」である。内容は本章次節で述べるが、時代の危機を見抜いたこの意見書は、幸貫が幕府中枢に直言するに至らず、幸貫が老中を辞し、日の目を見ずに終わる。

幸貫は老中在職中に、象山に江川坦庵の砲術を学ばせる。江川の砲術は西洋式技術も含んでいるのだが、心身修養ばかりで理論や技術に至らないことに象山は失望し、江川を見限る。後年、別の筋から西洋兵学書を見せてもらったりオランダ語の砲術書を手に入れる機会があって、一念発起してオランダ語そして様々な蘭学を急速に学んでいく。砲術では第一人者となり、一八五〇年(四〇歳)からは江戸で砲術を教え、諸藩で西洋式訓練も行う。勝海舟(一八二三―九九。本名は勝義邦)は幕臣としてこの時に象山の弟子となる。

象山はまずは朱子学者だが、西洋砲術や医学など多様な科学技術をオランダ語で吸収し、蘭和辞書まで編纂する(辞書は幕府からの出版許可が下りなかった)。そして、学んだことはすぐ実践に移し、ガラス製品作り、養豚、馬鈴薯栽培などに、江戸や松代で挑戦する。彼は「生ける百科全書」であったが「生ける殖産興業」でもあった。

政治家としての挫折

「海防八策」の次に「急務十事」も挙げておこう。象山は関東沿岸部を視察し、軍備が欠陥だらけだと喝破して、老中阿部正弘に新意見書「急務十事」を上申する。幕府がこれを取り入れることはなかったが、阿部正弘はその重要性を見抜き、象山は「影の軍事ご意見番」の地位を認められていく。

時代は、イギリスが清王朝を降伏させたアヘン戦争(一八四〇―四二年)、オランダからの開国勧告(一八四四年)、フランスとイギリスの琉球開国要求(一八四四―四五年)、アメリカのペリーとロシアのプチャーチンの来航（一八五三年）と続く。不利に締結させられた「和親条約」は、一八五四年の「日米」のものが有名だが、相手国有利な「最恵国待遇」で「日英」も「日露」も、翌年には「日蘭」も結ばれた。

象山は一八四二年の「海防八策」でも五三年の「急務十事」でも、幕政を変えることはできなかった。日米和親条約では伊豆の下田を開港することになるのだが、開港するなら外国に拠点化されやすい下田でなく日本が海陸で警備しやすい横浜を、という提言も受け入れられなかった。幕府に象山の理屈を理解する者がいなかったことも原因だが、傲慢で居丈高な物言いが反発を招いた面もあった。

象山は下級藩士ながらも上申書を提出したり予算を得て事業を試みたりできたのだが、政治中枢で大活躍とはならなかった。先進性に幕府がついてこられなかったとも言えるのだが、やはり、謙虚に根回しを図る柔軟性がなかったとも言える。

先見の明が災いしたとも言えるのが、吉田松陰の密航を教唆したかどでの蟄居である。ただしこの蟄居生活が、主著とされる『省《せい》諐録《けんろく》』（自己を振り返って反省的考察をする記録）を生み出すのであるが。

写真3　吉田松陰（近代日本人の肖像）

吉田松陰（一八三〇—五九）は長州藩士で、一八五一年に象山の江戸の塾の門下に入り、西洋の砲術や兵学、そして経学を学んだ。西洋式軍艦の建造・操縦術を学ぶ者の派遣を訴えても却下されていた象山は、松陰の「外国で見聞を深めたい」との申し出に、「ジョン万次郎のように漂流したことにすれば国禁を犯したとはならない」などと策を練ったが、うまく機会をつかめない。ついに一八五四年、松陰はペリー二度目の来航の折にアメリカ密航を試みたが、追い返された。この顛末が下田の奉行に発覚し、象山が授けた文書も発見されて、二人とも牢に入れられた。時に象山四四歳、松陰二五歳。その後、松陰は長州で謹慎しつつ松下村塾で高杉晋作らを教えたが、安政の大獄で刑死する。そして象山は、江戸での半年の投獄の後、松代で八年間、蟄居の身となる。

後年の政治へのかかわり

阿部正弘の配慮で蟄居という「軽い」処分で収まった象山は、おとなしくはしない。松代藩や他藩の志士に書簡を送り、訪問者に砲術を教える。蟄居の身には「不謹慎」なこれらの振る舞いはやがて制限されるが、読書と憂国の黙考は続く。もともとは鎖国攘夷論者だったが、学ぶほどに西洋文明の優位性を知り、進取の開国論者となる。諸国との和親条約に見える屈服外交的な開国でなく、知力と軍力を伴わせる開国を唱えるのである。

象山の知見は、蟄居という時間的余裕でさらに広がる。蘭学を通してコペルニクスもニュートンも知り、西洋医学を学んで天然痘（疱瘡）に対処する種痘法（牛痘）を息子や知人に実施した。ロシアのピョートル大帝（一六七二―一七二五）とフランスのナポレオン皇帝（一七六九―一八二一）に心酔し、あるべき政治指導者像を求めた。

洋学ばかりではなく漢学も深めた。一八四〇年の漢詩文『望岳賦《ぼうがくのふ》』に続く一八六〇年の『桜賦《さくらのふ》』は、評判を得て天皇の目にもとまる。書道は顔真卿（中国の唐時代の名書家）

の書風を範として究めたし、山水画は独学ながら高く評価された。書も画も象山の名をかたる贋作が出回るほどであった。

長州藩と土佐藩の尽力もあって、象山は一八六二年に蟄居を解かれる。世は開国論に傾きつつあったが、諸外国の圧力に屈する形での開国は、反動的な攘夷論も高める。六三年の京都朝廷からの召命は中座したが、翌年になって徳川一四代将軍家茂の命（具申したのは次代将軍となる一橋慶喜）により京都に召される。役職は海陸御備向掛手付という中途半端なものだが、要するに攘夷派を説き伏せて開国をより進めるためのご意見番であった。京都での評価は最初は低かったが、やがて幕府も朝廷も象山に耳を傾けるようになる。

象山は基本的には尊王の思想家である。かつては攘夷の考えも持ったが、今の時勢を読

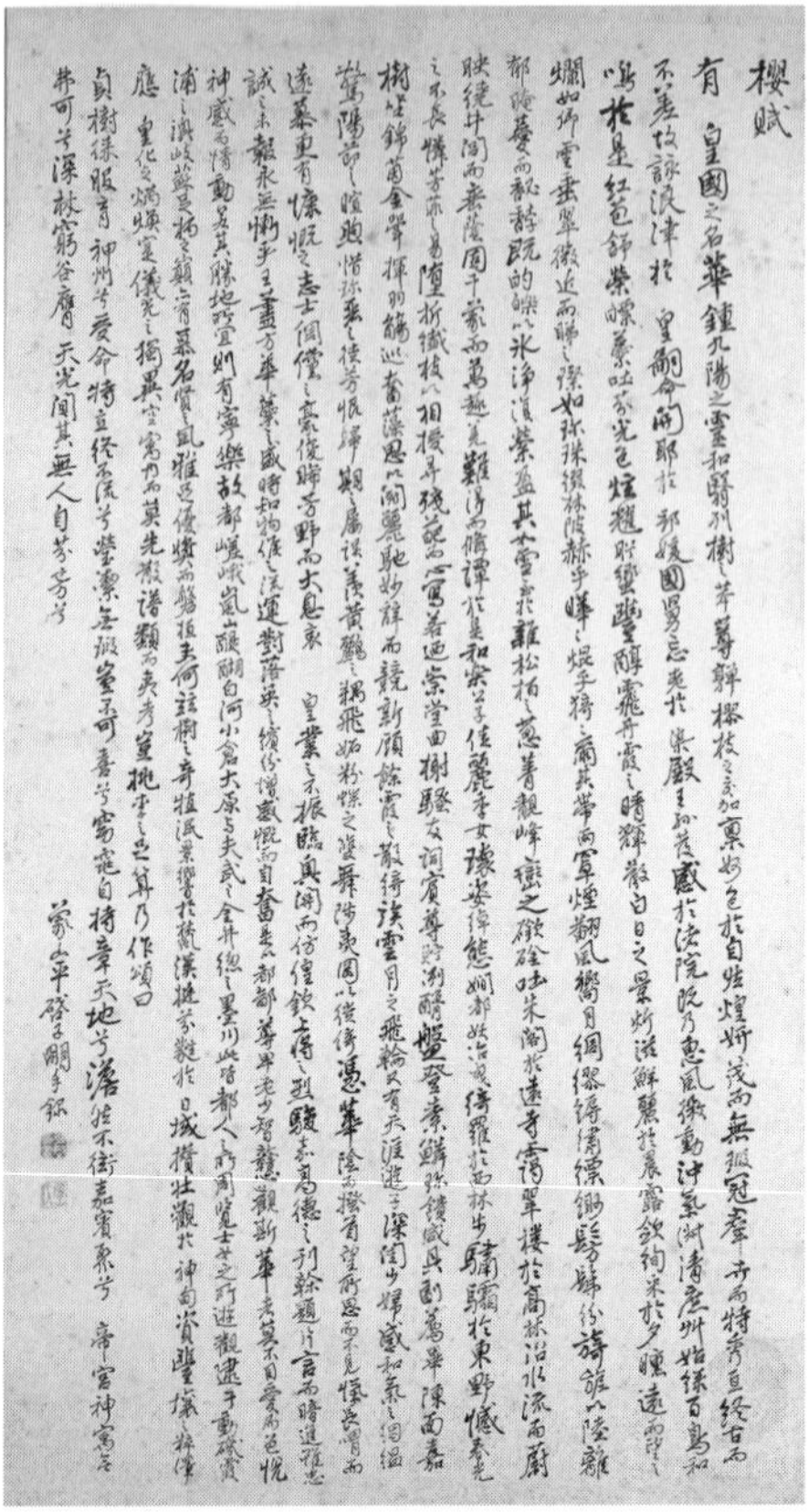

写真4　櫻賦（真田宝物館所蔵）

写真5　佐久間象山暗殺の地

んで討幕までは唱えず、公武合体論に行きつく。受け身でなく攻めの開国に挙国一致で向かおうというのがその本旨で、具体的には、まずは彦根への遷都、その先に江戸への遷都を構想していた。しかしそれは、揺らぐ幕府を助けるものだ、尊王的な攘夷を否定するものだ、と頑迷な攘夷派から敵視される。一八六四年七月、京都に来て五か月、三条木屋町の居宅近くで攘夷派に斬り殺された。時に五四歳であった。

象山の妻と子

この節の最後に、象山の妻子について触れておく。

正妻は、象山の七歳下である勝義邦（勝海舟）の妹、順子である。象山四二歳、順子一七歳。象山は三〇歳ころ縁談があったが、藩の事情で流れた。

実は象山には三〇代半ばから側室がいた。菊と蝶である。菊は江戸の札差（年貢米商人）の娘で、象山が江戸で塾を開いていたころに見初めた。菊の父親は「正妻としてならばいいのだが」と渋ったが、象山が「まだ妻を正式に迎える身分ではないので」と説き伏せた。菊が一八四六年に生んだ長男は一年余りで病死し、四八年に次男が生まれた。

菊はなぜか次男四歳のときに去り、その後はもう一人の側室である蝶がこの次男を育て、象山暗殺後も面倒を見た。蝶は江戸の問屋の娘で、象山の塾の小間使いであった。菊の長男誕生の一年前に女児を、次男誕生の二年後に男児を生んだが、どちらも早くに死去した。

正妻である順子との間には子がなく、象山の跡継ぎは菊との間の次男のみとなった。ただし跡継ぎと言っても、象山の死後、家禄は藩から没収されたから、次男は蟄居の身となり、藩士仲間の庇護で暮らした。

2 象山思想の要点

生き死にの姿イコール思想、となる象山

象山は、沈思黙考の思想家ではないし、議論の仕方は政治的論破を目的としている。経学（儒学の五経の学）も教えたが、西洋砲術などの実学的技術を主に教えていた。

塾頭としての彼は、伊藤仁斎のような政治と距離を置いた学者ではないし、荻生徂徠のような政治議論をする学者でもない。「仁斎学」や「徂徠学」と比肩するような「象山学」は存在しない。むしろ、第1節で述べてきたような生きざま、死にざま、その「生き死に」が思想を浮き彫りにしている。よって、政治的な立ち回りを叙することが、彼の思想を叙することになる。政策提言・政治実践が彼のライフワークであり、その軌跡を思想史的に語るのが本章である。

「思想家」ならば「主著」は、と問われる。名のある思想家には自らは筆を執らなかった者もいたが、弟子たちが書き残した言行録や講義録があり、それが主著扱いされもする。

象山については、他者が象山の発言をまとめて書き残した著はない。

では、象山は何を書いたか。藩主や老中への上申書といった政治的提言書であり、藩士や幕府要人との手紙といった文書である。あえて一冊の書というなら『省諐録』だが、これとて、自分の思想をまとめた書物というよりは蟄居中に幕末の世を見渡した小論である。自己反省し総括する記録文かと思いきや、私だけが正しく世間はそれをわかっていないという自己顕示と愚痴が並んでいる。ただ、言っていることは当たっていて先見の明はある。

「海防八策」を中心とする海防論

『省諐録』の中身を述べる前に、すでに第1節で名前を出した「海防八策」と「急務十事」について、その前後の文脈を含めて述べておこう。まずは「海防八策」である。

「海防八策」は、真田幸貫が幕府老中そして海防係となったときの顧問としての上申書である。モリソン号事件（一八三七年）など異国船の出没があり、第一二代将軍徳川家慶は政治改革のために幸貫を抜擢し、幸貫が下級藩士の象山を大抜擢したのである。

一八四二年、象山は幸貫に海防意見書を提出し、その骨子八か条が「海防八策」と呼ばれる。短くまとめよう。

一　国内海岸要所に砲台を築き、大砲を常備する事。
二　オランダへの銅輸出をやめ、その銅で大砲を製造し諸藩に分配する事。
三　西洋式の大きな船を製造し、江戸への食糧運搬船の警備に当たらせる事。
四　海運の取り締まり役を設け、異国との通商を厳しく管理する事。
五　西洋式の軍艦を製造し、海戦に出る操縦者を訓練する事。

六　地方各所に学校を建て教育をさかんにし、忠孝の道を理解させる事。
七　賞罰をはっきりさせ幕府の威光を高め、民心を団結させる事。
八　能力ある人材を登用できるように、法制度を確立する事。

前後の文脈の要点を、以下に記そう。

イギリスが清王朝を屈服させつつある（アヘン戦争）。次は日本を狙うだろう。次はロシアが来る。江戸近辺、安房や相模の海岸防備はまだ不十分だ。恥辱貿易を拒否して戦争となれば、食糧海運がまず狙われる。大砲と軍艦を持ち、訓練しておく必要がある。八策の中でも二と五が大切だ。軍艦は、製造に時間がかかるからまずオランダから二〇ほど購入しよう。オランダからは航海術や砲術や製造技術を学び、やがては自国でできるようにしよう。準備をしているとイギリスなどに伝われば、向こうも覚悟する。相手に攻めてくる気をなくさせるのが最善策だ。海運状況を向上させられれば現在の難破船の損害も減り、支出費用は取り戻せる。

筆者が特に着目するのは、戦えるように備えよ、ではなく、備えていると伝わることで攻められずに済む、という点である。当時としては洞察ある見識だと高く評価できる。

「急務十事」を中心とする海防論

「急務十事」は老中阿部正弘に提出したものである。「急務十条」と表記する研究書もある。役立つほどの砲台はまだなく、軍艦も海軍もまだまだという現状に業を煮やして、一八五一年から意見書提出を試みてきたのだが実現せず、五三年ペリー来航の危機感からやっと聞く耳を持ってもらえた。骨子を短くまとめる。

一　堅牢な軍艦を製造して、水軍を訓練すべき事。
二　防御の塀と砲台を、城では新築し関東近海では改築すべき事。
三　気鋭の者を集めて、議会を設けるべき事。
四　慶安時代の兵制を改革すべき事。
五　砲術活用の制度と、哨田（火薬材料の農場）をつくるべき事。
六　将たる人材を選んで、緊急時に備えるべき事。
七　短所でなく長所を、名でなく実を取るべき事。
八　大砲と銃の演習にいつも励むべき事。
九　綱紀を粛正し、士気を喚起すべき事。
十　諸藩の軍力を連携させて、水軍を団結させるべき事。

五三年はペリー来航の年であり、海防軍備の近代化はまさに急務である。江戸湾口は広くて守りにくい。関東海岸の防御策を立て直し、大砲や銃を活用するための物的装備や戦術・人材を考えるべきだ。「急務十事」を幕府が受け入れて動くことはなかったが、阿部正弘は高く評価していたし、海防係が象山の意見を聞きに来ることもあった。海防に見識が深い象山は自分の書斎を「海舟書屋」と名付け、その名が書かれた額を譲り受けた勝義邦（当時は勝安房）が、勝海舟と号することになる。勝海舟が海事・海軍のリーダーとなっていく土台は、

写真6　勝海舟（近代日本人の肖像）

佐久間象山にある。

『省諐録』には何が書いてあるか

さて、意見書や手紙でなく書と呼べるのが『省諐録』である。ただし、すでに述べたように、自己省察でなく自慢と愚痴の書である。それでも、時勢を読んで正鵠を射る見識は含まれているので、要点をまとめる。以下、番号は筆者が便宜的につけたものであり、各番号文の直後のカッコ内は筆者の短評である。

（一）病気の父親に効果ある薬を飲ませようとしたがその名前を嫌って飲んでくれない。だましてでも飲ませるか。何もせず死ぬのを待つか。あとで怒られようがだましてでも飲ませるのが正しい。このように、他人が知らないことやできないことを自分は知っていてできるのならやるべきだ。

（たとえ話はわかるが、自分こそが知っていてできる男だという自負の表明は、やはり傲慢に見える。）

（二）君子には五つの楽しみがある。一族が礼儀をわきまえ、不和にならないこと。内には妻子に外には民衆に恥じないよう、心を清く保つこと。聖人に学んで道を心得て、正義を踏み外さず危機にも平常心でいること。孔子や孟子になかった西洋科学の理を知ること。東洋の道徳と西洋の芸術の両方を研究し、民衆に役立て国に報いること。

（東洋の道徳と西洋の芸術（広い文明技術を指す）を二本柱にするのが象山の真骨頂であり、漢学者ながら西洋文明も取り入れた象山の器量は高く評価できる。）

（三）海防の研究に優れる私を、凡人は理解しない。為政者たちが悟って私の考えを実行してくれればよいのだが。今の防衛体制不備は、諸外国に軽侮の念を起こさせるものだ。戦う気概もない引き延ばし外交は、日本国家を破滅させる。

（幕政の不十分さへの指摘は当たっている。しかし国難を憂えるなら、もう少し謙虚な説得的言説にしたほうが、実効性があったのではないか。）

（四）相手を知り己を知らなければ戦えないが、相手の長所を取り入れて己の長所は失わないところまで行ってこそ勝機が生まれる。日本も、「孫子の兵法」もよいが、数学をはじめとする諸科学を基礎に置く西洋兵学も学ぶ必要がある。

（ここは、「東洋の道徳、西洋の芸術」を具体的に述べた部分と言える。）

（五）日本は金銀財貨に富むと言われるが、国土は小さいから余裕はない。砲台と大砲と軍艦、軍隊、これらに耐える財貨をどうするかの計画を立てねばならない。

（この財政問題は、象山にも解けぬ難題だったのだろう。「海防八策」で、オランダへ輸出している銅を大砲鋳造に回す、という程度のことは書いているのだが。）

（六）イギリスによる清朝侵略を知り、五四年のアメリカによる二度目の日本開国要求を目の前に見て、幕府の対応には失望する。横浜でなく下田を開港するという判断もいただけない。江戸湾防衛に役立たない砲台は、日本の無為無策を諸外国にさらしている。

（発言は理にかなっている。そうであればなおさら、「私だけがわかっている。幕府は愚かだ」との物言いでなく、年月をかけて上手に歩み寄らせる言論手順があってもよかった。）

（七）二〇歳の時には一藩的な規模で考え行動していた。三〇歳になって日本的な規模で考え行動することを知った。四〇歳を過ぎた今では世界的な規模で考え行動しなければと思っている。

（言うは易し、である。象山は才覚もあり努力家でもあったが、多くの人を仲間に引き込む柔軟さで日本と世界を動かすまでには至らなかった。）

以上、『省諐録』を素描することで、ここまでのページで描いた象山像を再確認できた。

3 象山思想の意義

東洋の道徳と西洋の芸術

「東洋の道徳と西洋の芸術（技術）を役立てる」というのが象山の極意である。俗に言えば「和魂洋才」である。

「東洋の道徳」とは、儒学に基づく封建制の価値を重視する姿勢である。ただし江戸幕藩体制のたんなる擁護ではなく、中国古代（紀元前二〇～三世紀の夏、殷、周、特に周王朝）の封建制を理想としている。伝説的な名王とされる堯・舜の政治、それを受け止めて理論化した孔子・孟子の儒学を正統とする考え方である。その日本での受容の歴史については、拙著『今を考えるための近世思想―時代と向き合った日欧16人の思想家―』を参照していただきたいが、要するに、「仁義礼智」の思想であり「礼楽刑政」の政治実践である。とはいえ孔孟思想の解釈として、朱子学を信奉し陽明学を嫌悪したことが的確だったのかの評価は分かれる。貧民救済を訴えた大塩平八郎の乱（一八三七年）を「国に害を及ぼす陽明学のせい」と批判したし、江戸幕府の官学である朱子学をもって幕政を正当化した面はある。ただ、儒学を日本社会に生かす研究は深かったと言える。

筆者が「東洋の道徳」としての象山を高く評価するのは、たんに儒学を受容したことではなく、漢字文献に依拠しながらも江戸社会の政治理論や詩文や書画に広く精通し、それらを活用した文書などで多くの者が一目置く表現者となったことである。いろいろな提言書や書簡を見ていくと、才能を生かす努力を重ねたことは認めてよい。

「西洋の芸術」とは、たんに「西洋かぶれ」になることではない。欧米の軍事力を観察して砲術・兵学の近代化を構想して訴えたし、その基本として数学や土木工学などにもしっかり目を向け、「理系」の頭脳も鍛えたようである。それらの実践として、肉食時代を予見して養豚を企てたし、電信実験も、鉱石探索も行った。西洋医学を学んで種痘も試みた。

写真7　高義亭聚遠楼跡（写真提供：真田宝物館）

オランダ語を身につけて辞書編纂まで企画し、西洋文明を積極的に日本に導入しようとした企ては、西洋列強への備えとして社会的意義もある。象山個人が、明治維新・文明開化の先行事例なのである。

開国前夜の先見の明

「太平の　ねむりをさます　上喜撰　たつた四杯で　よるも寝られず」――多くの人が知る幕末の狂歌である。上喜撰（正喜撰とも書く）は上銘柄の日本茶で、飲むと興奮して眠れなくなるのだが、これを一八五三年ペリー来航の蒸気船四隻にかけたわけである。実は蒸気船はサスクエハナ号とミシシッピ号の二隻で、プリマス号とサラトガ号の二隻は帆船だったのだが、いずれも黒塗りの大型軍艦であった。

この前からあった諸外国船の出没を知り、清王朝がアヘン戦争から南京条約（対英）、望夏条約（対米）、黄埔条約（対仏）と不平等条約でズタズタにされていることを知る象山は、日本が軍備強化することを訴え、大砲鋳造などの具体策も述べた。それが「海防八策」であり「急務十事」である。

象山の訴えは、当時としてはかなり正確な情報と考察に基づくもので、時局を捉えていた。才覚に長け時間を惜しまぬ勉強家であったことは間違いない。かのナポレオンには「睡眠三時間」との逸話があるが、象山にも「睡眠二時間」との逸話がある。

その訴えは、当時の日本の財力・技術力・兵力の実態も踏まえた現実的な提言を多く含んでいた、と歴史を検証すれば評価できる。象山が、支配されるばかりではない開国をもたらした主人公ではないが、象山のような知見を持つ者が雄藩に次々と現れて、開国に貢献した。彼には「開国前夜」の先見の明があった、と認めてよい。

先見の明があるならば…

さて、象山思想の意義を語る最後として、以下は高評価というより苦言に近いものになる。

先見の明があり歴史検証にも耐えうる言説を残したのなら、なぜ象山の提言を生かす形で幕末政治は同時進行しなかったのか。象山自身が松代の下級藩士であり、藩政や幕政をすぐに動かす地位にはなかったのだが、それでも若いころから才能を認められ登用されたのだから、もっと「世を動かす」働きはできたはずである。

その残念さの大きな原因として、彼の「性格」を指摘せねばならない。「傲慢」「尊大」「居丈高」と多くの象山研究書がすでに指摘しているが、政治仲間や上役から反発を買いやすい言動が多かったことは確かなようだ。書簡の類を見ても、言葉遣いは礼儀正しそうだが謙虚さに欠ける。「お前はこんなこともわかっていないのか」との論調だから、相手は「この人の言い分が実現するように動いてあげよう」という気分になりにくい。まるで「俺の見識についてこられない世間がバカだ」と言わんばかりである。

象山は「私は時代の十年先を行っている。後世の歴史がそれを認めてくれればそれでよい」と思っていたのか。おそらくそうではなく、「憂国の藩士」として同時代の日本政治を改善したいと本気で思っていただろう。ならば、物の言い方、根回しの仕方、説得するための作戦を、丁寧に謙虚に考えるべきだった。象山は突出した「才人」ではあったが、上手な分別ある「賢者」ではなかった。以上のことは、「人格者とは何か」という哲学的問いでもある。私たちは象山から、その「偉さ」と同時に「足りなさ」も学ぶことができるのである。

とはいえ、象山の先見の明を受け継ぐように、その後の文明開化に貢献する藩士たちが次々と出現したのだから、歴史的存在意義は十分あった、と言ってよいだろう。

〔参考文献〕
大平喜間多『佐久間象山』（人物叢書）吉川弘文館、一九五九年、新装版一九七八年

大平喜間多『佐久間象山伝』宮帯出版社、二〇一三年
相良亨・松元三之介・源了園編『江戸の思想家たち（下）』研究社出版、一九七九年
高畑常信・小尾郊一『大塩中斎・佐久間象山』（叢書日本の思想家38）明徳出版社、一九八一年
奈良本辰也・左方郁子『佐久間象山』（人と思想48）清水書院、一九八五年、新装版二〇一四年
松浦玲編『佐久間象山　横井小楠』（中公バックス日本の名著30）中央公論社、一九八四年

column

長野県の伝統的工芸品産業について考える

——古平 浩

はじめに

伝統的工芸品産業は、日本のものづくり文化を象徴する存在であり、立地する地域の生活、風土と深い関係をもち、地域経済において重要な役割を負ってきた。しかしながら同産業は、近年の社会情勢の変化により、需要の減少、後継者確保の課題、用具や原材料などの生産基盤の不足、そして入手難などの諸問題を抱えている。

写真1　新たなマーケットに挑戦する、飯田水引を用いたヘアーアレンジ（長野県飯田市）（筆者撮影）

伝統的工芸品産業の現状と振興

わが国における伝統的工芸品産業は、一九七四（昭和四九）年の「伝統的工芸品産業の振興に関する法律（以下伝産法）」施行以降、日本の経済成長の波に乗って年々増加を続け、一九八〇年代には年間五〇〇〇億円前後の水準を維持していた。しかし、国民の生活様式の変化や海外からの安価な生活品の輸入といった理由から、二〇〇〇年代に入って二〇〇〇億円余に低迷していく。

長野県では、木曽漆器・信州紬・飯山仏壇・松本家具・内山紙・南木曽ろくろ細工・信州打刃物の以上七品目が国（経済産業大臣）指定の伝統的工芸品で、戸隠そばの盛り付けに欠かせない竹細工（信州竹細工）や飯田市の飯田水引（写真1）など二一品目は長野県指定の伝統的工芸品である。

伝統的工芸品「信州打刃物」の現状

長野県信濃町に産地を形成する信州打刃物は、約四〇〇年前の戦国時代、川中島の合戦当時、この地に往来した刀匠が武具刀剣の修理をし、土地の民がここから鍛冶の技を習得したことに拠る。その後、柏原宿（長野県信濃町）に住む久保専太郎が農具鍛冶を開始。その子専右衛門が、相模国鎌倉の刀剣師鶴見八郎勝重から鎌の作法を学び、一七〇〇年代中期に刃物としての鎌の製造を開始する。

柏原宿は、地域の中央を南北に北国街道が通り海陸交通筋にあたる。そのため、鎌の原料である和鉄やハガネなどを産出地の出雲や伯耆《ほうき》から直江津港（新潟県）まで船便で運ぶことが可能で、安い運賃で入手することができた。さらに、「信州打刃物」の特色である薄刃を鍛え上げるために最適な松炭（かじ炭）の製造に欠かせない松林が地域には多数存在し、産地形成の条件が揃っていた。

この信州打刃物を代表する信州鎌（写真2）は刃幅が広く刃縁が直線の草刈鎌で、幕末から明治期にかけては生産と販売とを分業しながら関東一円から遠くは中国地方まで販路を伸ばしていく。信州打刃物はこの信州鎌が九割を占め、ほかに菜切包丁や出刃包丁、ナタ、クワなどを製造する。製造工程では従来の和鉄から安価で良質な洋鉄へ、燃料は松炭からコーク

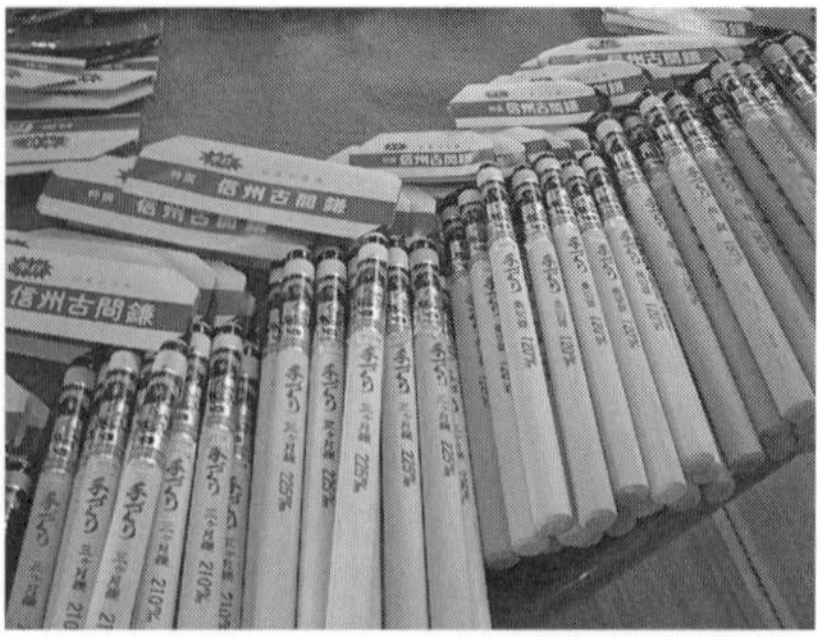

写真2　信州打刃物を代表する古間鎌（長野県信濃町）（筆者撮影）

写真3　高齢化が進む信州打刃物の現場（長野県信濃町）（筆者撮影）

スへと変わる。また一九五〇年頃からは、スプリング式の動力ハンマーが導入されて、差し手（向こう槌）に代り一人でも刃物が打てるようになる。研磨については回転式円砥石やグラインダーが使用され、生産能率が向上していく。しかし一方で、農業機械の高性能化に拠って農具としての鎌の用途は減少し、また海外から大量生産された安価な鎌が輸入され、厳しい価格競争にさらされていく。

さらに刃物の使い方も、「切れなくなった刃物は研いで使う」形から「刃物は使い捨てる」形となり、消耗品としての側面が強くなる。信州打刃物の産地「長野県信濃町」では、市場の逆風の中でも古くからの伝統技術による手づくり品の高品質化を図り、関東地域を中心に顧客の維持に努めていった。そして昭和四〇年代後半には、深刻な後継者不足に悩みながらも、事業者数五八、従事者数九〇余名、年間売上三億円を超える産地にまで成長していった。

しかし二〇二三年時点では、信州鎌をはじめとした信州打刃物を製造し、信州打刃物工業協同組合に所属する職人は僅か六名である。この内、伝統工芸士の資格をもつ職人は三名となっている。後継者の育成が求められるのが、実情である（写真3）。

伝統的工芸品産業の将来を考える

伝統的工芸品産業では、新たなマーケットの開拓などにより活路を見い出そうとする動きも盛んになっているが、今日の市場に即した形に転換できるのは稀で、多くの産地の事業者は廃業も視野に入れながら事業を細々と継続しているのが現実ではないだろうか。つまるところ伝統的工芸品をめぐる実情は、原材料の枯渇と技術・技法を継承する職人の高齢化、伝統的工芸品をめぐる市場の変化によって、産地を維持する地域的な条件が崩壊しつつあり、困難な局面を迎えている。

筆者はある職人から、「伝統的工芸品は、それをつくる『技』に対して、その『価値』を評価して欲しい」と聞いた。つまり伝統的工芸品の「技術」を評価し、それを価格に反映させた商品として、市場で流通できる仕組みづくりが求められているのではないだろうか。

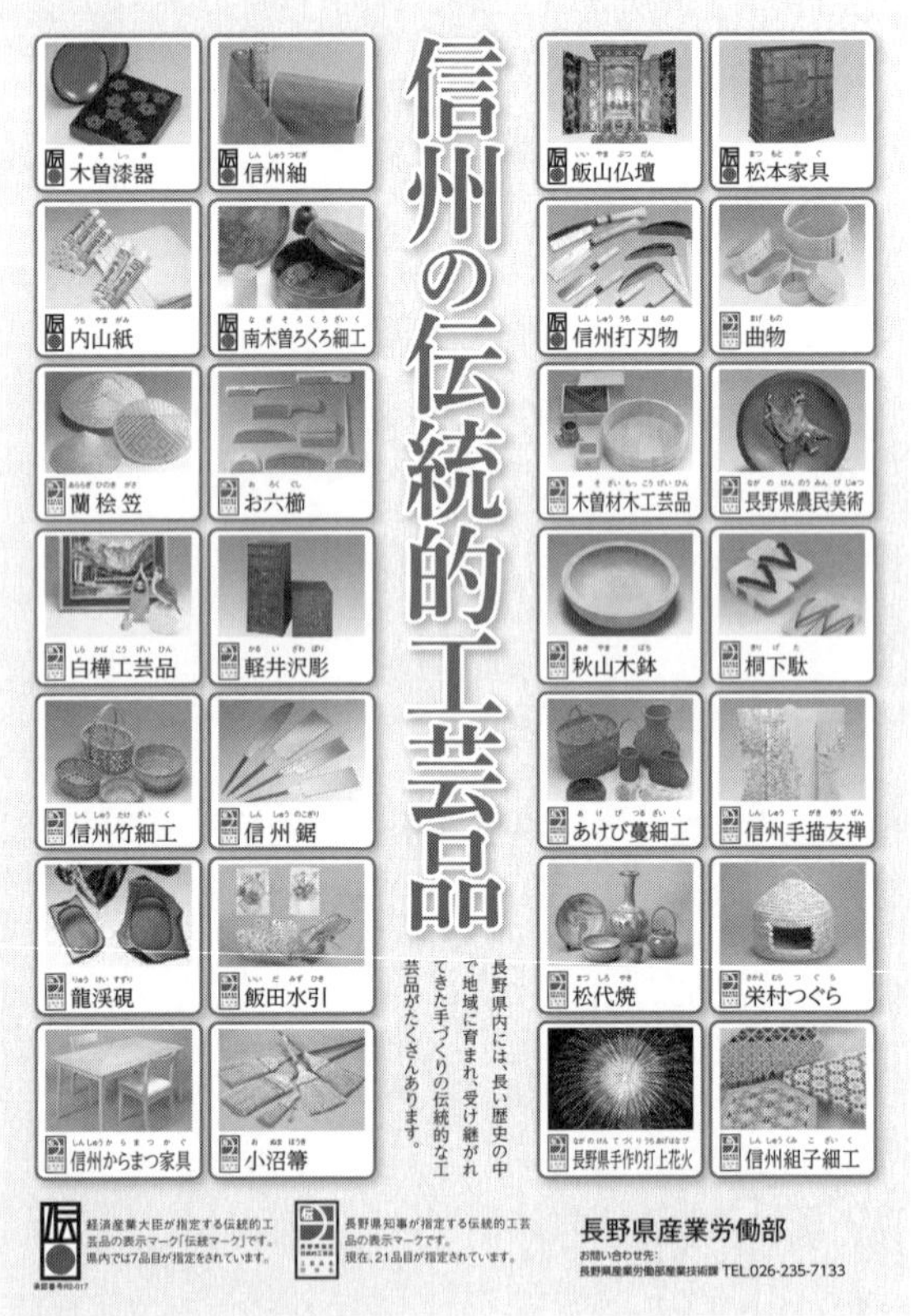

図1　信州の伝統的工芸品（出典：長野県産業労働部）

〔参考文献〕
上野和彦『伝統産業産地の行方』東京学芸大学出版会、二〇〇八年
箱田昌平「越前武生の打刃物の隆盛と衰退」『追手門経済論集』四六巻二号、一九一―二一八頁、二〇一一年
長野県産業労働部産業技術課『信州の伝統的工芸品』長野県、二〇二一年

column

夏祭りの名前から読み解く長野県の風土

山崎隆之

不思議な名前の夏祭り

歴史小説家・司馬遼太郎は『歴史を紀行する』というエッセイにおいて、各地に見られる地域住民や文化の特質である「風土」を、「個々の中には微量にしかなくても、その個々が地理的現在において数十万人あつまり、あるいは歴史的連鎖において数百万人あつまると、あきらかに他とはちがうにおいがむれてくる」と表現した。人口約二〇〇万人の長野県において、現代に見られる風土はどのようなものだろうか。北海道生まれ、約一〇年を長野県で暮らし、現在は四国在住という筆者がいまあらためて振り返ると、そのひとつは「夏祭りの名前」なのではないかと思う。

筆者のふるさとである北海道倶知安町の夏祭りは、特産品のじゃがいもにちなんだ「くっちゃんじゃが祭り」、現在暮らしている香川県高松市の夏祭りはシンプルな「高松まつり」という名前だ。それに対して、長野県の夏祭りは「上田わっしょい」「松本ぼんぼん」「飯田りんごん」と「なぜこんな名前なんだろう?」と不思議に思うユニークな名前が続出する。[1]

この印象を確認すべく、「不思議な名前の夏祭り[2]」とその創設年を、各市町村の公式ホームページや市町村史などからピックアップして整理した（表1）。それによると、一九七〇年代から一九九〇年代に創設されたおよそ二〇の夏祭りが確認でき、特徴としては、高度経済成長期以降に始まった比較的新しい祭りだということ、市部に比較的多く見られ町村部（特に村）にはあまり見られないこと、地域としては北信・東信地域の市町村が多いことが指摘できる。

表1　長野県の不思議な名前の夏祭り（名称・創設年）［筆者調べ］

市町村名	夏祭りの名称	創設年
長野市	長野びんずる	1971
上田市	上田わっしょい	1972
中野市	中野ションションまつり	1974
松本市	松本ぼんぼん	1975
小諸市	こもろドカンショ	1975
山ノ内町	山ノ内どんどん	1975
茅野市	茅野どんばん	1976
小布施町	くりんこ祭り	1977
坂城町	坂城どんどん	1978
上田市（旧丸子町）	丸子ドドンコ	1982
富士見町	富士見OKKOH	1982
諏訪市	諏訪よいてこ	1985
池田町	池田あっぱれ	1985
長野市（旧豊野町）	豊野ヨイショコまつり	1986
飯田市	飯田りんごん	1988
佐久市（旧臼田町）	臼田よいやさ	1991
立科町	立科えんでこ	1991
中川村	中川どんちゃん祭り	1992
松川町	松川さんさん祭り	1993
須坂市	須坂カッタカタまつり	1997

先駆けの「長野びんずる」、先鋭化の「上田わっしょい」

長野県の「不思議な名前の夏祭り」の先駆けと言えるのが、長野市の「長野びんずる」である。この祭りが誕生した経緯については『長野市誌』に詳しい。

それによると、「長野びんずる」は「伝統的な町内会という地縁社会を基盤とした信仰的行事とは別に、行政としての全市をあげて、個人としての市民がだれでも参加できる祭り」として、一九七一（昭和四六）年に創設された。この当時、日本の都市部には農山漁村から大きな人口移動があった。合併により市域が拡大した都市の近郊には多くの新興住宅地が誕生し、近郊・周辺地域から都心部へ通勤する人々が増加した。このような新たな居住者・通勤者を含めた市民が一体感を持つことのできるイベントとして、新たな祭りが求められたのである。

祭りの名前になっている「びんずる」とは、「びんずるさん」の名で親しまれている善光寺の賓頭盧尊者像《びんずるそんじゃぞう》のことである。一見、「長野びんずる」は善光寺に関連する行事のようだが、そうではなく、同じ学校や職場などの仲間で構成されるグループ（連）で参加するパレード（びんずる踊り）を中心としたイベントの総称である。「びんずる」は長野市らしさを表現し、参加者が一体になることのできる名前として、「長野火祭り」「ピンタ祭り」などいくつかの候補の中から選ばれた。

『長野市誌』では「長野びんずる」は「市民祭」と呼ばれている。このような動き（市民祭の創設）は、「昭和四五年に大阪府で日本万国博覧会が開催されたのと前後して、全国的な規模で地域の伝統にこだわらない新しい祭りが登場してきたのと対応している」という。全国の都市祭礼について研究している阿南によると、市民祭とは「市役所や商工会議所が主催し、広く市民に参加を呼びかけ、多彩ではあるが互いに無関係な催しを含み、新企画を取り入れることに積極的で、宗教行事を含まない」といった特徴があり、「具体的な形態としては、パレードとステージ行事が中心となる」祭りである。これらの特徴や形態は、「長野びんずる」だけでなく、他の長野県の「不思議な名前の夏祭り」にも概ね当てはまる。

「長野びんずる」に続いて登場したのは、上田市の「上田わっしょい」である。『上田市誌』によれば、「上田わっしょい」は「塩田町の合併により市域を広げ、一〇万人都市となったことを喜ぶ市民の中から、伝統的なものを生かしながらも、すべての市民が一つに心をあわせ、共通の心のふるさとを作る祭りがほしい、という声」が出てきたことを受けて、一九七

写真1　上田わっしょい　（画像提供：上田市マルチメディア情報センター）

二（昭和四七）年に創設された。連で参加するパレードがメインイベントであるのは「長野びんずる」と同様だが、バンドの生演奏によるポップス調の楽曲「上田わっしょい」に合わせて踊るパレードには、善光寺の関連行事のようにも見える「長野びんずる」以上に、伝統や信仰から離れた現代的な市民祭らしさがある。

どうやら、長野県の「不思議な名前の夏祭り」とは、「長野びんずる」が先鞭をつけ、「上田わっしょい」が伝統行事との違いをより先鋭化させた長野県の市民祭であったと言ってよさそうである。

祭りのビートに「地域らしさ」を添えて

では、全国の動向と軌を一にして長野県内にも広まっていった市民祭が「不思議な名前の夏祭り」であることには、どういった経緯があるのだろうか。初期に創設された「不思議な名前の夏祭り」のひとつ、中野市の「中野ションションまつり」（一九七四（昭和四九）年創設）を例にあげながら考えてみたい。

祭りの名前の「ションション」は、この地域が江戸時代に幕府の天領だったころから伝わっている『天領締め』のフレーズである「ヨー！ションションションション」に由来する。表1の「不思議な名前の夏祭り」には「ん」のつく名前が多く、「っ」「い」を含めると全ての祭りにいずれかが当てはまる。これらの語は「ヨーイ、ドン」「タッタカ、タン」のように、言葉にビート（拍子）をつけてリズム感を生み出し、祭りのにぎわいや祭りを盛り上げようという意気込みを感じさせてくれる。加えて、これらの祭りの名前には地域らしさを表現する言葉が選ばれているものが多く、長野市の「びんずる」、中野市の「ションション」のように地域の歴史や伝統にちなんだものだけでなく、小布施町の「くりんこ」のような地域の産物（栗）にちなんだ造語、立科町の「えんでこ」のような地元の方言（「えんでこ」とは「歩いていく」「笑顔で来る」という意味）にちなんだものなど、それぞれの祭りで様々な工夫が見られる。

また、「中野ションションまつり」は、創設に向けて先例となる「長野びんずる」「上田わっしょい」から学んだという。こうした県内の先例からの影響は、「松本ぼんぼん」や「富士見ＯＫＫＯＨ」の創設の経緯からも確認できた。おそらく、他の「不思議な名前の夏祭り」でも同様のことがあったに違いなく、新設の祭りが近隣の先例を見習う中で、市民祭の特徴や形態だけでなく、祭りの名前を「リズム感があり、地域らしさを表現するものにする」ということも合わせて受け継がれていったのではないだろうか。

市民祭は、幅広い市民に参加を呼び掛け、様々な企画が含まれることから、「〇〇ふるさとまつり」「〇〇産業まつり」「〇〇市民まつり」といったような比較的地域性の希薄な名前、あるいは「地名＋祭り」といったシンプルな名前になりがちである。しかし長野県では、「長野びんずる」「上田わっしょい」以降も、競い合うように「不思議な名前の夏祭り」が数多く創設された。[3] 長野県は、山々によって盆地や谷筋として小地域に分かれ、それぞれの地域が独自の歴史や文化を育んできた。市民祭の登場は、そのような小地域の独自色が全国的な都市化の流れの中で希薄化していく過程のひとつであるはずなのだが、長野県では地域を再考し、独自色を上塗りする機会に変えられている。このことには、どんなことにも手を抜かずひたむきに取り組む長野県の県民性が、色濃く現れているように思われる。

山を越えてやってきた「市民祭」という外来の文化をみんなで真面目に考えて取り入れていったら、いつの間にやらすっかり地元の文化になってしまった・・・とは、長野県の「市民祭＝不思議な名前の夏祭り」はその展開プロセスも含めて長野県らしい「風土」の現れである。

〔参考文献〕

司馬遼太郎『歴史を紀行する』文春文庫、一九七六年
長野市誌編さん委員会『長野市誌第十巻民俗編』長野市、一九九八年
長野市誌編さん委員会『長野市誌第十五巻総集編』長野市、二〇〇四年
阿南透「高度経済成長期における都市祭礼の衰退と復活」『国立歴史民俗博物館研究報告』二〇〇七、二〇一八年

上田市誌編さん委員会『上田市誌』上田市、二〇〇二年
「特集 心躍らす信州中野の夏祭り」『広報なかの（二〇一五年八月号）』中野市、二〇一五年
須坂市誌編さん室『須坂市誌第二巻地誌・民俗編』須坂市、二〇一四年

〔注〕

（1）確かに、地域で長く続く夏祭りの中には福岡市の「博多どんたく」や高知市の「よさこい祭り」などのように、地域外の人には意味や由来がわからない不思議な響きを持つものがある。しかし長野県のように、近隣の市町村にいくつも不思議な名前の夏祭りがあり、さらにそれが個々の市町村で別な名前という地域は他には見られないように思われる。

（2）厳密な定義は難しいが、「七～八月に開催」され、「①地域外の人には意味がわからない言葉（「びんずる」や「ぼんぼん」など）を含む名前、もしくは、②意味はわかるが祭りの名前にはあまり使われない言葉（「わっしょい」や「あっぱれ」など）を含む名前」の祭りを、ここでは「不思議な名前の夏祭り」とする。例えば、飯山市の「いいやま灯籠まつり」や大町市の「大町やまびこまつり」は①により、松川村の「松川ふるさと祭り」や青木村の「青木村夏祭り」は②により、「不思議な名前の夏祭り」には含まれない。

（3）一般的な名前の市民祭を改称することで、「不思議な名前の夏祭り」に仲間入りしたものもある。例えば、須坂市の「須坂カッタカタまつり」は一九七八（昭和五三）年に創設された「須坂まつり」からの改称である。「茅野どんばん」「諏訪よいてこ」「飯田りんごん」も改称により創設された。

第2部

県をつくる
——大学的長野の県勢ガイド

長野県の自治
――信州に広がる住民主体の地域づくり――

久保木匡介

はじめに

ここでは、信州各地に息づく自治の姿を紹介していきたい。地方自治は日本国憲法で定められた統治の原則であり、日本のすべての地域に都道府県と市町村が置かれている。しかし、現実にそこで営まれる自治のありようは、地域ごとに多様だ。それは異なる自然や歴史文化を生かしながら、それぞれの地域が独自のやり方で地域づくりを進めてきたからに他ならない。では、信州における自治にはどのような特徴があるだろうか。

1　日本一多い村の数――小規模自治体の価値を守る

二〇二三年現在、長野県内には七七の市町村がある。これは北海道に次いで全国二番目に多い。そして村の数は三五であり、全国最多である。また、町は二三ある。このように、長野県における自治の第一の特徴は、小規模自治体が数多く存在することである。

表1　平成の大合併による市町村数の変化（上段1999年、下段2010年）

	全国	長野県	新潟県	岐阜県
市	670 786	17 19	20 20	14 21
町	1994 757	36 **23**	57 6	55 19
村	568 184	67 **35**	35 4	30 2

出典：総務省「『平成の合併』による市町村数の変化」（https://www.soumu.go.jp/gapei/pdf/090416_09.pdf）をもとに筆者作成

平成の大合併と長野県

なぜ長野県には小規模自治体が多いのか？　その直接的な理由は、二〇〇〇年代初頭に政府が推進した平成の大合併の経過にある。政府は、二〇〇〇年の地方分権改革推進一括法によって地方分権改革を具体化したが、それと並行して進められたのが市町村合併である。合併は国と都道府県の積極的な関与のもとに進められ、一九九九年に三二三二あった市町村は、二〇一〇年には一七三〇まで減少した。このうち町は一九九四から七五七へ、村は五六八から一八四へ激減しており、逆に市は六七〇から七八六に増加した。平成の市町村合併は、全国の小規模町村を統合し、自治体の人口規模を拡大させる政策であった。

長野県でも、町は三六から二三、村は六七から三五に減少した。しかし、例えば隣接する新潟県では町が五七から六に、村が三五から四に減り、岐阜県では町が五五から一九、村が三〇から二に減ったことと比べると、長野県では相対的に多くの町村が維持されたことが分かる。

自立を選択した小規模自治体

小規模町村が市に統合されずに残った経緯は、自治体ごとに様々である。注目すべきは、長野県内の多くの小規模町村が、合併せず村や町として「自立」していくことを積極的に表明し、新たな地域づくりを進めていったことである。例えば北信の栄村、小布施町《おぶせまち》、東信の青木村や坂城町《さかきまち》、南信の下條村《しもじょうむら》、泰阜村《やすおかむら》、根羽村《ねばむら》などである。この背景には、当時の田中康夫知事が、都道府県知事としては唯一、総務省が推進する市町村合併推進に反対の立場を表明し、自立を目指す小規模自治体を支援したこともあった。

これらの自治体の多くに共通するのは、自治体と住民が地域の将来について議論を重ねながら自立を選択し、協働しながら独自の地域づくりを展開していったことである（岡田二〇〇八）。例えば、新潟県境の最北部に位置する栄村では、村独自に小規模圃場整備である「田直し事業」や生活道路改良の「道直し事業」を農家や住民と協働で進めてきた。また、村民自身がヘルパー資格を取って介護事業基盤の弱さをカバーする「下駄ばきヘルパー」には、一二〇人近くが登録されることもあった。[1] こうした住民も積極的に関わる村づくりを進める中で、村の将来像を検討し二〇〇四年に「自律の村づくりを進める」ことが決定された。

北信の小布施町は、一九八〇年代から自治体、事業者、住民の協働による観光まちづくり、景観まちづくりを進めてきた。その成果は、北斎館を中心とした町並み修景事業、一九九〇年に成立した「小布施町うるおいのある美しいまちづくり条例」、二〇〇〇年よりスタートし最盛期には一三〇以上の世帯や店舗等が参加した「オープンガーデン」事業などに結実している。そのようなまちづくりの成果の上に、二〇〇四年「小布施町・自立に

（1）　岡田（二〇〇八）一二四―一二五頁

向けた将来ビジョン」と「自立宣言」が出されている。

南信にも「自立」を選択した小規模自治体は多い。泰阜村では在宅福祉の充実、下條村では独自の子育て支援策、根羽村では林業を軸とした循環型経済の展開など、地域ごとに独自の政策展開がみられること、その多くで住民との協働が見られることが特徴である。

「小さくても輝く」自治体づくり

「自立」をめざす小規模自治体の取り組みは、合併の圧力に抗し「小さな自治」を守り発展させようとする全国の自治体を励ました。市町村合併が進行する二〇〇三年、栄村で「全国小さくても輝く自治体フォーラム」が開催され、全国から六二〇人、町村長が四六人集まった。ここで多くの小規模自治体が「小さな自治体が自律（立）し、魅力にあふれる輝く自治体となることを誓い」あったと言われる。[2] 同フォーラムはその後二〇二〇年まで毎年開催されているが、第一回から第三回までは長野県の開催であった。

もとより地方自治とは、主権者である住民一人一人の生活要求を自治体行政に反映させるために存在する仕組みである。その自治体の規模が拡大すれば、その分だけきめ細かな住民要求の反映は難しくなる。明治の地方制度創設以来、日本の地方自治体は一貫して合併を繰り返し、その規模を拡大させてきた。だからこそ長野県に数多く残る小規模自治体と自立した地域づくりの取り組みの意義は大きい。なぜなら、基礎自治体が住民の身近にあること、地域の具体的な課題を住民とともに解決する関係性を築いていけることが、地方自治の充実にとって不可欠であることを教えてくれているからである。

（2） 全国小さくても輝く自治体フォーラムの会のウェブサイト(https://kagayaku-lg.org/about/)より

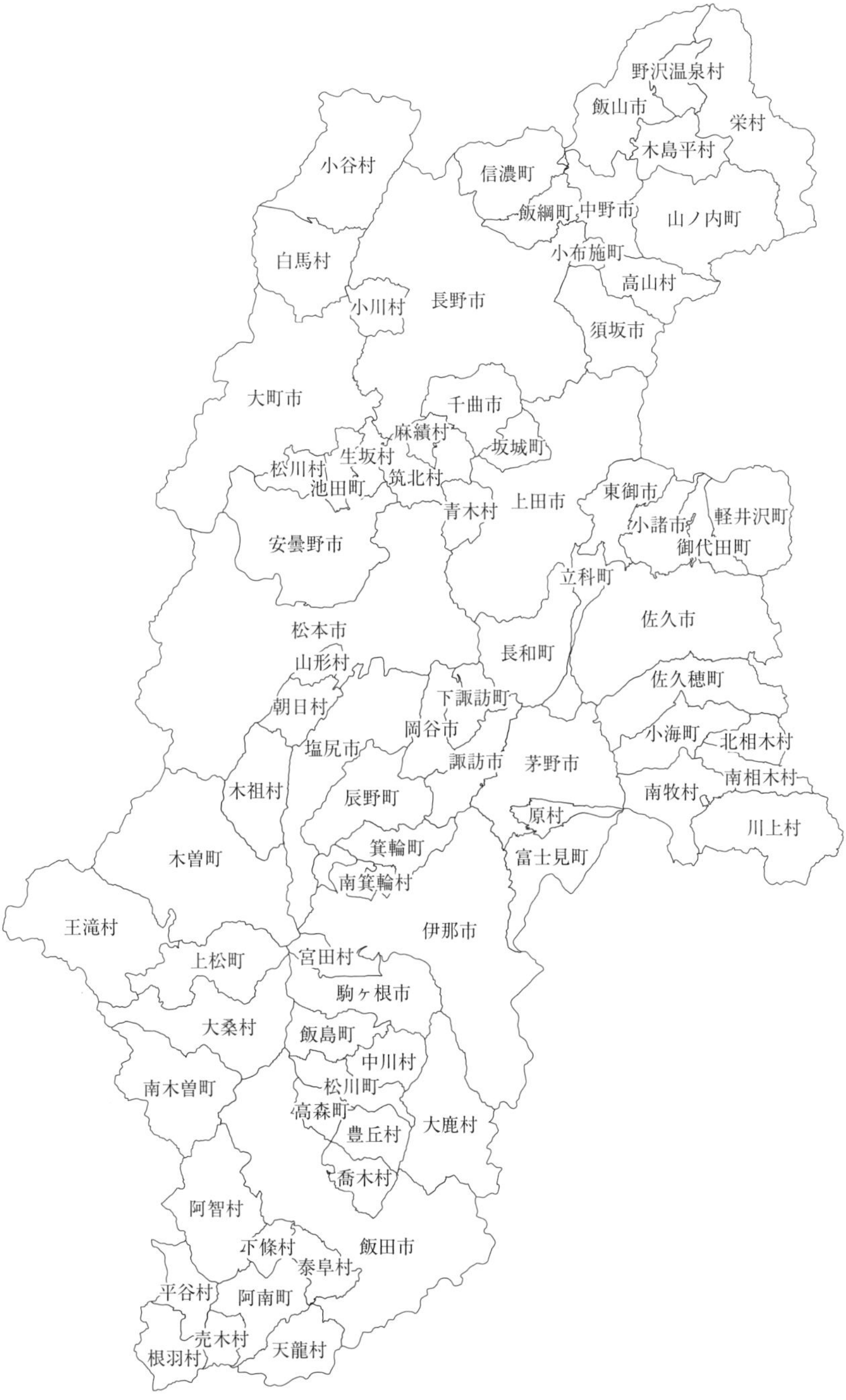
野沢温泉村
飯山市
栄村
木島平村
信濃町
飯綱町
中野市
山ノ内町
小布施町
高山村
小谷村
白馬村
小川村
長野市
須坂市
大町市
千曲市
麻績村
坂城町
生坂村
松川村
池田町
筑北村
青木村
上田市
東御市
小諸市
軽井沢町
御代田町
安曇野市
立科町
佐久市
松本市
長和町
山形村
佐久穂町
下諏訪町
朝日村
岡谷市
小海町
北相木村
塩尻市
諏訪市
茅野市
南相木村
木祖村
南牧村
辰野町
原村
川上村
木曽町
箕輪町
富士見町
南箕輪村
王滝村
伊那市
上松町
宮田村
駒ヶ根市
大桑村
飯島町
中川村
南木曽町
松川町
高森町
大鹿村
豊丘村
喬木村
阿智村
下條村
飯田市
泰阜村
平谷村
阿南町
売木村
天龍村
根羽村

図1　長野県の市町村

2 地域の「コモンズ」を守る「小さな自治」

地方自治は、県や市町村だけが行うものではない。長野県の自治の第二の特徴は、県や市町村など地方自治体の他に、近代以前から存在する共有財産、すなわち「ローカル・コモンズ」を地域住民が守り活用するための「小さな自治」が各地に存在することである。

近世からの伝統的な組織で「コモンズ」を管理——野沢温泉

長野県に限らず、各地の温泉は江戸時代以前から存在し、各地域の共有財産として、地域住民に親しまれてきた。明治以降、近代的な土地所有制度が導入される中で、土地の私的所有と並行して温泉の私的所有も拡大し、近代以前の温泉の共有（総有）の仕組みは多くの地域で解体した。しかし、長野県内には、明治以降も温泉の共有の仕組みを模索し、それを今日まで維持してきた地域が複数存在する。それは温泉という「コモンズ」をめぐる「自治」のしくみと言えるものである。

野沢温泉村は、平成の大合併の際にも住民投票を経て「自立」を選択した村の一つである。同村には八世紀ごろから温泉が湧き、江戸時代には近隣からの湯治客でにぎわうようになったという。この野沢温泉の源泉を近代以前から管理してきたのが「野沢組」である[(3)]。野沢組は江戸後期から続く住民の自治組織であり、住民はすべて入会資格を持つ。物代、副惣代を中心に自治的なしくみを有し、温泉をはじめ山林や水源などの財産を所有・

（3） ミツカン水の文化センター（二〇〇六）を参照

写真1　野沢組惣代の事務所

写真2　野沢温泉の共同浴場・熊の手洗湯

管理する。源泉を保有・配湯するほか、林野、社寺、堰、除雪など村の共同事業を担ってきた。現在は財団法人・野沢会を設立し、温泉権の管理等を行っている。明治の地方制度の創設から現代にいたるまで、自治体とは別の伝統的な自治組織が、「ローカル・コモンズ」の担い手として活動してきた例は全国的にも珍しいだろう。

また、野沢温泉には一三の共同浴場がある。これを維持管理するのは、浴場ごとに住民で組織される「湯仲間」である。住民は湯仲間に加入して温泉の利用権を得るとともに、共同浴場を管理する主体として活動する。このように、野沢温泉は、野沢組と湯仲間という二つの自治の仕組みによって、温泉という住民の財産を共同で所有するとともに、管理し利用しているのである。

財産区による「コモンズ」の所有と管理

近代以前の「ローカル・コモンズ」を財

産区によって地域住民が共同管理する事例が多いのも、長野県の特徴である。財産区は、地方自治法が定める特別地方公共団体であり、明治の地方制度成立期や戦後において市町村合併を推進する際に、旧来の村落が保有する入会地などを所有・管理する権限を守るために創設された。総務省の財産区に関する調査によれば、長野県では一八七の財産区があり、全国六番目の多さとなっている。[4] 最も多いのは山林（約六〇％）、次いで原野（約三〇％）である。多くが近代以前からの入会地であるが、戦後は茅野市のように別荘地や高原リゾート地として開発されている場所もある。合併によって旧来の村が消滅した後も、「ローカル・コモンズ」を地域住民が守り活用するための仕組みが、県内各地で活用されている。

財産区は地方公共団体であり、その長は市町村長が兼任する。しかし、財産区や財産区が保有する「コモンズ」の日常的な運営管理は、住民が行う。長野県の特徴は、多くの財産区で住民自治が機能していることである。財産区には議会を置くことができるが、議会を設置している区は全国平均で一六％程度である。これに対し長野県では一二九、約六八％の財産区で議会を設置している。

別所温泉財産区による「コモンズ」としての温泉管理

上田市の別所温泉には、全国的にも珍しい温泉を所有管理する財産区がある。[5] 別所では平安時代より温泉が開かれ、地域の人々に親しまれてきたほか、北条氏や真田氏など時々の実力者にも愛用されてきたと言われる。明治以降、他の多くの温泉地と同様、別所温泉は官有となったが、大正期の一九一六年に当時の別所村に払い下げとなった。戦後、昭和の市町村合併が推進された一九五六年に、別所村は合併して塩田町となった。その際、温

（4） 総務省「財産区に関する調査（令和五年四月一日現在）」（https://www.soumu.go.jp/main_content/000932834.pdf）

（5） 別所温泉財産区のウエブサイト（https://www.besshoonsen-zaisanku.com/）の他、財産区を中心とした温泉の地域による共同管理については斎藤・三俣（二〇一一）を参照

写真3　別所温泉の共同浴場・石湯

写真4　別所温泉の洗い場

泉については、新たに別所温泉財産区を設置し、源泉の所有と配湯などの管理を行うこととなった。塩田町は一九七〇年に上田市に編入合併されるが、別所温泉財産区は維持され、現在に至っている。別所温泉財産区も議会制を採用しており、議員は各地区や旅館経営者のバランスをとって選出されている。また財産区は源泉を所有するほかその配湯や料金設定など多くの権限を有するが、その意思決定は旅館組合、観光協会、連合自治会などとの協議・連携のもとに行われている。

別所温泉には大師湯、石湯、大湯の三つの共同浴場と一三の旅館がある。共同浴場は、財産区が直接に管理運営するものである。共同浴場は地域住民のための風呂であり、各家庭に風呂が普及する以前には、住民は毎日のように利用しその恩恵を受けてきた。現在でも別所地区の多くの住民が共同浴場を愛用している。源泉を所有管理する財産区は、地区の旅館など温泉施設に配湯を行っているが、共同浴場のための湯の確保が最優先され、残りを各温泉施設に配分するルールとなっている。ここにも温泉を地域の「コモンズ」として活用する仕組みが息づいていることがうかがえる。

別所温泉財産区では、共同浴場の他にも、戦前から使われてきた「洗い場」や、観光客用の足湯、飲泉塔にもお湯を提供している。「洗い場」は地区内一四か所に存在する。洗濯機が普及する以前には、各家庭の野菜、洗濯物、食器を洗い場で温泉を使って洗う光景が日常的に見られた。現在の洗い場は、近隣住民による任意組合が、財産区から配湯を受け管理運営するところが多い。「洗い場」を利用する住民は高齢者に限られつつあるが、温泉という「コモンズ」を活用する昔ながらの生活スタイルが、「小さな自治」の仕組みを通じて今日も維持されている。

現在、別所温泉は他の温泉地と同じく、個別の旅館の廃業やコロナ禍の観光不況からの脱却という課題に直面している。このような地域の課題に対して、財産区を中心とした「ローカル・コモンズ」を守り活用する住民の自治と連携がどのように機能していくのか、注目される。

3 公民館と自治――住民による学びと地域づくり

長野県において、村の数などと並んで全国一多いのが公民館である。県内には市町村が運営する一七八九の公民館があるほか、自治公民館と言われ住民が主体となって運営を行っている分館を入れると三八〇〇もの公民館があると言われている。(6)

(6) 令和三年度社会教育調査（公民館調査）および長野県公民館運営協議会のウェブサイト（https://naganoken-kounkyo.com/kouminkan/）を参照

公民館を通じた住民の学びと地域づくりの伝統

公民館は、一九四九年に社会教育法における社会教育施設と位置づけられた。しかし長野県は、それに先駆けて終戦翌年の一九四六年から公民館の設置を奨励している。その背景には、戦後の地域の荒廃を、公民館における社会教育や地域振興活動を通じて立て直そうというねらいがあったと言われる。他方で、大正デモクラシー期より信州各地で展開された民衆の自己教育運動は、戦後も各地の青年団運動などを通じて活発に展開されており、公民館はこれらの運動の拠点として各地に広がっていったのである。各地の公民館で取り組まれた住民の学習活動のテーマは、農業や地域開発などの経済問題、安保改定や沖縄復帰などの政治問題、若者の結婚や農家の嫁姑問題など、社会問題から生活問題に至るまで多様であった[7]。したがって、公民館の数の多さは、信州各地において、住民が自ら学ぶ文化、学びを通じて地域の生活問題や地域課題を話し合い、その解決に向けて自ら活動する文化が根づいていることを示している。また、公民館主事として住民とともに地域課題に取り組んだ職員が、その後市町村の首長となって地域づくりを主導する事例も、栄村、旧望月町、阿智村などで見られた。

阿智村における公民館を通じた地域づくり

現在でも、公民館における住民の学びを起点とした地域課題の解決は、様々な形で展開されている。ここでは、南信の阿智村《あちむら》の取り組みを紹介する[8]。阿智村を含む下伊那地域は、長野県の中でも特に公民館を基礎にした住民の共同学習と地域づくりが盛んな地域であった。

(7) 長野県連合青年団(一九八五)を参照

(8) 岡庭・岡田(二〇〇七)および岡庭・細山・辻(二〇一八)を参照

写真5　阿智村図書館

写真6　ごか食堂

第一に、村の各地域で住民が主体となって策定する地域計画である。平成の大合併が始まる一九九〇年代後半、阿智村では村内に新たな地域自治組織として六つの「自治会」が作られた。この自治会は行政と対等な組織として、自らの地域の課題を整理し取り組むべき事業を明確化する。そのうえで、自分たちで行う仕事、行政と共同で行う仕事、行政が行う仕事を整理して提案する。これらの地区計画は各地域の公民館において、住民が地域課題を学びなおしながら策定されたという。

第二に、「村づくり委員会」である。同委員会は、持続可能な村づくりのために住民が自主的に取り組みたい活動について提案し、それを村が認定して学習会の費用などを補助するものである。認定に当たって村から内容の審査などは基本的に行わないという。住民は、関心を持つ地域課題について学びながら解決の方法について議論し、村と共に実行していく。この村づくり委員会を活用した住民の活動から、知的障がい者の通所施設「夢のつばさ」、住民参加で構想・整備された「阿智村図書館」、地域の女性たち中心に運営される地元野菜を使ったレストラン「ごか食堂」、「あち訪問看護ステーション」などが生まれてきている。いずれも最初は手探りで地域課題にとりくんだ住民が、「村づくり委員会」への登録を通じて公民館での学習と討論を繰り返し、公民館主事の助けを借りながら自身で解決策を生み出してきた点が共通している。

阿智村の取り組みからは、個別の課題ごとに住民が学びを深め解決策を自ら具体化してきたこと、その過程で公民館は住民同士がつながりを深め行政と連携を築いていく場となってきたことがうかがえる。信州各地にある公民館は、このような「小さな自治」の結び目として機能してきたのである。

おわりに

全国的には、多くの市町村が合併を繰り返し、各地における自治体の規模は肥大化するとともに、住民自治は空洞化してきている。このような中で、信州各地における「小さな自治」の実践は、持続可能な地域づくりにとって不可欠な、住民主体の地域づくりの魅力と底力を示すものとなっている。

・写真1～6は筆者撮影

〔参考文献〕
岡田知弘『増補版道州制で日本の未来は開けるか　民主党政権下の地域再生・地方自治』自治体研究社、二〇〇八年

岡庭一雄・岡田知弘『協働が開く村の未来―観光と有機農業の里・阿智―』自治体研究社、二〇〇七年
岡庭一雄・細山俊男・辻浩編『自治が育つ学びと協働　南信州・阿智村』自治体研究社、二〇一八年
斎藤暖生・三俣学「温泉資源の持続的利用と管理制度に関する一考察―長野県上田市別所温泉財産区の事例に基づいて―」『温泉地域研究』16号、二〇一一年
長野県連合青年団編『長野県青年団運動史』一九八五年
ミツカン水の文化センター『水の文化』22号、二〇〇六年（https://www.mizu.gr.jp/kikanshi/no22/06.html）

山村住民の主体的な過疎への対応の現状と展望
――長野県天龍村での研究経験に基づいて――

相川陽一

はじめに

「高齢化率が上がること自体悪いことなのか。自立して生きていければいいのでは。生まれたところ、ここで生きていく幸せ。最後まで暮らせることを、行政が手助けすることが大事では」。

これは、二〇一四年八月二二日に、長野県の最南端部に位置する天龍村の村役場で、筆者と共同研究者が役場職員から聞いた一言である（相川・丸山・福島二〇二二）。このころ学界では、明治期以来、約一五〇年にわたって、ほぼ一貫して総人口が増加し続けてきた日本社会のあり方を相対化する議論が打ち出されていた（徳野・柏尾二〇一四、徳野二〇一五）。地域社会学者や農村社会学者の中には、人口増加が常態化するなかで、研究者もこれを与件化してしまっていることを批判的に捉える視点があり（徳野・柏尾二〇一四、徳野二〇一五）、筆者もそうした見解のもとで農山村と都市の関係を捉えてきた。

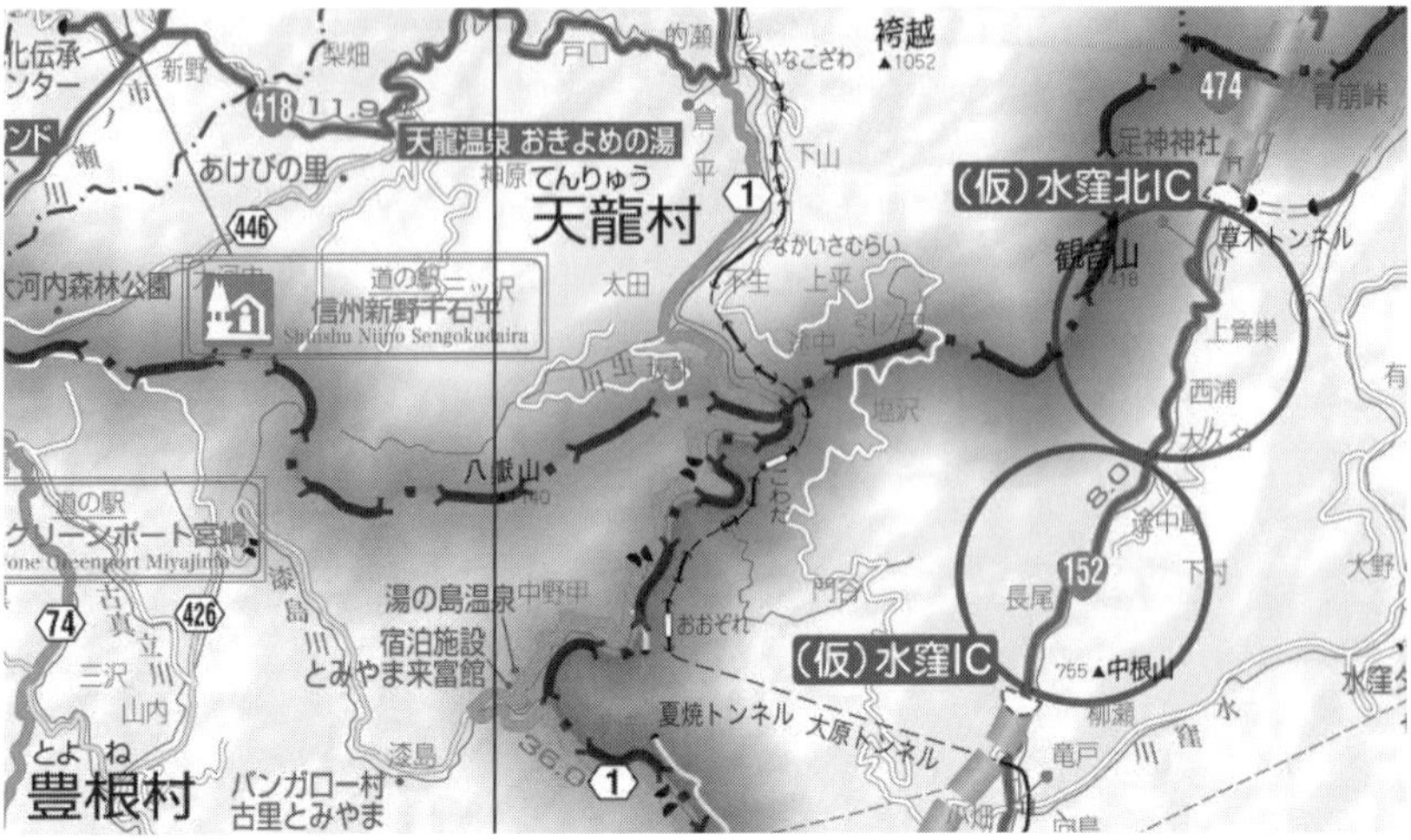

図1　天龍村

長野県の最南端部に位置する天龍村、長野県、静岡県、愛知県の三県が県境を接している。

出典：三遠南信地域連携ビジョン推進会議ウェブページより「三遠南信エリアマップ」(2024年7月4日最終閲覧)

しかし、人口増加そのものを相対化する見解をはっきりと話す行政職員に出会ったのは、これが初めてのことだった。二〇一四年は、筆者が天龍村に通い始めた年であり、冒頭に紹介した村職員は、初対面に近い筆者に、上記のように、はっきりと自身の見解を伝えてくれた。この見解を聞いて、筆者や同席した共同研究者は、この村に強い関心を持った。地域に役場が残ることは、住民生活にとって有益なことがいくつもあるという意味での関心である。

たとえば、住民生活を熟知した村役場の職員が、まとまって、日々、地域で働くことにより、きめ細かな住民サポートが可能となる。二〇一〇年時点で天龍村の総人口は一六五七人であった。筆者が共同研究者とともに天龍村に通い始めた二〇一四年の時点も、村の総人口は減少傾向だった。このころ、村内にある地区（住民自治の小単位）のなかには、世帯数が一世帯になった地区もあった。しかし、冒頭に示した筆者らのインタビュー調査に対応してくれた村役場の職員は、集落がたとえ一世帯になって集落としての機能が弱体化したとしても、この村役場の職員は、村内でだれがどこに住んでいるかを把握できている。だから、行政によるサポートをおこなうことは可能だという見解も、筆者らに伝えてくれた。

たしかに、この村の役場で働く職員には、村内に住所を持つ人が多い。徒歩で通勤できる距離に、まとまった人数の役場職員が住んでいる。そして、村出身で役場職員になった人も、村外から移住して役場職員になった人も、村民との距離が近く、部署を横断して、職員間の連携ができている。このようなことをその後の調査で何度も目のあたりにしてきた。

1　ごくふつうの山村自治体であることの意味と意義

天龍村は、村の過疎化が進行する中でも「平成の大合併」で合併の道を選ばず、かといって積極的に自立の道を選択した自治体でもなかった（丸山・相川・福島二〇二〇b）。紆余曲折を経て、「昭和の大合併」時の自治体として存続する道を選んだ経過があった。積極的に自立の道を選んだ自治体ではなかったというところも、筆者や共同研究者の関心を喚起した。

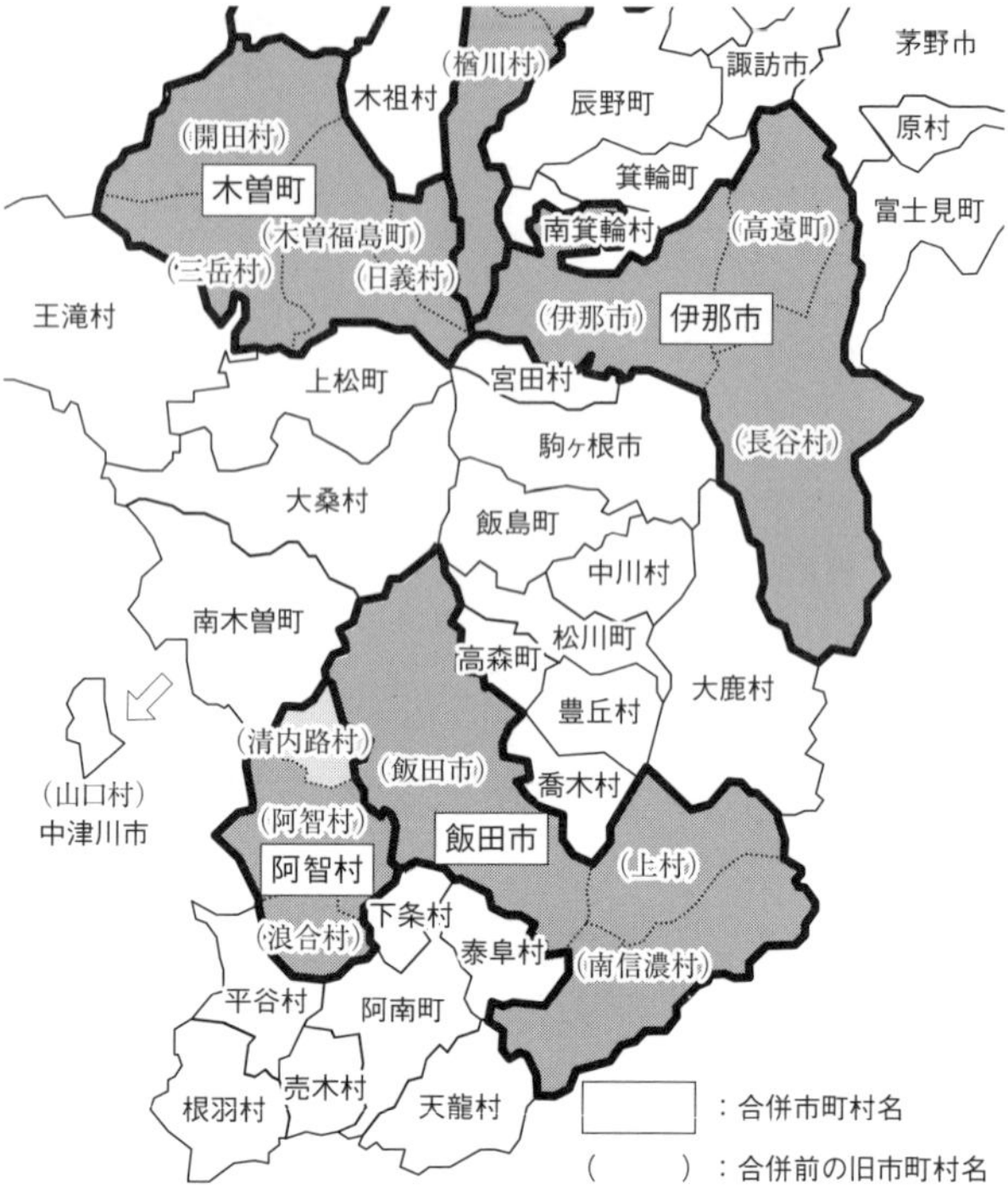

図2　長野県内の市町村合併図（部分）

出典：長野県ウェブページより「長野県内の市町村合併図」（2024年7月4日最終閲覧）

「平成の大合併」期には、大規模合併だけでなく、合併しないことを積極的に掲げた自治体が社会的な注目を集めた。しかし、大規模合併でも、積極的な自立の選択でもなく、合併が成立しなかったことが要因で、自立を選択せざるを得なかった自治体がまとまって存在することに筆者らは着目した（丸山・相川・福島二〇二〇b）。

天龍村は、積極的な非合併自治体ではなかった。その意味では、目立たない自治体かも

写真1　チケット「クオッシー」（写真提供：天龍村役場）

写真2　満島屋の外観（写真提供：天龍村役場）

しれないが、筆者や共同研究者は、目立つ積極的な非合併自治体よりも、結果として非合併自治体になった自治体が地域自治でさまざまな努力を重ねているところに関心を持った。

現に、天龍村役場は、村民が抱える生活課題を解決していくためのきめ細かな施策や事業を打ち出している。たとえば、村内を移動する際に、タクシー料金を割引にするチケット「クオッシー」がある（丸山二〇一八）。これは、運転免許を返納した村民や、もともと自動車を運転しない村民のために移動手段を確保し、同時に、村内にあるタクシー事業所の維持存続にも効果を発揮する行政事業である。

そして、二〇二三年度には、村中心部に、公設民営の方式で村がミニスーパーと単身世帯用のアパートなどが組み合わさった施設を建設するなど、村民生活の不便を解消するための施策や行政事業を積極的に進めてきた（相川・丸山・福島二〇二二）。過疎化が進む山村地域では、民間に任せているだけでは供給できないサービスがある。買い物環境の整備は、その一例だろう。現状のままでは村民が日々の食料などを買える場が減ってしまう。そこで天龍村役場は、市場セクターと行政セクターの垣根を超えて、住民の定住環境の改善や底上げに資する施策として、ミニスーパーと単身者用のアパートを併設した複合施設「満島屋」を建設した（http://www.vill-tenryu.jp/notice/mitsusimaya/　二〇二四年七月三日最終閲覧）。

このような行政施策や行政事業は、天龍村が同村よりも人口規模の大きな自治体と合併していたら、果たして実施できただろうか。天龍村に関して言えば、紆余曲折を経たにせよ、自立の道を選択したことにより、村民生活上の課題に即した課題解決策を村役場が打ち出すことができている。筆者は、約一〇年にわたる天龍村での調査の中で、とくにこのことに注目した。

2　「平成の大合併」による山村の衰退——浜松市天竜区佐久間町での調査経験から

対照的な状況となっているのが、天龍村の南部に位置する静岡県浜松市の北遠地域である。同市は「平成の大合併」の時期に、太平洋岸から長野県との県境までを含む大規模な合併をおこなった（丸山二〇一五）。

単独の自治体というには、あまりにも広大な面積を持ち、同じ浜松市内でも、暮らす地域によって住民生活のあり方は大きく異なる。たとえば、天龍村と境を接する山村部から、ＪＲ浜松駅などがある市中心部に出るには、車で約二時間もかかる。このような状況が大規模合併によって生まれ、周辺部は自治機能が弱体化している。

筆者は、自身が大学院生だった時期に、現在は浜松市天竜区佐久間町となった地域で、かつて一九五〇年代に行われたダム開発が地域社会にもたらした長期的な影響を明らかにする共同研究に参加した（町村編著二〇〇六）。当時、浜松市天竜区佐久間町は、磐田郡佐久間町として独立した自治体だった。町役場には多くの職員が働いていた。そこに大学院生の研究チームでいっせいにインタビュー調査に入り、多くの役場職員と町民に助けられて調査を進めた経験がある。

しかし、こうした光景は、二〇〇五年に佐久間町が浜松市に合併してから大きく変わった。佐久間町という自治体はなくなり、元の町役場は年を経るごとに規模を縮小した。そして、支所から、ついには出張所のような規模になった。そこで働く職員は、地域に必ずしも詳しい人になるとは限らず、役場としての機能は削減の一途をたどっている。

行政機関の規模縮小は、大規模合併が要因であり、合併した側の意思決定によって進められてきた（丸山二〇一五）。こうした地域で農山村の調査経験を積んだ身としては、県境をへだてて旧佐久間町に隣接する天龍村で起きているさまざまな事象がまぶしかった。それは、二〇二四年現在も変わることがない。これらのことについて、大学生との共同での天龍村調査の経験に基づいて、次節で詳しく述べていく。

3　伝統の継承と再創造の場としての天龍村

筆者は二〇一四年から天龍村に通い始め、二〇一八年からは長野大学で自身が担当する社会調査の実習科目「地域調査演習」でも通い始めた。「地域調査演習」は、長野大学がかつて産業社会学部を擁していた時期、一九九〇年代に開設され、科目名称を変えながら現在まで続いている科目である。

「地域調査演習」では、新型コロナウイルス感染症によって現地調査が不可能となった時期を除いて、社会調査を学ぶ大学生とともに、二〇一八年度、二〇一九年度、二〇二三年度と現地調査を進めてきた。二〇二四年度も大学生とともに現地調査を実施した。

現地調査の際に、村で暮らす方々へのインタビュー調査等の仲介役になってくれる主体には、村役場に加えて、NPO法人ツメモガキがある（https://tsumemogaki-online.1net.jp/ 二〇二四年七月三日最終閲覧）。NPO法人ツメモガキ（以下ツメモガキと略記）は、地域おこし協力隊や集落支援員として村外から天龍村に移住し、これらの任期を終えた二〇歳代から三〇歳代の若者が中心メンバーとなっている。そして、かれらを前向きに受け入れた村民有志、そして村役場職員有志によって構成されている。ツメモガキとは、最後のひとあがき、という意味である。この語の意味から推測されるように、担い手は明るい若者たちが中心だが、真剣な問題意識を持ちながら、ユニークな活動をおこなっている。

写真3　地域調査では食事も地元の食材で自炊する。この日は坂部地区の平松雅隆さんによる竹筒炊飯と同じく坂部地区の関博久さんが釣った川魚で夕食をいただいた（2024年5月27日、筆者撮影）

たとえば、村内にある既存の食品加工施設を利用した地場産の菓子作りや伝統食品づくりである。天龍村の南端部は、長野県、静岡県、愛知県の三県が県境を接する地帯である。そして、この三県の県境部に位置する集落が坂部地区である。ツメモガキのメンバーは、この坂部で、村内産の原材料を活用することを重視した洋菓子や伝統食品であるゆべしづくりをおこなっている。坂部地区は、かつて、ゆべしづくりがさかんで、生産組合もあった。だが、担い手の高齢化と減少を背景に、数年前に生産組合が解散した。こうした経過を知るツメモガキのメンバーの中でも、村外から移住して、幼い子供を育てる二〇歳代から三〇歳代の母親たちが自らの意思で、かつての生産組合の中心メンバーに教えを受けて、ゆべしづくりを再開した（「柚餅子作りに坂部に行こう 天龍のNPO、来月催し 地区住民から引き継いだレシピ紹介」『信濃毎日新聞』二〇二三年一一月一六日朝刊等にツメモガキによるゆべしづくりの非血縁的な継承例が報道されている）。現在、このゆべしは、村内のミニスーパー等で販売されており、調味料として洋食店などでも活用されている。二〇二四年度の「地域調査演習」の受講生には、伝統食に関心を持つ学生が多く、「ゆべしとはどのような由来をもつものなのか」、「天龍村や坂部地区でゆべしはいつごろから、どのようにつくられ、食べられてきたのか」、「食文化が多様化した現代の日本社会で、ゆべしはどのように継承できるのか」といった課題をもって、調査を進めている。

そして、ツメモガキのメンバーは、坂部地区の伝統行事の維持にもかかわっている。坂部地区は、その発祥を中世にさかのぼることができると言われており、約六〇〇年続く「坂部の冬祭り」で有名な地区である。「坂部の冬祭り」は湯立て神楽で、国の重要無形文化財に指定されている。このような系譜をもつことから、坂部地区は民俗学や社会学などの研究対象となってきた。坂部地区には多くの研究が蓄積されている（折口一九三〇、長野県教育委員会一九六二、安藤・矢守一九七二、竹内一九七八など）。しかし、近年は、社会学分野の研究がみられず、筆者はこうした研究上の空白を埋めるべく、既往研究を活かしながら坂部地区の現状分析をおこなっている。それは、たとえば、坂部地区で生まれ育った後に村外で暮らすようになった他出子や天龍村外から同村に移住した若者による「坂部の冬祭り」への参加状況や参加動機などの解明である。

二〇二四年現在、坂部地区は一〇世帯で、この世帯数で「冬祭り」を執り行うことは困難がある。「坂部の冬祭り」は、氏子総代をはじめとした担い手の強い意志により、祭りの原型を極力変更しないで維持していく方針を取っており、一月四日から一月五日にかけて、夜通し執り行われている。

そして坂部地区には「坂部の冬祭り」だけでなく、「五度の祭り」と呼ばれる祭礼があり、年間を通してみると、隔月で、なんらかの祭礼が執り行われている。その中でも、最大の祭礼が「坂部の冬祭り」である。

近年、氏子総代をはじめとした担い手は、「坂部の冬祭り」の冬祭りを維持していくために、祭りの原型は極力変えずに、祭りに参加する人々の範囲を広げていく、という存続策を取っている。たとえば、ここ数年、村外から移住して、地域おこし協力隊員になり、同隊員の任期を満了した後も同村に住み続ける三〇代の若者が複数出てきた。こうした若者たちが、このところ、続けて「坂部の冬祭り」で舞手を務めることのできる資格である「神子」となった。「神子」とは、毎年一〇月（旧暦では九月）の祭礼において、承認の儀式をもって認められる立場である。氏子の中でも、その生涯を「坂部の冬祭り」をはじめ

写真5　平松雅隆さんと村に移住したNPOツメモガキの村澤葉花さんによる坂部の冬祭りの特別講義（2024年5月27日、筆者撮影）

写真4　坂部地区で氏子総代を務める平松雅隆さんに冬祭りの特別講義を実施していただく（2024年5月27日、筆者撮影）

写真6　坂部の冬祭り（写真提供：天龍村役場）

とした祭礼に捧げていくことを誓った者だけが選ばれる立場である。こうした「神子」の範囲は、坂部出身者だけでなく、現在は、同村に根付いて生きていこうとする移住者の若者にもひろがっている。

他出子や移住者の参加により、「坂部の冬祭り」はどのように守られていくのか。いかなる変化のもとで存続に向けた努力が続けられていくのか。筆者は、このような問題意識をもって、今後も天龍村と坂部地区に通いたいと考えている。

おわりに

本章では、筆者が共同研究者や学部学生とともに調査をおこなっている天龍村について、地域調査という切口から把握した社会的な現実の一端を紹介した。二〇一四年に初めて訪問してから、約一〇年のあいだに、多くの若者が地域おこし協力隊や大学生として、天龍村や坂部地区を訪問してきた（福島・相川・丸山二〇二一、福島二〇二三）。かれら、かの女らは、天龍村や坂部地区からどのようなことを学び、その後の人生に活かしているのだろうか。調査の対象は、天龍村や坂部地区に加えて、私たち調査にかかわる者自身も含んだものになりつつある。毎年刊行している調査報告書を学生たちと読む学びを通して、学生たちは先行者たちの経験を追体験できるようになりつつある。地域調査は一年、二年といった単位ではなく、長く続けていくことにより新たな意味を帯びることも、天龍村や坂部地区から教えていただいていることだ。

全国レベルで総人口が減少する趨勢の中では、村の総人口の増加をめざすよりも、総人口は減っても持続可能な自治体をつくる方が住民生活にとって有意義であるという見解を二〇一四年の時点で打ち出している天龍村には、これからも学ばせていただくことが数多くある。今後も天龍村への地域調査を続け、地域社会や地域文化の維持のための取り組みに学んでいきたい。

〔参考文献〕

相川陽一・丸山真央・福島万紀「現代山村における若年他出者の出身村とのつながりとUターンの条件：長野県天龍村の中学校卒業生調査から」『長野大学紀要』41（3）：1-11、二〇二〇年

相川陽一・丸山真央・福島万紀「現代山村における自給的農林業の役割と実態：長野県天龍村の事例から」『農村生活研究』64（1）：39-53、二〇二一年a

相川陽一・丸山真央・福島万紀「過疎山村自治体における「脱成長」型の移住・定住促進施策の展開：長野県天龍村の事例」『長野大学紀要』43（2）：1-12、二〇二一年b

安藤慶一郎・矢守一彦『国境いの村』学生社、一九七二年

福島万紀・相川陽一・丸山真央「地域おこし協力隊の継続的な受け入れに必要な自治体の対応：長野県下伊那郡天龍村の事例」『都留文科大学研究紀要』94：51-69、二〇二一年

福島万紀「若者を惹きつける山村の条件：山陰地方および中部地方の3つの山村を事例に」『都市問題』113（3）：26-36、二〇二二年

町村敬志編著『開発の時間・開発の空間：佐久間ダムと地域社会の半世紀』東京大学出版会、二〇〇六年

丸山真央『「平成の大合併」の政治社会学：国家のリスケーリングと地域社会』御茶の水書房、二〇一五年

丸山真央「「平成の大合併」からみた小規模自治体の「自治」」『都市計画』67（5）：16-19、二〇一八年

丸山真央・相川陽一・福島万紀「過疎山村における他出家族員の「生活サポート帰省」：長野県天龍村の事例」『東海社会学会年報』12：46-58、二〇二〇年a

丸山真央・相川陽一・福島万紀「非合併小規模自治体の行財政運営とその評価：長野県天龍村を事例として」『人間文化』49：18-31、二〇二〇年b

丸山真央・相川陽一・福島万紀「過疎農山村地域における自治体職員の地域活動の実態と課題」『人間文化』

51：2-15、二〇二一年
長野県教育委員会編『坂部の冬祭り』長野県教育委員会、一九六二年
折口信夫『折口信夫全集21』中央公論社、一九九六年
竹内利美『「熊谷家伝記」の村々：村落社会史研究（社会学叢書4）』御茶の水書房、一九七八年
高梨克也・丸山真央・相川陽一「山間地域における移動販売のコミュニケーション分析：地域コミュニケーション学に向けて」『人間文化』54：38-51、二〇二三年
徳野貞雄・柏尾珠紀『T型集落点検とライフヒストリーでみえる家族・集落・女性の底力：限界集落論を超えて』農山漁村文化協会、二〇一四年
徳野貞雄「「人口ダム論」と農山村集落の維持・存続：「地方創生」論の批判的検討」『都市問題』106（7）：44-54、二〇一五年

column

長野県における方面委員制度の展開
——いつ頃、どのように普及したのか——

矢野 亮

現在の長野県の地域における社会福祉を理解するうえで、看過できない仕組みが方面委員制度（現在の民生委員制度）である。方面とは地域を意味しており、方面を担当する委員が生活困窮家庭や貧困家庭を訪問しやすいように、新たな圏域を設定したのが方面委員制度である。一九一八（大正七）年に大阪府方面委員制度を立案した中心的な人物が当時の大阪府知事の林市蔵《はやしいちぞう》とその政治顧問であった、長野県上田出身の小河滋次郎《おがわしげじろう》であったことは遍《あまね》く知られているとおりである。しかしながら、長野県において方面委員制度がどのように普及してきたのかは、さほど知られていないため、ここで簡潔に紹介しておこう。

社会課と方面委員制度の設置

第一次世界大戦への国の参戦そして工業化を背景に、いわゆる大大阪時代を経験した大阪では人口集中・過密により生活困窮者が急増し、貧困は社会問題として認識されるようになる。一九二〇年代に入ると、各種の社会事業をバックアップする主要な行政組織として府県社会課が登場した。また、行政組織を補助する民間機関としての方面委員が制度化されていく。

人びとの生活困窮化を背景に長野県でも各種の社会事業が取り組まれてきた。社会事業講習会における岡山県済世顧問制度実験談は、長野県で一九二三（大正一二）年度から実施される方面委員制度導入の布石としておこなわれたものであった（矢上一九八八：四一）。つまり、長野県は、一般社会事業の普及を徹底するため、一九二三（大正一二）年度に方面委員制度を組織することを早期から計画していた（長野県社会課一九二三：七）のである。そして、大阪府方面委員制度創設のわずか五年後の一九二三（大正一二）年四月三〇日には方面委員制度が実施され、方面委員費一五〇〇円（長野県慈恵救済資金より）が計上されるに至った（同上：一三）。

長野県方面委員規程と方面委員設置市町村数の増加

設置当初の長野県方面委員規程によると、長野県方面委員制度設置の要旨は、「社会状態及生活状態の調査は、単に一官庁、一個人では到底できず、これを地方の事情に詳しい、地方篤志家に依頼し、その活動と斡旋により各地方における一般社会状態および生活状態を調査し、その欠陥を闡明するとともに、現に社会的に救済を要する点を明らかにし、あるいは既存の社会事業の適否を精査してその活用を全からしめ、あるいは新設すべき社会的施設を攻究してその実行を計り、よって真に地方において緊急適切な社会的施設の完成を期さねばならない」（長野県社会課一九三〇：七）というものであった。

方面の区域は、市では小学校通学区域、町村ではその行政区域による（同規定第二条）とし、方面委員の数は市では一〇名以内、町村では一名として、地方の事情により増員できるとした（第三条）。その後、一九二六（大正一五）年六月の方面委員制度改正により、町村では二名以内と改正された（同上：三〇）。また、方面委員制度の設置当初から県内のすべての市町村に方面委員が配置されたわけではなかった。一九二六（大正一五）年三月二〇日時点の統計によると、県内全市町村数三八七に対して、方面委員設置市町村数は二七三で未設置または欠員町村数は一一四であった（長野県 一九二六：三三―三四）。その後、年々、未設置町村は減少し、一九二八（昭和三）年四月一〇日時点では設置三三四、未設置が五三となり（長野県一九二八：五四）、同年七月には未設置は四〇（長野県一九二九：八一）、一九三二（昭和七）年一〇月時点では一七となり（長野県一九三三：五）、一九三六（昭和一一）年四月時点では九町村の未設置を残すのみとなった（長野県一九三六：八）（次頁の表を参照）。

長野縣方面委員（昭和11年4月現在）

經營主體	長野縣	創立		大正12年4月20日	
郡市別	方面委員會事務所	市町村數	未設置町村數	委員數	昭和10年取扱件數
南佐久郡	南佐久郡　聯合事務所	23		27	1,368
北佐久郡	北佐久郡　聯合事務所	28		40	2,696
小縣郡	小縣郡　聯合事務所	33		41	2,800
諏訪郡	諏訪郡上諏訪町 丸山榮臨方	23		44	10,235
上伊那郡	上伊那郡　赤穂村役場	31		40	1,613
下伊那郡	下伊那郡　聯合事務所	43	8	54	2,179
西筑摩郡	西筑摩郡福島町 木曽會館内	16		22	578
東筑摩郡	東筑摩郡坂北村役場内	36		36	1,767
南安曇郡	南安曇郡　聯合事務所	15		16	688
北安曇郡	北安曇郡　大町役場	17		23	260
更級郡	更級郡　聯合事務所	27		29	1,497
埴科郡	埴科郡　聯合事務所	17		22	1,531
上高井郡	上高井郡　須坂町役場	15		22	815
下高井郡	下高井郡　聯合事務所	20	1	24	733
上水内郡	縣廳文室敎化團體事務所	29		39	5,410
下水内郡	下水内郡　農舎事務所	10		16	1,298
長野市	長野市役所	1		22	10,268
松本市	松本市役所	1		11	5,957
上田市	上田市役所	1		16	3,293
岡谷市	岡谷市役所	1		10	昭和十一年四月一日市制實施
	計	387	9	554	54,986

出所：長野県（1936）8頁より

方面委員の数は、一九二三（大正一二）年に一六五名であったものが、一九三八（昭和一三）年には八三〇名に達していた。こうして、方面委員の設置は年を追うごとに進み、県全域に制度が行きわたっていった。

委員の選任について長野県方面委員規程では、「一　地方篤志家、二　官公吏、三　教育関係者」、「四　神職僧侶及諸宗教師」、「五　医師及産婆」、「六　その他適当と認むる者」の中から選任される（第四条）となっていたが、実際には、一九二六（大正一五）年三月時点の方面委員の職業別人員をみると、農業が一三〇名と最も多く、次いで僧侶の九五人となっており、次に多いのが公吏二九人というように、規程と実態に乖離があるのが実情であった。また、方面委員には、事業のなかに児童保護、妊産婦保護等の事業が含まれているため、これらの事業を徹底するには、女医、産婆、もしくは看護婦が必要であり、県では女性を採用しようとする意向があったことを、制度設置当時の「信濃毎日」新聞は報じていた（一九二三年五月三日付、「社会事業委員女子採用方針」、『信濃毎日』）。しかし実際には、規程の要望どおりの人材が集まらなかったことが明らかとなっている。

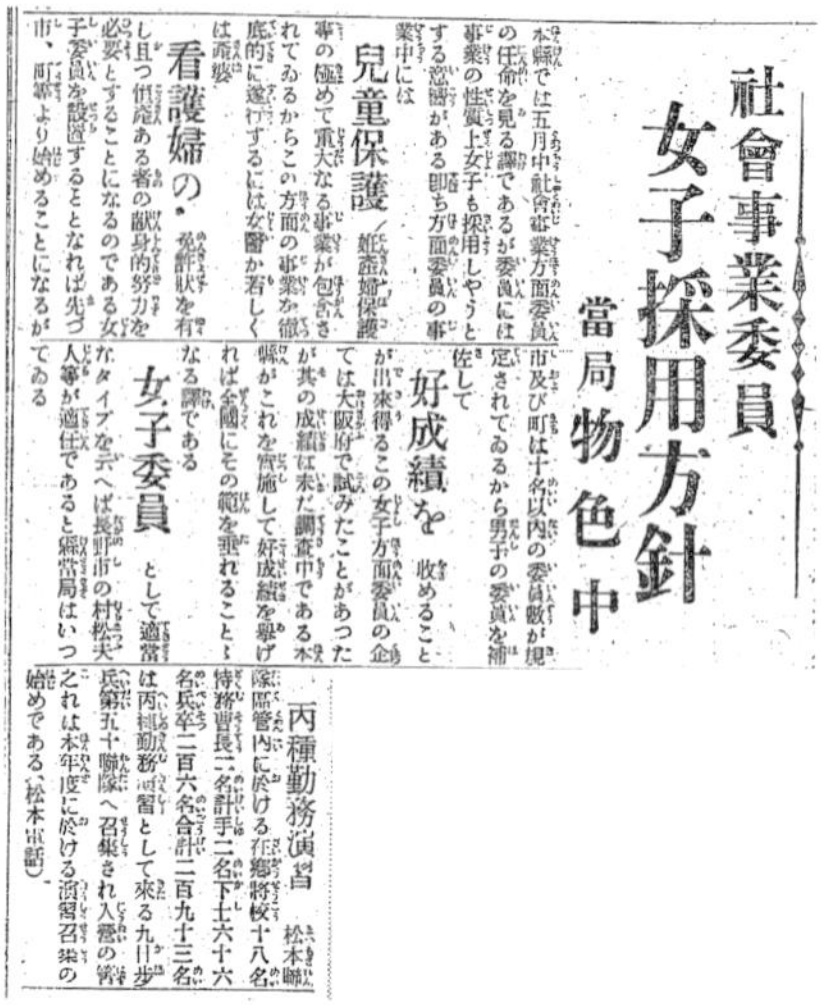

社會事業委員
女子採用方針
當局物色中

本縣では五月中社會事業方面委員の任命を見る譯であるが委員には事業の性質上女子も採用しやうとする意嚮がある即ち方面委員の事業中には
兒童保護
姙産婦保護事の極めて重大なる事業が包含されてゐるからこの方面の事業を徹底的に遂行するには女醫か若しくは産婆
看護婦の
免許狀を有し且つ經驗ある者の獻身的努力を必要とすることになるのである女子委員を設置するとなれば先づ市、町等より始めることになるが市及び町は十名以内の委員數が規定されてゐるから男子の委員を補佐して
好成績を
収めることが出來得るこの女子方面委員の企ては大阪府で試みたことがあったが其の成績は未だ調査中である本縣がこれを實施して好成績を擧げれば全國にその範を埀れることゝなる譯である
女子委員
として適當なタイプを云へば長野市の村松夫人等が適任であると縣當局はいってゐる

丙種勤務演習
松本聯隊區管内に於ける在鄕將校十八名特務曹長二名計手二名下士六十六名兵卒二百六名合計二百九十三名は丙種勤務演習として來る九日步兵第五十聯隊へ召集され入營の筈之れは本年度に於ける演習召集の始めである（松本電話）

図1　社会事業委員女子採用方針当局物色中
（1923年5月3日付、信濃毎日新聞）

方面委員の取扱件数と対応状況

方面委員の取扱件数の動向について、一九二三（大正一二）年度に一〇九九件であったものが、方面委員設置町村の増加および慢性経済恐慌のなかで取扱件数が増加し、なかでも一九三〇（昭和五）年度においては前年度より五〇〇〇件弱の著しい増加を示していた。その後も増加を続け、一九三五（昭和一〇）年度には五万四九八六件とピークに達した。取扱の種類別の件数をみると、「救護」と「相談」が他の種別と比べて圧倒して多いのが実態であった。また、カード階級者数（方面委員が貧困家庭を訪問し、階級別に作成したカード形式の二種類の台帳に登録した者の数）の動向では、一九二七（昭和二）年度の二〇一四人から、一九二八（昭和三）年度をのぞき、徐々に増加しており、一九二七（昭和二）年度の二〇一四人の内訳は、第一種貧困階級一〇一七人、第二種貧困階級では九九七人であった（矢上一九八八：五〇）。

方面委員制度は、一九二八（昭和三）年には、全国各道府県に設置され、方面委員制度を法制化すべきとの議論が起こり、一九三六（昭和一一）年一一月勅令により方面委員令が公布され、一九三七（昭和一二）年一月より施行され、方面委員は国の法制上の機関となり明確な地位を得た（厚生省一九六四：五四）。

以上にみてきたとおり、長野県は全国に先駆けて、方面委員制度が早期に定着した県の代表例であった。本稿ではその過程の概要についてみてきた。近現代の国家が、明治や昭和、そして平成という時代においてもおこなってきた合併政策による地域再編のみならず、方面委員の活動範囲を基軸とした地域（＝方面）の設定は、現代のコモンズやローカルな福祉政策を解明する上での重要なイシューである。

〔参考文献〕

厚生省『厚生省二〇年史』厚生省、一九六四年
矢上克巳「長野県における社会事業の展開―長野県社会課の設置と長野県方面委員制度の設置を中心に―」『清泉女学院短期大学研究紀要』清泉女学院短期大学、三八―五二頁、一九八八年
長野県社会課『長野県社会事業要覧』長野県社会課、一九二三年
長野県社会課『長野県方面委員制度並事業概要 第一』長野県社会課、一九三〇年
長野県『長野県社会事業概要』長野県社会課、一九二六年
長野県『社会事業の概況』長野県社会課、一九二八年
長野県『長野県社会事業便覧』長野県社会課、一九二九年
長野県『長野県社会事業便覧』長野県社会課、一九三三年
長野県『長野県社会事業便覧』長野県社会課、一九三六年
「社会事業委員女子採用方針」『信濃毎日』一九二三年五月三日付

第3部

食をはぐくむ
——大学的長野の自然ガイド

長野県の川魚を味わう

佐藤　哲

はじめに

長野県は水に恵まれた地域である。日本を代表する大河である信濃川は、全国一の長さを誇り、流域面積は一二万平方キロメートル、甲武信ケ岳の源流から千曲川として長野県を縦断し、新潟県に入ると信濃川と呼び名を変えて日本海に流れ込む。長野県内の千曲川だけでも二一四キロメートルの長さがある。この大河がもたらす水の恵みに加えて、山々がはぐくむ豊かな水が県内の多くの河川、さらには水田やため池などの水環境を支えている。海にこそ面していないが、豊かな水に恵まれた長野県の人々は、古くから川魚を重要な動物タンパク源として利用し、その味を楽しんできた。食文化を支える川魚として真っ先に思い浮かぶのは、おそらくアユやサケだろう。これらは全国各地で広く利用され、さまざまな調理法が発達しており、長野県に特徴的というわけではない。ここでは、特に長野県の千曲川流域で伝統的な食材として親しまれてきたコイとウグイを取り上げて、独特の育て方、漁法、味わい方を紹介し、川魚を味わう地域文化を支えてきた人々の思いと実践を見ていくことにする。

1 佐久鯉

稲田養鯉という文化

川魚の多くは、かつては春から秋に季節的に出現する氾濫原を繁殖と成長に利用してきた。氾濫原になるような低湿地は、水田として稲作に利用することに適しており、人々は古くから低湿地に水田をつくってきた。人間による稲作という生産活動が、氾濫原に代わって水田という川魚の重要な繁殖と成長の場所を提供してきたのである。長野県の人々、特に稲作に従事してきた農家の人々にとっては、千曲川流域の広大な水田は、コメ作りの場だけでなく、川魚やそれ以外の多様な淡水生物に接し、利用することができる貴重な環境だった。佐久地方で営まれてきた水田を使った鯉養殖(稲田養鯉)も、水田を活用して鯉という貴重な動物タンパク源を生産する営みだった。

コイは特に内陸部では古くから動物タンパク源として利用されており、人工的に作った池などで育てる営みもおこなわれてきた。水田や用水路などの身近な生業の現場で日常的に出会う魚であったことが、人々とコイのかかわりを深めてきたのだろう。佐久地方における稲田養鯉は、一八世紀後期(天明年間)に、この地方の豪商であった臼田丹右衛門が大阪の淀川水系からヨドゴイと呼ばれるコイを持ち帰ったことに始まるという。高水温の水田で春から夏に卵から幼魚の段階までを急速に育て、稲刈り後に湧水がある低水温の越冬池に移し、また翌年の春に水田に移して成長させることが、稲田養鯉の重要な特徴である。佐久地方の水田や越冬池は千曲川の豊富な伏流水を水源としており、その水質は折り紙付きである（写真1）。良質の水環境の中で、水田での急速な成長と低水温での越冬を繰り返すことによって、臭みがなく肉質の良いコイが生産されてきた。当初は自家消費のための養殖だったが、味がよく栄養価の高いコイは商品価値も高く、明治に入ると東京など各地に運ばれ販売されるようになり、一九三八年には東京への出荷が年間三〇〇トンを超えたという。このようにして、佐久地方はコイの名産地として広く知られるようになった。

写真1　佐久市桜井地区の湧水。家庭の庭先で撮影

稲田養鯉の最盛期には、秋にコイを収穫する時期には、農家の人々はまるで漁師のようにコイの捕獲と出荷に汗を流し、広大な水田は漁業活動の現場に様変わりした。海のない長野県で、水田が海の代わりに水産業を支えていたのである。

鯉を育て食べる文化は、佐久地方に古くから根付いていた（写真2）。日本各地でみられる鯉の洗いや鯉こくなどに加えて、小さな鯉を背開きにして油で揚げるすずめ焼きや甘露煮、皮の千切りなど、独特の調理法が発達してきた。新年などの節目には多くの家庭が鯉料理を「年取り魚」として楽しむ習慣も根付いていたし、子供の健やかな成長を願って端午の節句に食べる魚でもあった。佐久市内には鯉料理店がたくさんあり、地元の人たちに加えて、各地から観光客が訪れている。鯉の洗いは酢味噌で食べるのが普通だが、佐久地方の家庭や料理店では、わさび醤油で供される。まったく臭みのない佐久鯉には、わさび醤油がよいとされているのである。また、鯉を洗いではなく刺身で食べる習慣も根付いており、身がしまり歯ごたえがよく、深い味わいで実においしい（写真3）。

水田でコイを育てるためのさまざまな技術も発達していた。親鯉を庭先の池で大切に育て、春にはマツモなどの水草を産卵床として採卵する技術が生まれた。コイを育てる水田に通常よりも深く水を張るための、導水や排水の仕組みと水門設置の技術も受け継がれて

写真2　出荷サイズまで育った佐久鯉

写真3　佐久鯉の活造り。佐久市岩村田の割烹あさやにて（マスケ・サラベス撮影）

きた（写真4）。また、秋の稲刈りの時期にコイを捕獲して越冬池に移す作業のために、水田の一部を特に深くして、水を抜いた後にコイをその部分に集めて捕獲するといった工夫も見られた。稲田養鯉のコイのエサは、養蚕業の中で製糸場から出る蚕の蛹であった。養蚕が盛んだった明治末から大正にかけては、コイのエサも自給できたので、鯉養殖がさらに広がったという。水田には、多様な水生生物が生息していた。そして、人々はドジョウやフナなどの魚だけでなく、サワガニ、タニシ、さらにはゲンゴロウまで、さまざまな生き物を食材として利用してきた。稲田養鯉は、水田の恵みを生かした多様な食文化を支えてきたのである。

写真4　畔に据え付ける水門

しかし、産業としての稲田養鯉は、昭和三〇年代にはいると急速に衰退した。霞ヶ浦など他の地域で大規模な鯉養殖が盛んになった。霞ヶ浦などでは温かい水温のおかげで二年で出荷サイズに達するため、低水温で三年以上かけて育てる佐久鯉は競合できない。農業の機械化が進み、省力化に伴って兼業農家が増えて、一家の働き手が安定した収入が得られる会社勤務などの他の生業に就き、主婦や高齢者が農業を担うようになった。そのため、集約的な労働が必要な鯉養殖を続けることが困難になっていった。かつてコイは水田の雑草の生育を抑えるという重要な働きをしてきたが、除草剤の普及によって、その役割は必要なくなった。魚毒性の強い除草剤などの農薬の使用が増えていくと、コイの生育に適した水田環境も失われていった。一方で、一年で育てて出荷できるフナの養殖が盛んになり、春先から秋までフナを水田で育て、「小鮒」として出荷するという営みが、鯉養殖に代わって盛んになり、小鮒の甘露煮が食文化として定着していった。こうして、昭和四〇年代には、佐久地方の稲田養鯉は姿を消した。現在では、霞ヶ浦などからコイを仕入れ、豊富で良質の水を利用した養殖池で育てる養殖業が佐久鯉を支えている。

佐久鯉の再生

佐久地方の特に高齢者の間では、稲田養鯉の記憶と佐久鯉の素晴らしい味に対する愛着が息づいてきた。稲田養鯉が盛んだった佐久市桜井地区では、今でも集落内に水路が縦横に張り巡らされ、庭先に水を引き込んだ池では、親鯉が大切に飼育されている。稲田養鯉のさまざまな技術も受け継がれており、湧水のある越冬池も健在だった（写真5）。また、家庭や料理店の鯉料理も、他の地域で育てられた鯉に頼りながらもしっかりと維持されてきた。その中で、二〇〇一年に佐久市内の小学生が総合的な学習の成果として、佐久鯉への関心が薄れていることを憂慮する意見書を佐久市長に提出したことが、佐久鯉復活のきっかけとなった。二〇〇三年には佐久商工会議所の呼びかけで佐久鯉に関心が深い人々が集まる「佐久の鯉人倶楽部」が、一三〇人の会員を集めて発足し、「生まれも育ちも佐久の鯉」の再生への取り組みが開始された。会員のほとんどは、佐久鯉の味をもう一度味わいたいと願う地元の高齢者だった。

写真５　佐久市桜井地区に残る佐久鯉の越冬池

会員の農家が自宅の池で大切に飼育していた親魚を使って、昔ながらの技術を用いて産卵させた卵から、伝統的な手法を用いて生まれも育ちも佐久の鯉を生産する試みが、翌年から始まった。とはいうものの、昔のような大規模で手間のかかる稲田養鯉をそのまま復活させることは現実的ではない。佐久の鯉人倶楽部は、佐久地方でも増加していた休耕田をうまく活用した。稲とコイの生育を両立させることにはそれなりの苦労がある。たとえば、コイの生育のために農薬の使用を控えれば、除草の手間が増える。稲刈り前に水田の水を落とすタイミングで、必ずコイを越冬池に移さなければならない。休耕田を使えば、こういった制約から解放されて鯉養殖に集中できる。休耕田を養殖池として使用することで土壌が改善され、数年後には大豆栽培などを行うこともできるだろう。高齢者が中心の現在の農業に合わせた形で、休耕田を活用した新しい鯉養殖の仕組み作りが始まったのである。鯉人倶楽部の会員の努力によって、生まれも育ちも佐久の鯉の育成は順調に進展し、二〇〇七年には佐久鯉を出荷できるサイズにまで成長させることに成功した。

佐久の鯉人倶楽部は、イベントなどへの出展や料理教室の開催などを通じた佐久鯉の普及活動にも熱心に取り組んだ。このような取り組みはメディアの注目を集め、報道を通じ

写真6　鯉料理店「丹右衛門」の佐久鯉料理

て佐久鯉を目当てに佐久地方を訪れる観光客の集客にもつながった。生まれも育ちも佐久の鯉の復活は、地元の人々の佐久鯉への関心、地域の食文化への関心を高め、二〇〇七年の正月には、鯉料理店は久しぶりに大盛況だったという。佐久養殖漁業協同組合が中心となって佐久鯉ブランド化のために研究会を積み重ねて、二〇〇八年には特許庁の地域団体商標登録に、淡水魚としては長野県初の地域ブランドとして登録された。

佐久の鯉人倶楽部のメンバーである専業農家四世帯が、稲田養鯉の中心地であった佐久市桜井地区に、二〇〇五年に鯉料理店「丹右衛門」を開店した。佐久鯉だけでなく地元産の食材に徹しており、週末だけの完全予約制の営業で、さまざまな高品質の佐久鯉料理を提供してきた（写真6）。料理長をはじめ従業員はみな七〇歳以上の高齢者で、しかも現役の農家であり、鯉、米、野菜、味噌、豆腐などほぼすべての食材を自ら育て、おいしく調理して提供するスタイルは評判を呼んだ。農家による地産地消の佐久鯉料理店は、農家による新しいビジネスモデルを提案するものだった。農家による佐久鯉料理店は新しい佐久鯉料理の開発にも取り組み、塩麹マリネなどの新しいメニューが開発された。料理長は丹右衛門で働く高齢の農業者のみなさんは、みなたいへん楽しそうに働いておられたが、大きな問題は後継者であった。残念ながら料理店を次世代につなぐ後継者が見つからず、丹右衛門は二〇一三年に閉店した。

佐久の鯉人倶楽部も、活動が大きな成果をあげて佐久鯉が再び地域の食文化として復活したことを受けて、その役割を終えつつあった。その背景には、同じように若手の後継者の育成が難しいことがあった。高齢者が中心となり、ボランティアとしての活動を長期継続することは、たいへんなことだったに違いない。佐久の鯉人倶楽部は、当初の目的であった生まれも育ちも佐久の鯉育成を二〇一〇年に終了し、その後は子供たちへの環境教育などを通じた佐久鯉の普及活動に重点を移した。昔ながらの味への強い愛着と郷愁に突き動かされてきた佐久鯉の食文化も陰りを見せ、佐久鯉が食卓に上る家庭も減少しているという。鯉料理店や鯉の加工品を扱う製造販売業、現在の佐久鯉生産を担う養殖業も、世代交代の時期を迎えている。

その中で、代替わりした若手養殖業者の中に、新しい発想で佐久鯉の味の普及とビジネスとしての展開を模索する動きが始まっている。佐久市桜井地区で養殖業を営む創業六〇年の吉澤淡水魚の若き三代目である吉澤均さんは、良質な水に恵まれた養殖池を活かし、佐久鯉、イワナ、信州サーモン、ウグイなどの養殖を手掛けている（写真7）。コストを抑えるためにコイは地域外から購入した当歳魚を育てている。佐久鯉の品質を高めるために低密度で養殖し、十分に運動することで肉質がよくなり、無投薬でも健康でおいしいコイが育っているという。育てた佐久鯉は地元の飲食店やホテルなどに出荷され、その味は高く評価されている。さらに、積極的に佐久鯉のブランドを活かしたネット販売を展開しており、一般消費者の顧客は全国に広がっている。水揚げ時に神経締めを施し、血抜き、腸内洗浄を行うことで、うまみを引き出す、な

写真7　右　佐久鯉の出荷作業を行う吉澤均さん、左　吉澤淡水魚の養殖池

写真8　吉澤淡水魚がネット販売している佐久鯉の切り落とし

どの工夫を積み重ねると同時に、その情報をSNSなどで発信することで付加価値を高めている。冷凍で全国発送している氷温熟成の佐久鯉の刺身は、メディアでも紹介され話題を呼んだ（写真8）。SNSでは自ら工夫した鯉串、切り落としの漬け丼、皮の湯引きなどの調理法を紹介すると同時に、一部は養殖場の店舗で販売しており、佐久鯉の食材としての可能性を探求している。地元の小学生の食育にも取り組もうとしており、子供の目の前で鯉を捌き食べるという授業を通して、子供たちに佐久鯉という地域の食文化の価値を伝えることも試みてきた。このような新しいビジネスモデルを展開できる若手が増えていくことで、佐久鯉という魅力的な食材の価値がさらに高まり、地域内外の人々に愛され続けていくことだろう。

2　ウグイを捕らえ味わう

千曲川のつけば漁

長野県を南北に縦断する千曲川は、地域の食文化と深くリンクしたさまざまな水産資源をはぐくみ、多様な漁法を発達させてきた。アユは友釣りや投網などで漁獲され、人々の食卓に上る。支流ではイワナやヤマメの渓流釣りを楽しむ人も多い。川の流れを狭めてスノコを設置して川を下るアユなどをとらえる簗漁も伝統的に行われている。清流に住むカジカもまた、千曲川沿岸の人々にとって貴重な動物タンパク源であり、ウケと呼ばれる籠状の仕掛けで捕らえる伝統漁法が現在でも行われている。豊かな川の恵みが地域の人々の生活を支え、川魚の味を楽しむ多様な食文化を発達させてきた。

川魚を利用する文化の中でも、ウグイのつけば漁は、全国的にも珍しいものである。つけば漁と類似の漁法は、千曲川中流域の上小地域以外には、群馬県で数か所、福岡県の一部、長野県では犀川、高瀬川の一部などでしか見られないという。ウグイはハヤなどの別名があり、全国的に分布するコイ科の淡水魚で、全長三〇センチメートル以上になる。ごくありふれた淡水魚であり、さまざまな調理法でウグイを食べる文化が各地にみられる。ウグイの旬は冬の寒い時期と五月ごろの繁殖期とされており、夏場はおいしくない。

つけば漁は、ウグイという一種類の魚だけを捕るための漁法である。ウグイは繁殖のために大集団を作って浅瀬に集まるので、この繁殖集団を狙って漁獲する漁法が発達した。当然、漁獲されるのはウグイだけということになる。繁殖のために集まったウグイを投網で捕らえる漁法は、せつき漁などと呼ばれている。つけば漁はさらに一歩進んで、川の浅瀬にウグイが産卵に好む環境を人工的に作り、集まったウグイを網で捕らえるものである。つけば漁は、幕末に始まり、明治中期に今日の手法が確立したという。ウグイの「種付け場」を作って漁獲することから、つけば漁と呼ばれるようになった。この漁法を洗練させ、現代に受けついでいるのが、上田市で川魚料理店「鯉西」を四〇年近くにわたって営む西

写真9　つけば漁の仕掛け

沢徳雄さんである。先代が始めたつけば漁と川魚料理店を受け継ぎ、ウグイだけでなくさまざまな千曲川の魚を味わう文化を継承、発信している。

つけば漁の仕掛けは、浅瀬にすべて手作業で作られる（写真9）。ウグイを集める産卵場の本体は、木枠で囲まれた四角形で、川の流れに沿って五メートル、横幅は三メートルほどの大きさである。上流側には鉄格子があって、丈夫なシートが取り付けられており、シートを下ろせば川の流れを止めることができる。内部にはこぶし大の丸石が敷き詰められており、上流側が深く、その下流が浅く盛り上がり、そこから下流に向けてなだらかな斜面となっている。最上流の深い部分がウグイの主な産卵場である。この部分から浅く盛り上がった部分にかけての斜面の石が、流れによってコロコロところがり、表面が洗われて汚れがないことがポイントで、きれいな浮石が産卵に好まれる。

そのさらに上流には柳などの木材と石などでつくった水流を調整するための構造がある。これによって、つけば本体に流れ込む水の強さを微妙に調節すると同時に、大水の時につけば本体の構造を守る。また、鉄格子のすぐ上には、捕らえた繁殖期のウグイを入れておく木箱が取り付けられる。そこから流れ出るにおいが、下流にいるウグイに繁殖場所の存在を知らせるのだという。本体の下流側にはウグイを捕らえるための網を取り付ける構造がある。漁の際にはここに袋状の網をとりつけて、つけばから下流に逃げるウグイを捕らえる。さらにその下流は、一〇メートルほどにわたって川底の構造を整え、ウグイが水流に乗って運ばれてくる産卵場からのにおいをたどって、自然につけばに到達するように誘導している。これだけの構造を毎年四月に作り、繁殖期が終わる六月に撤去するのはたいへんな作業である。かつては上小地区にこのようなしかけが三〇から五〇か所もあったそうだが、現在は数か所しか残っていないという。

写真10　つけばに仕掛ける網を持った西沢徳雄さん

つけば漁は、天候と川の状態がよければ、一日三回ほど行われる。まず、経験を積んだ西沢さんが、重さ二〇キロもある網を担いで川に入り、つけばの中にいるウグイを驚かさないように慎重に下流側から近づいて、本体の下流部に網を取り付ける（写真10）。これで中のウグイは逃げることはできない。続いて上流側のシートを下ろし、流れを止めると同時に上流側の逃げ道もふさぐ。流れが止まると、中のウグイは下流に逃げて網に入る。深い部分に残ったウグイは、傷つけないように気をつけながら手づかみするか、下流側の網に追い込む。あとは網に逃げ込んだウグイを捕らえるだけである（写真11）。産卵場の環境を整えるために、漁が終わった後、数人がかりで本体の中の石を徹底してかき混ぜて汚れを取り、新しい石を追加したうえで、次の産卵の

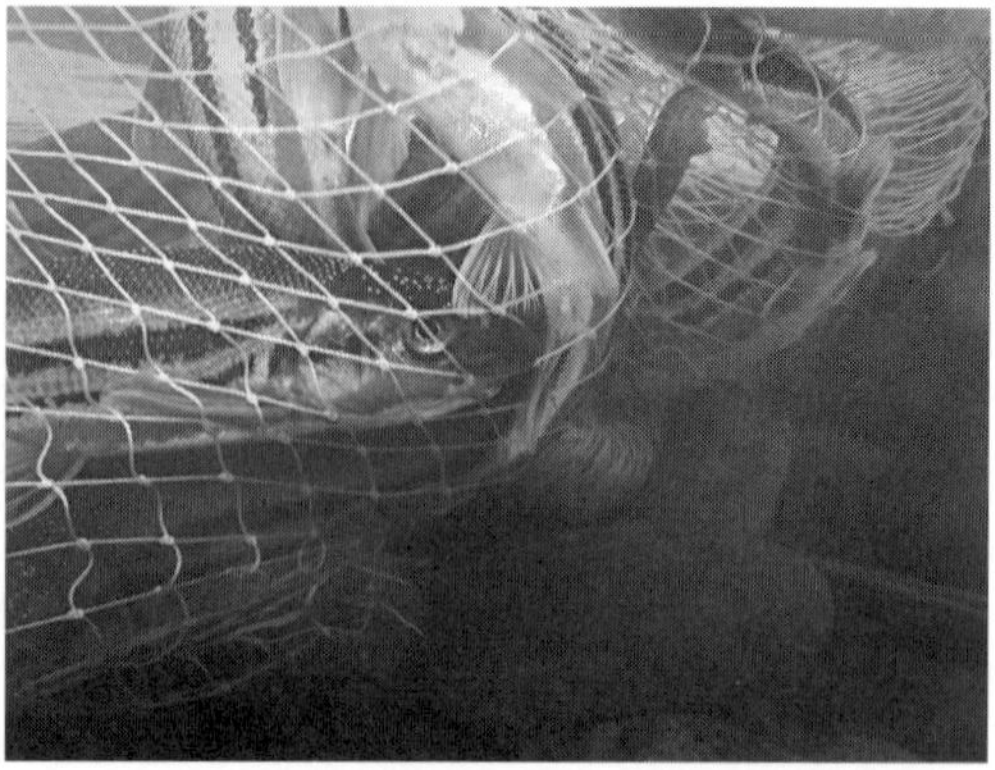

写真11　つけばの網にかかったウグイ。繁殖期に特有の婚姻色が出ている

ために川床の形を整える。また、その日の流れの向きや強さに合わせて、上流側の構造と下流側の流路の形を微調整する。漁の際には、つけばの石に産み付けられたウグイの卵もたくさん回収できる。昔はこれを漁協が買い取って、孵化させて稚魚まで育てて放流していた。つけば漁は資源の増殖にも貢献してきたのである。

つけば小屋の川魚料理

つけば漁で捕らえられたウグイの料理は、西沢さんの鯉西つけば小屋で味わうことができる。つけば小屋は毎年四月から一〇月の営業で、千曲川の河川敷に建てられた、一〇〇人ほど収容できる開放感あふれる仮設小屋である。六月にアユ漁が解禁されると同時につけば漁が終わるため、以後はアユがメインとなる。また、つけば小屋が閉じている冬季には、鯉西本店で千曲川の川魚料理を楽しむことができる。ウグイやアユだけでなく、カジカやドジョウ、自前の養殖池で育てた鯉など、地域の食文化に深く根差した川の恵みを一年中楽しむことができる。

伝統的なウグイ料理は、塩焼き、田楽、てんぷらである。これ以外にから揚げなどもある。塩焼きは屋外のかまどで、大きめのウグイを丸ごと炭焼きにする（写真12）。田楽は小さめのウグイに山椒味噌を塗って焼いたもので、丸ごと食べることができる。てんぷらは

写真12　鯉西つけば小屋のウグイの塩焼き

地元の野菜と一緒に供され、柔らかな白身の味を楽しむことができる。から揚げは小さめのウグイを揚げて甘だれをかけたもので、とても香ばしい。新鮮なウグイ料理はどれもすばらしい味わいである。西沢さんは千曲川流域の川魚に徹底してこだわり、それ以外の魚はメニューにほとんど載らない。千曲川の恵みがはぐくんできた地域の食文化を大切にする姿勢は、捕りたて、焼き立て、捌きたてに対するこだわりも生んでいる。新鮮な天然の川魚の味こそ、未来に残すべき地域の食文化なのだという。

川の恵みを利用する文化を次の世代につないでいくために、西沢さんは保育園や小中学校の体験授業などにも取り組んできた。新鮮な川魚の味に幼いころから接する機会は、千曲川と地域の食文化に対する愛着につながっていくだろう。また、若い世代の味覚に訴える新しいメニューの開発にも余念がない。二〇一一年に、当時開発中だったアユ飯弁当を長野大学の学生たちと一緒に試食させていただいた。香り高いアユとごはんがよく合って、学生たちにも好評だった。オリジナルの鮎ラーメンも、アユで出汁をとり、アユの塩焼きやツミレを載せたもので、今では定番メニューとして人気を博している。二〇一七年からは、キャッチ・アンド・クッキングというキャッチフレーズのもとに、高校生や大学生と協働して、外来魚であるブラックバスをおいしく食べるためのメニュー開発と販売も進めてきた。千曲川の川魚の伝統的な料理を新しい形で再生しようとする西沢さんの試みが、川魚を食べる文化の発展を促していくことを期待したい。

おわりに

川魚をつかまえ、あるいは育てて食べるという食文化は、海のない長野県の人々の間で、何世代にもわたって連綿と受け継がれてきた。地域の環境と人々の生活に根差した独特の養殖や漁の手法は、地域の豊かな食文化を支え、人々の川や水田の魚と水環境への愛着と誇りの源となってきた。コイを育てる人々、ウグイを捕まえる人々の思いがぎっしり詰まった料理には、何物にも代えがたい味わいがある。新鮮な川魚は、もちろんおいしい。それ以上に、地域の食文化を未来につなごうとする人々の熱意と工夫が生み出す味は、もっと奥深くおいしい。海のない長野県を訪れる機会があったら、ぜひ佐久鯉料理やウグイのつけば料理を楽しんでいただきたい。できれば、その生産現場も見てほしい。佐久の水田や千曲川の流れがはぐくむ新鮮な川魚を食材として、地域の人々の思いがいっぱい詰まった料理の味は、みなさんの舌と心に深く永く刻み込まれるだろう。

・写真1、2、4～12は筆者撮影

〔参考文献〕

安室知『水田漁撈の研究―稲作と漁撈の複合生業論』慶友社、二〇〇五年

佐藤哲「環境アイコンとしての野生生物と地域社会―アイコン化のプロセスと生態系サービスに関する科学の役割―」『環境社会学研究』十四、二〇〇八年

佐藤哲「鯉を育てる人々―佐久鯉の稲田養鯉復活への取り組みから―」『食生活』一〇六、二〇一二年

佐藤哲『フィールドサイエンティスト：地域環境学という発想』東京大学出版会、二〇一六年

藤田朝彦ほか『山溪ハンディ図鑑 増補改訂 日本の淡水魚』山と渓谷社、二〇一九年

長野県は「おしい」けど「革新的な」フルーツ王国

——羽田　司

はじめに

果物が有名な都道府県というと何処を思い浮かべるだろうか。読者のみなさんの出身地や居住地などにより、思い浮かべる都道府県は異なるかもしれない。日本には、ミカンで有名な和歌山県や愛媛県、リンゴで有名な青森県、ブドウやモモで有名な山梨県や岡山県のように、果物が特産品となっている都道府県が複数ある。

長野県も果物が有名な県の一つであり、南北に長い県域や標高差のある地形、地域差の大きい気候といった自然環境をいかして、多様な果物が生産されている。長野県の観光や農業を宣伝する際には、「フルーツ王国」を謳うことも少なくない。しかし、全国的に生産量の多い果物別に長野県の生産量をみてみると、リンゴやブドウは全国二位、モモは全国三位、ナシは全国四位となる。いずれも生産量の上位ではあるものの全国一位になっていない。長野県は、果物の生産地として「おしい」県なのである。

日本の農産物流通において、生産量が全国一位になることは、「全国一位」という称号だけでない価値がある。国産青果物の約八割は、卸売市場を経由しており、その卸売市場で農産物の価格が形成される。この卸売価格が形成されるときには、卸売市場への出荷量が多い生産地の農産物から高値で取引される傾向がある。つまり、生産量が全国一位の都道府県産の果物は高い値段で取引されやすい。一方、生産量が二番手、三番手となっている長野県の果物は、生産量が全国一位の都道府県に比べて卸売価格が安くなりやすいのである。

長野県の果物農家や農業協同組合（以下、農協）に代表されるような果物の集出荷にかかわる組織には、収益を上げるために全国一位の都道府県とは異なる対策が求められる。本章では、こうした「おしい」県である長野県が、「フルーツ王国」であり続けるためにどのような工夫を行ってきたのかを考えてみたい。

1　蚕糸王国の衰退と代替商品作物

まずは、長野県がどのような歴史を辿りながら、多様な果物の生産地になったのかをみてみよう。一九三〇年の昭和恐慌は、長野県の果物生産にとって重要な転換点となった。昭和恐慌以前の長野県では、輸出用の生糸を生産するため養蚕業が隆盛していた。しかし、繭の価格が暴落した昭和恐慌により、生糸の商品作物としての価値は低下し、養蚕業に代わる産業の振興が求められることとなった。

代替の商品作物として注目されたのがリンゴであった。リンゴは、明治時代には長野県内に苗木が持ち込まれており、一部の農家により栽培技術の蓄積がなされていた。長野県内にリンゴを普及していくための素地があったことが、長野県を代表する果物へとリンゴを育て上げた。

しかし、リンゴの普及する過程は、一筋縄には進まなかった。昭和恐慌後の日本は、日中戦争や太平洋戦争を起こした。戦時体制が強まる中で、長野県では一九四一年一〇月に農地作付統制が出され、果物の生産が抑制された。増産傾向にあったリンゴの生産も、一時、減少ないしは停滞を余儀なくされた。

戦後の一九四八年になって農地作付統制が廃止されると、長野県におけるリンゴの生産は大幅に増加した。戦後の日本における甘味の不足から果物の需要が高まったことが、その背景にあった。朝鮮特需から高度経済成長期初期には、旺盛な経済活動の中で果物の取引量は拡大し、リンゴも恩恵を受けた。

高度経済成長期の最中となる一九六〇年代になると、リンゴの需要に暗雲が立ち込める。一九六三年にバナナの輸入が自由化されたことで、国内の市場に甘味の強い果物が多く流通することとなった。また、国内ではミカンの豊作が続いたことでリンゴの需要は低下し、価格が大暴落を起こしてしまう。余剰となったリンゴは、山や川に投棄されることとなり「山川市場」と呼ばれる事件を起こした。

長野県におけるリンゴの生産も例外ではなく、変化する国内の果物市場に適応することが求められ、大きく二つの対応がみられた。一つ目が、品種の転換を図ることである。この時代におけるリンゴの主要品種は、「国光」と「紅玉」という酸味の強い品種であった。

甘味の強い果物が多く流通するようになる中で、酸味の強いこれらの品種の人気は低下していったのである。代わる品種として注目されたのが、現代でもリンゴの主要な品種となっている「ふじ」や「つがる」であった。これらの品種は、甘味と酸味のバランスが良い品種として着実に人気を獲得していった。

二つ目の対応は、リンゴに変わる果物の生産を増やすことである。ブドウやモモ、ナシ、プルーンといった果物の栽培面積が拡大していった。ここでは、長野県においてリンゴに並ぶ主要な果物の一つであるブドウに関して、少しばかり詳しく長野県への普及の歴史を説明しよう。

写真1　塩尻市桔梗ヶ原のブドウ畑の様子
生食用と加工用のブドウの栽培が盛んなため、棚仕立てと垣根仕立てのブドウ園が混在する。

江戸時代には松本市山辺にてブドウが栽培されていたようだが僅かなものであった。明治時代になると、ブドウの苗木が国から配布されたことで長野県におけるブドウの栽培が本格化した。ブドウ栽培がいち早く定着したのが塩尻市桔梗ヶ原であり、全国でも有数の醸造用ブドウの生産地へと成長した。生食用ブドウの生産が活発になり始めるのは戦後のことであり、「デラウェア」という小粒ブドウが千曲川沿岸域にて普及した。

一九六〇年代のリンゴからの転換にて普及することとなるブドウは、現代でも多く流通する「巨峰」という品種であった。一九四〇年代に

写真2　東御市中屋敷周辺にある案内板

静岡県で誕生した品種であり、富士山を望む研究所で開発されたことに因んで「巨峰」と命名されている。「巨峰」は大粒で良食味の品種であったが、開発された当時の栽培技術では安定的な生産が難しく、広く普及はしなかった。しかし、一九五〇年代末に塩尻市桔梗ヶ原にある長野県の農業試験場が「巨峰」の栽培技術を確立したことで、その後、県内にて増産されるようになった。折しも、一九六〇年代のリンゴから他の果物への転換期が重なったことが、「巨峰」を生産する農家を増加させる要因にもなった。「巨峰」は東御市中屋敷を先駆けに、生食用ブドウの生産が増えていた千曲川沿岸域を中心に広がり、中野市や須坂市が主要な生産地へと成長した。

一九七〇年代になると、日本におけるコメの生産余剰が発生していたことから減反政策が本格的に導入されることとなった。減反政策では、田地の休耕や、コメから他の作物への転作を実施することで奨励金が支給された。なお、田地を果樹園へと転用する場合には、田地から普通畑に転用するよりも多くの奨励金が支給された。この減反政策により、水田が広がる河川沿いの低地に果樹園が点在する景観が長野県内で見られるようになった。低地の田地から樹園地への転用では、他の果物に比べて耐水性が高いリンゴが多く採用された。千曲川沿岸域では、降雨により河川水位が上昇すると冠水するような堤外地においてもリンゴの栽培がみられる。

以上のように、長野県はリンゴを基軸に一九三〇年代より「フルーツ王国」への道を歩み始めた。そして、一九六〇年代から一九七〇年代の日本における農産物市場や政策の変化に対応する中で、リンゴだけでない多様な果物が生産される地域へと変容してきた。

2 一つの果物でダメなら複数の果物を作ればいい

ここからは、長野県において多様な果物がどのように生産されているのかを農家にまで視点を落として検討したい。すると、長野県の果物農家がいかに働き者なのかがみえてくる。

農作物によっては一年間に複数回の収穫が可能なものもある。しかし、日本で生産される果物は、一年に一度の収穫期を迎えるのが一般的となっている。図1に果物農家がどのような作業をいつの時期に行なっているのかを表した栽培暦を示した。栽培暦は、生産地の地理的条件により異なり、ここでは長野盆地の東部に位置する須坂市のリンゴ、ブドウ、モモのものを示している。

須坂市の果物農家の一年は、まだまだ冬本番の一月に始まる。落葉樹が休眠する冬に剪定を行うことで病気の発生を抑制し、生育期に順調に生長できるように準備がされる。春を迎え生育期になると、果樹は芽吹きはじめる。商品となる果物を生産するためには、蕾が付くと摘蕾、花が咲いてからは摘花と呼ばれる作業をする。その後、リンゴやモモの果実ができ始めると摘果、ブドウの房ができ始めると摘房および摘粒という作業が待ってい

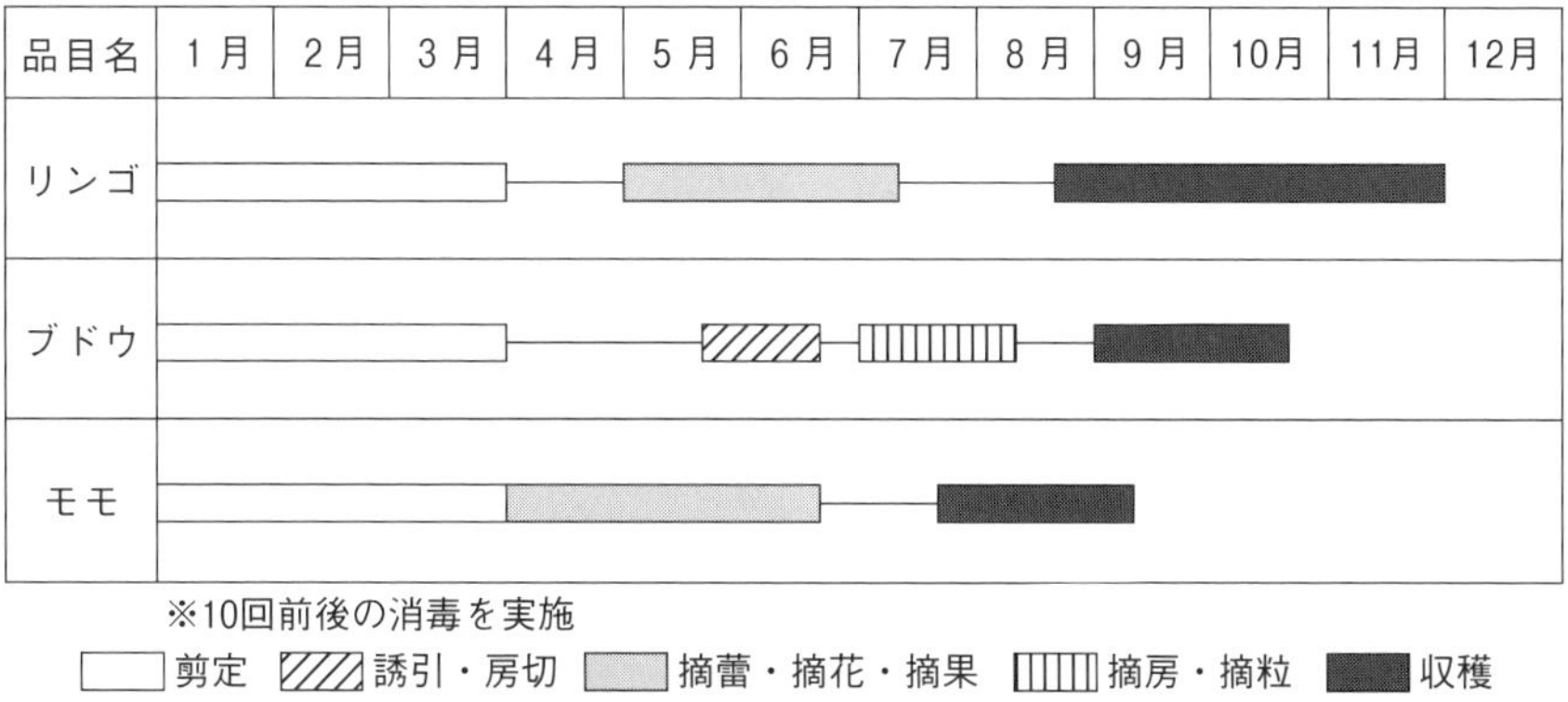

図1　須坂市における主要果樹の栽培暦（伊藤ほか（2011）および聞き取り調査により作成）

る。こうした栽培作業は、品質や見栄えの良い果物を生産するうえで欠かせない作業である。須坂市では、四月にモモから始まり、リンゴ、ブドウへと八月上旬まで続く。

七月末になると、待ちに待った収穫の季節となる。三品目のなかではモモが一番早く収穫が始まり、八月のお盆前後を最盛期に九月上旬まで続く。モモから遅れて八月末には、リンゴの早生種である「つがる」などの収穫が始まる。その後、中生種、晩生種へと品種を変えながら一一月末頃まで収穫が続くこととなる。ブドウに関しては、九月から一〇月中旬が収穫期となっている。モモやブドウでは、リンゴに比べて収穫期が短い。こうして検討してみると、果物によって栽培作業や収穫作業の時期に違いがあることがわかる。

次に、須坂市内における果物農家の経営形態について紹介する。図2に、いくつかの果物農家の概要を示した。経営耕地面積のグラフに注目すると、すべての農家がリンゴを栽培している。長野県において果物生産の主軸となってきた果物がリンゴである

農家番号	家族内労働力（歳） 20-39	40-59	60-79	80-	雇用労働（人） 常雇（臨雇）	経営耕地面積（a）	後継者
1	□		□△		2 (8～10)	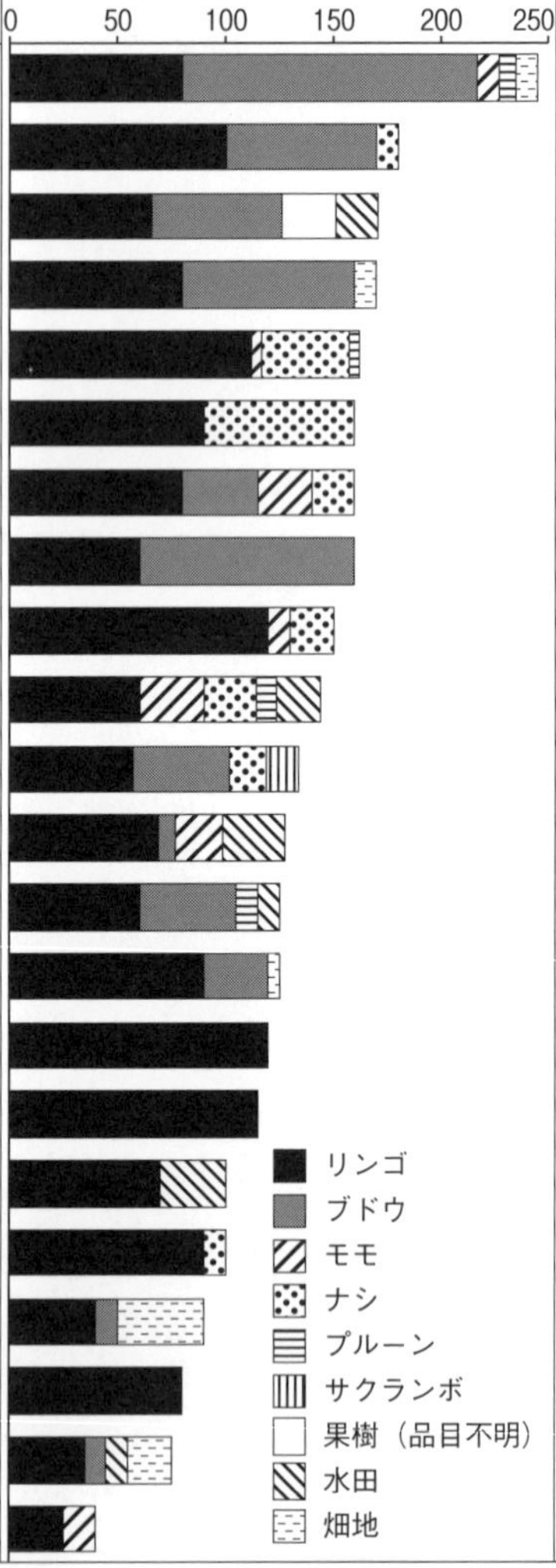	○
2		□△	△	□	(2)		○
3		□	□△		(1)		○
4	□	□△	□△				○
5		□	□△				○
6		▽	□△		(1)		△
7	□	□△		□	(2)		○
8		■▲	□△		(2)		○
9	■	△	□				○
10		□▲		□			○
11		△	□		(5)		×
12			□△				△
13			□△				×
14	■	?	□△		(1)		○
15		▽▽		□△			△
16		□△	□		(1)		○
17	■		□△				○
18		▲	□				×
19			□		1		△
20		△	△		(2)		○
21			□△		(2)		△
22				△			△

家族内労働力 :□ 男性　△ 女性　白色 専業　黒色 兼業　反転 別居　? 年齢不詳
後継者 :○ 後継者のいる農家　△ 子供はいるが後を継ぐかは不詳　× 後継者のいない農家

図2　須坂市K地区における農家の経営形態（2014年）（羽田（2017）をもとに筆者が一部修正）

ことがうかがえる。また、ほとんどの農家が複数の果物を栽培する複合経営という形態をとっていることにも気付く。これは、前述したように果物によって栽培作業や収穫作業の時期が異なることを利用して行われる経営形態である。

実は長野県に位置する大規模な果物生産地域は、果物の複合経営が広く普及している地域の代表格となっている。このような果物における複合経営の背景には、前節で紹介した長野県における果物の普及史があるとともに、「おしい」フルーツ王国であることも関係する。つまり、二番手や三番手の生産量となる長野県産の果物では、全国一位の都道府県の果物より安く取引される傾向にあるため、一つの果物から農家が生活していくのに十分な収益を上げることが困難である。したがって、長野県の農家は複数の果物を生産することで収穫期間の長期化を図り、収入の増加を図っているのである。

加えて、農業労働力について言及しておく。基本的には家族経営で果物が栽培されており、労働力を雇用する際は、臨時で親戚を中心に雇用している。一・五ヘクタール以上の経営耕地面積を有する農家では、三人以上の家族内労働力があり、後継者世代が就農していたり、後継者の候補が確保できていたりする傾向にある。一方、一・五ヘクタール未満の経営耕地面積となる農家では、家族内労働力は二人以下で、六〇歳代以上が多くみられる。後継者に関しては、子女はいるが後継ぎとなるかは不詳であったり、後継者がいない農家も目立つようになったりする。つまり、長野県須坂市の果物農家にとって、経営が比較的安定し、後継者を確保できる経営規模は一・五ヘクタール程度と言えるだろう。果物の複合経営をすることで収穫期の長期化を図り、労働力も家族内で基本的に完結させるなど、身を粉にしながらおいしい果物を生産している長野県の果物農家には頭が下がる。

3　同じ果物でも新しい品種を作ればいい

唐突だが、食料品店で青果コーナーを歩くと、野菜の値札と果物の値札とでは表記される情報に違いがあることに気付くだろうか。果物の値札では、商品名として品種名が表記されていることが多い。例えば、ブドウが陳列されているなら、「巨峰」や「シャインマスカット」といった品種名が目立つように表記されている。つまり、消費者が購入する商品を決定する際、果物は他の生鮮食品よりも品種を重視して選択されている。日本で生産される果物の主要品種は、どのような変遷をたどり、どこから普及してきたのだろうか。

日本において生産量が多く、新しい品種の開発が活発な果物としてモモ（二八九品種）、リンゴ（二六七品種）、ブドウ（一九四品種）が挙げられる[1]。これら三品目について、二〇二〇年における栽培面積が上位一五品種を選んで、品種登録に関する情報等をまとめた（表1、表2、表3）。

モモに関してまとめた表1から、二〇二〇年における栽培面積の上位四品種では、二〇〇一年から順位の変動こそあれ、比較的に安定した栽培面積を維持していることがわかる。一方、栽培面積が五位以下になると、急激に栽培面積を増加させた品種がみられる。「なつっこ」、「まどか」、「夢みずき」、「さくら」、「おかやま夢白桃」、「はなよめ」が該当する。育成者の所在地をみると、モモの主要産地となっている。ここで、注目したいのが、栽培面積が五位の「なつっこ」である。「なつっこ」は長野県果樹試験場が開発し、長野県の出

（1）二〇二三年一二月一七日時点で品種登録データ検索に記載

表1　モモの主要品種における栽培面積等

順位	品種	栽培面積（ha）		育成者所在地	品種登録年
		2020年	2001年（順位）		
1	あかつき	1,426.6	1,433.2（2）	（福島県）	—
2	川中島白桃	1,180.7	1,261.3（3）	（長野県）	—
3	白鳳	1,159.3	1,682.7（1）	（神奈川県）	—
4	日川白鳳	685.5	804.3（4）	山梨県	1981
5	**なつっこ**	**482.3**	**11.0（46）**	**長野県**	**2000**
6	清水白桃	327.7	445.6（5）	（岡山県）	—
7	まどか	223.8	—	（福島県）	—
8	浅間白桃	188.6	428.9（6）	（山梨県）	—
9	夢みずき	145.6	—	山梨県	2013
10	加納岩白桃	132.9	181.9（12）	山梨県	1983
11	黄金	129.0	97.5（17）	—	—
12	さくら	95.7	—	（山梨県）	—
13	おかやま夢白桃	94.8	—	岡山県	2005
14	はなよめ	76.5	—	山梨県	1995
15	嶺鳳	75.0	72.2（23）	（山梨県）	—

（果樹品種別生産動向調査および品種登録データ検索により作成）

表2　リンゴの主要品種における栽培面積等

順位	品種	栽培面積（ha）		育成者所在地	品種登録年
		2020年	2001年（順位）		
1	ふじ	17,317.0	22,964.4（1）	（青森県）	—
2	つがる	3,850.5	6,140.0（2）	（青森県）	—
3	王林	2,556.6	4,177.4（3）	（福島県）	—
4	ジョナゴールド	2,306.9	3,933.1（4）	（アメリカ）	—
5	**シナノスイート**	**1,137.0**	**106.8（20）**	**長野県**	**1996**
6	**シナノゴールド**	**895.7**	**35.9（28）**	**長野県**	**1999**
7	北斗	551.7	1,007.8（6）	青森県	1983
8	弘前ふじ	490.4	34.5（30）	（青森県）	—
9	**秋映**	**458.8**	**51.9（25）**	**長野県**	**1993**
10	陸奥	452.4	1,109.8（5）	（青森県）	—
11	紅玉	414.9	636（8）	（アメリカ）	—
12	トキ	402.4	—	青森県	2004
13	ぐんま名月	326.2	13.8（38）	群馬県	1991
14	昴林	324.4	160.7（15）	（福島県）	—
15	きおう	298.5	112.9（18）	岩手県	1994

（果樹品種別生産動向調査および品種登録データ検索により作成）

表3　ブドウの主要品種における栽培面積等

順位	品種	栽培面積（ha） 2020年	2001年（順位）	育成者所在地	品種登録年
1	巨峰	3,189.2	6,294.0（1）	（静岡県）	—
2	シャインマスカット	2,280.7	—	国	2006
3	ピオーネ	1,910.1	1,755.3（3）	（静岡県）	—
4	デラウェア	1,872.0	4,204.1（2）	（アメリカ）	—
5	甲州	486.7	493.1（7）	（山梨県）	—
6	キャンベルアーリー	424.3	1,151.4（4）	（アメリカ）	—
7	マスカットベリーA	362.7	1,069.6（5）	（新潟県）	—
8	ナイヤガラ	287.2	500.1（6）	（アメリカ）	—
9	スチューベン	285.4	364.5（8）	（アメリカ）	—
10	藤稔	203.2	218.9（11）	神奈川県	1985
11	**ナガノパープル**	**174.1**	**—**	**長野県**	**2004**
12	**クイーンルージュ®**	**103.0**	**—**	**長野県**	**2019**
13	赤嶺	98.9	306.2（9）	福島県	1981
14	オーロラブラック	86.2	—	岡山県	2003
15	瀬戸ジャイアンツ	57.3	—	岡山県	1989

（果樹品種別生産動向調査および品種登録データ検索により作成）

願により二〇〇〇年に品種登録された。他の増産傾向にある品種と比べて、栽培面積の増大が顕著である。

続いて、リンゴに関してまとめた表2を検討する。二〇二〇年における栽培面積の上位四品種は、二〇〇一年でも同様の順位となっている。しかし、二〇〇一年に比べて二〇二〇年では大幅に栽培面積を減らしていた。一方、栽培面積が五位以下の品種では、「シナノスイート」、「シナノゴールド」、「弘前ふじ」、「秋映」、「トキ」、「ぐんま名月」といった品種が大きく栽培面積を増やしている。育成者の所在地をみると、六品種のうちの三品種が長野県に所在している。なお、「シナノスイート」と「シナノゴールド」は、長野県果樹試験場が開発し、長野県により品種登録制度に出願された品種である。

表3のブドウに目を転じてみると、二〇〇一年において栽培面積の大きかった「巨峰」や「デラウェア」が二〇二〇年には大幅に減少している。一方、急激に栽培面積を拡大している品種として「シャインマスカット」がある。「シャインマスカット」は国立研究開発法人農業・食品産業技術総合研究機構が育成し、二〇〇六年に品種登録された。つまり、国の研究機関により開発された品種であり、日本国内の農家であれば誰もが栽培可能な品種となっている。「シャインマスカット」以外では、「ナガノパープル」、「クイーンルージュ®」、「オーロラブラック」、「瀬戸ジャイアンツ」が増産されている。「ナガノパープル」と「クイーンルージュ®」は、長野県果樹試験場が開発した品種となっており、ブドウにおいても長野県で育成された品種が目立つ。

ここで、育成者所在地が長野県にある品種の多くを開発している長野県果樹試験場とはどのような機関なのか紹介する。長野県果樹試験場は須坂市に位置し、九・四ヘクタールの試験圃場を有する。試験圃場ではリンゴを中心に、ブドウ、モモ、プルーン、アンズ、西洋ナシが育成される。果樹試験場には長野県農業大学校の果樹実科・研究科が併設されており、学生は長野県果樹試験場の研究員から技術指導が受けられる。長野県農業大学校果樹実科・研究科には、リンゴの生産が盛んな北信地方を中心に学生が集まっており、卒業後は農家や農協の農業技術員として県内で活躍している。農業大学校の学生と果樹試験場の研究員とが関わりを持てることは、新しい品種の開発に思わぬ利点をもたらすことがある。リンゴの新品種を開発する中、甘味が強く酸味の弱い品種は需要が見込めないと判断した研究員が、そのリンゴの育種を中止しようとしていた。その際、農業大学校の学生

表4　新興品種の栽培面積上位3県

品目	品種	一位	二位	三位
モモ	**なつっこ**	山梨県	**長野県**	和歌山県
	まどか	福島県	山形県	青森県
	夢みずき	山梨県	—	—
	さくら	福島県	山梨県	山形県
	おかやま夢白桃	岡山県	—	—
	はなよめ	山梨県	熊本県	和歌山県
リンゴ	**シナノスイート**	**長野県**	青森県	秋田県
	シナノゴールド	青森県	**長野県**	岩手県
	弘前ふじ	青森県	岩手県	福島県
	秋映	**長野県**	山形県	群馬県
	トキ	青森県	秋田県	**長野県**
	ぐんま名月	青森県	**長野県**	群馬県
ブドウ	シャインマスカット	**長野県**	山梨県	山形県
	ナガノパープル	**長野県**	愛知県	—
	クイーンルージュ®	**長野県**	—	—
	オーロラブラック	岡山県	—	—
	瀬戸ジャイアンツ	岡山県	広島県	香川県

（果樹品種別生産動向調査により作成）

が、「甘くておいしい品種なのにもったいない」と研究員に伝えたことから継続して育種され、「シナノスイート」として品種登録されることとなった。消費者に近い嗜好を有する学生の存在は、消費者の需要を知るうえで役立ったのである。

さて、表4には上述した栽培面積を増加しているモモの六品種、リンゴの六品種、ブドウの五品種について、二〇二〇年における栽培面積上位三県を示した。基本的には育成者が所在する県において、栽培面積が一位となっている。しかし、モモの「なつっこ」や「さくら」、リンゴの「シナノゴールド」や「ぐんま名月」では、育成者所在地と栽培面積一位の県とが異なる。品質が良く需要の高い品種は、日本国内の複数の産地で増産されることとなる。長野県で育種されたモモの「なつっこ」やリンゴの「シナノゴールド」は、モモやリンゴで生産量が全国一位の山梨県や青森県の産地でも増産されることとなり、長野県での栽培面積は二位に転落した。

また、表4からは栽培面積が一位の県しか示されていない品種があることに気付く。品種登録制度に登録された品種は、栽培地域を限定することができる。多くの場合、開発された都道府県内に栽培地域が限定され、限定された地域内での主産地の形成が図られる。ある程度の産地形成がなされると、限定は解除され、日本国内の農家なら栽培することが可能となる。長野県では、積極的に新品種を開発することで、開発された新品種の産地を全国に先駆けて形成するように努めている。

全国に先駆けての産地形成は、長野県で開発された新品種だけにとどまらない。ブドウの「シャインマスカット」をみると、ブドウの生産量が全国一位の山梨県を抑えて長野県が全国一位の栽培面積となっている。「シャインマスカット」は、国の研究機関により開発された品種であり、普及が開始された当初から日本国内の農家ならば誰もが栽培できる品種であった。長野県では、出自が保証されている新品種に関しても、全国に先駆けての産地形成に取り組んでいるのである。

長野県における新品種の普及において、重要な役割を果たしているのが農協である。長野県の農協では、果物の需要を予測した上で、農家に生産してほしい品種を提案している。一九八〇年代になると、砂糖を大量に使用した甘味の強い菓子類の流通が増加し、果物の需要が低下し始めた。果物の生産地では、市場の変化に対応することが求められ、農協で

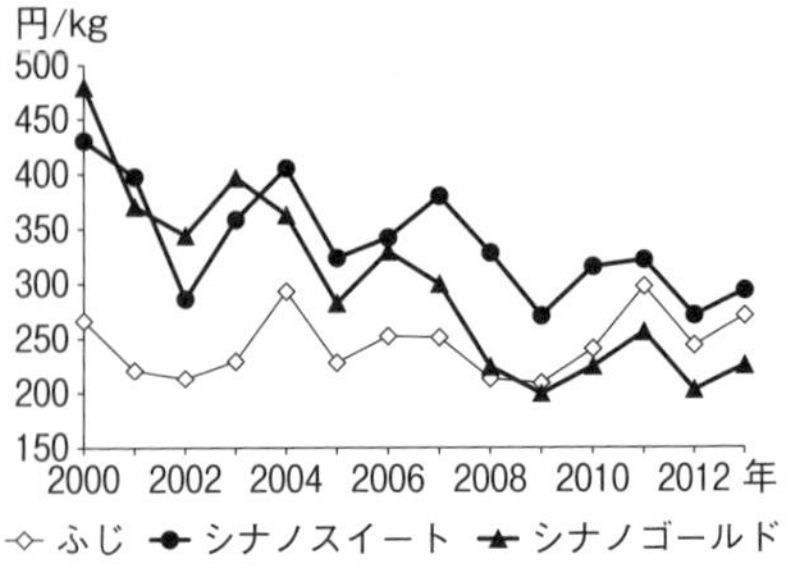

図3　リンゴの品種別平均単価（農協提供資料により作成）

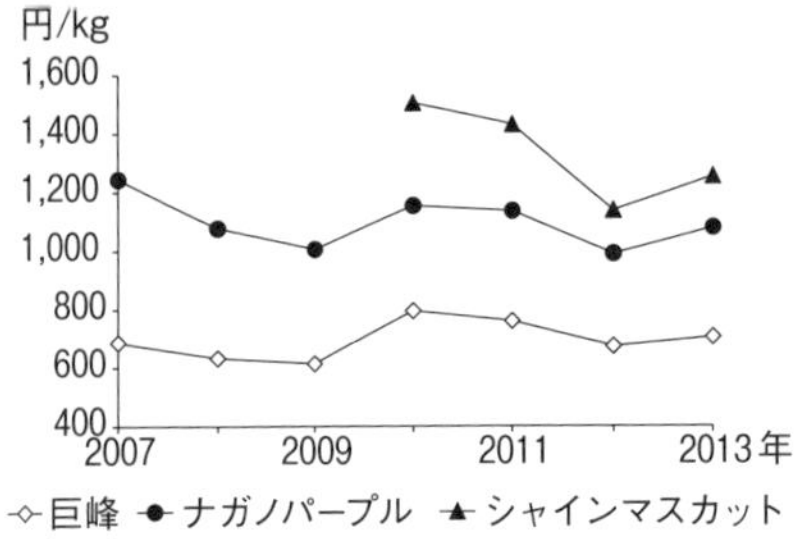

図4　ブドウの品種別平均単価（農協提供資料により作成）

は一九九〇年代後半から積極的に新品種への更新指導や品種検討会が実施されるようになった。こうした新品種への更新指導や品種検討会の中で、増産傾向にある新品種たちが紹介され、長野県内の産地に普及していくこととなった。

　なぜ、長野県は積極的に新品種を開発し、普及するのだろうか。その理由を紐解くために、長野県にある農協のリンゴとブドウの品種別平均単価を図3と図4に示した。二〇〇〇年に「シナノスイート」と「シナノゴールド」が卸売市場に出荷されると、一キログラムあたり前者は四三〇円、後者は四八〇円で販売された。主要な品種である「ふじ」の単価を大幅に上回っている。その後、「シナノスイート」と「シナノゴールド」の単価は低下するが、「ふじ」に比べて高価格での販売が数年間は続くこととなった。ブドウに関しても、「ナガノパープル」や「シャインマスカット」の初出荷年において最も高価格を付け、その後、数年にわたって「巨峰」よりも高値で販売されている。つまり、全国的に出荷量の少ない時期は、新品種が高価格で取引される傾向にある。長野県は、新品種が高価格で取引される時期に、少しでも多く出荷できるように早期産地化を図っているのである。

おわりに

長野県で収穫される主要な果物の生産量は、全国で二番や三番のものが多い。そのことから、筆者は、長野県を「おしい」フルーツ王国と称した。しかし、長野県での果物生産の特徴を紐解いてみると、二番手や三番手の果物生産地だからこその工夫がなされていた。

一戸の農家が複数の果物を栽培することで収穫期間の長期化を図り、収益の増加に取り組んでいた。また、同じ果物でも新しい品種を他の都道府県の生産地よりも早く普及している。これにより、新品種が高価格で取引される時期に多くの商品を供給することができ、農家が得る収益の増大が為されていた。

長野県は、全国一位の生産量を達成できていないことで置かれる逆境の中で、果物の生産を続けてきた。その中で、経営形態の転換や積極的な新品種の開発と普及が行われており、「革新的な」フルーツ王国となっている。

〔参考文献〕
伊藤文彬ほか「須坂市小河原地区における果樹経営の多様化とその要因」『地域研究年報』三三、二〇一一年
羽田　司「長野県須坂市における果樹農業の品種更新プロセス」『地理学概論』九〇、二〇一七年

column

農村の女性が支える美味しい信州

古田睦美

ローカルな食文化の楽しさ

地方色豊かな食文化は信州の旅に魅力を添えてくれる。とくに長野県の「野菜はおいしい」、その秘密は気候風土にある。朝晩はぐっと冷え込み気温の日較差が大きいため果物はもちろん野菜も米も糖度が増しておいしくなるのである。

山に隔てられ、地域ごとに育まれた食文化の多様性も魅力である。とくに信州は伝統野菜の宝庫でその品種は京野菜の倍を数える。葉まで紫色の、伝統野菜「王滝かぶ」を用いた、塩を使わない漬物「すんき漬」や、「野沢菜」の古漬けを炒め煮にして包んだおやきなど、伝統野菜は独特な食文化とともに生き残ってきた。発酵食、こなもん（粉物）、昆虫食、山菜、雑穀など、稲作文化圏にありながらその地理的条件から多様な食文化が育まれてきた。県は食の文化財として、全国に先駆けて「焼き餅（お焼き）」「五平餅」、「蕎麦切り」「スンキ漬」「野沢菜漬」などの郷土食を「選択無形文化財」に指定してきた。

食文化の担い手

均一化や効率を求める経済優先の社会において、食文化の継承や、奨励品種ではない農産物の活用は容易ではない。親から子に伝えられ残ってきた食文化を書き留めようと、長野大学で「我が家のレシピ本づくり」の公開講座をおこなった際、青木村から参加した一人の女性が実際にレシピ本を出版するに至った。ヤマブキが咲いたら味噌を仕込む、季節ごとの節句には行事食をふるまう、冬が始まる頃共同のお湯場でお菜（野沢菜）を洗って

写真1　大法寺三重塔にちなんだ「みかえり漬け」

漬ける、そんな昔からの農村の暮らしが綴られたレシピ本はそのまま歳時記になっていた。[1]

彼女の軌跡を追ってみる。村おこしのために植えられた梅の木の、梅の実を活用できないかと周りの女性と地域に伝わる漬け方を基に独特の甘いお茶請けをつくった。県が認定する「農村生活マイスター」[2]になり社会へと視野を広げながら、女性達の力が地域活性化に役立つことを知り仲間を集めて味の研究会を結成する。村の支援を得て加工所をつくり「みかえり漬け」（写真1）という名で商品化。無我夢中で活動し様々なコンクールで受賞するたびに仲間と喜びあった、という。学びと挑戦、地域に役立っているいきがい、信頼する仲間ととりくむ楽しさ、彼女のいきいきとした様子が伝わってくる。

私も「農村女性きらめき論文コンクール」の審査に携わり応募論文を読ませてもらったことがある。そこには、一人ひとりの人生が綴られており、とても甲乙つけられるものではなかった。「我一流たれ」、「一流の農家のかあちゃんとして」、「旬の味の伝え人として」という言葉が今も心に残る。志をもって生きる一人ひとりの命のエネルギーが大地に散りばめられた宝石のようにキラキラと煌めきながら、信州の豊かさを支えている。

直売所を飾る伝統の継承と発展

こうした女性たちに支えられ、直売所に並ぶおいしいものは枚挙に遑《いとま》がない。たとえばＶｉｆ穂高は[3][4]二〇年の活動実績があり寒冷な気候を生かした伝統食「氷餅」（写真2、3）やこだわりの天然酵母パン、季節の野菜のピザ、手づくり豆腐などを作ってきた。黒豆パンや伝統野菜牧大根を特産のわさびの葉で巻いた漬物な

写真2　氷点下の気候を活かした氷餅

写真3　氷餅の生産風景

ど「信州の味コンクール」の入賞も多い。

加工組合さくらは、[5][6] 地元の食材を使った松本のお土産を作ろうと、「松本の味　旬の野菜の米粉ケークサレ」を開発し、県外からの評判も高い。県産小麦や米粉を使った「野沢菜チーズ七味ケークサレ」は信州の味コンクール知事賞を受賞し、その後アレルギー対策、フードロスの解決など、社会的な視野をもった活動にもとりくんでいる。

直売所にならぶ手作り加工品の背後には地域に伝承された膨大な知恵と技があり、それを日々伝える人々がおり、仲間と信頼し合って生きていく暮らしがあり、自ら成長しながら地域に貢献する実感といきがいがあり、そういう意味でほんとうに豊かな農村の生活がある。

新しい信州の魅力の発信

伝統食だけではなく、独特な気候や地理的条件によって、信州は今ワイン用葡萄や本州では珍しいパン用小麦が栽培され新たな拠点となっている。また、古きを訪ねて新しきを知る、雑穀、古代米、昆虫食、ジビエへの注目も高まっている。

古来傾斜地の多い山村では、粟、黍などの雑穀が食されてきた。たとえば荏《え》胡麻《ごま》は海の青魚が手に入らない山村の健康長寿を支えてきたともいえる。雑穀は自然栽培にも適しミネラル、微量元素が豊富だが食べにくい。

そこで、「食べやすいおやつに加工してこどもたちにも食べてもらいたい」

という思いで、佐久市で食育に取り組んできた女性が「食ママ倶楽部」を立ち上げ、子育て中の女性たちと一緒に雑穀を使ったお菓子の加工を始めた。[7]

泰阜村では地域おこし協力隊として移住した女性が、鹿が駆除されて単に埋め捨てられてしまう現状の中、毛皮は可愛いし、肉は美味しい「もったいない、命を大切にしたい」と、狩猟、皮鞣しの「けもかわプロジェクト」を開始、今では食肉として活用する「もみじ屋」もでき、男女問わず村民からの支持を広げている。

信州へ移住して生産地の近くで天然酵母パンを作りたい、おいしい野菜を食べられる民宿やレストランを始めたいという人も増えてきた。県の制度は、元々農業者女性を対象にしたものであったが、このところ、かならずしも農家ではなく移住してきた人たちが信州の魅力に気づき、発信しようと「農村生活マイスター」などに応募してくれるようになってきた。農村に暮らす社会層の変化と新たなつながりの構築の時代と捉えると、田舎の未来は圧倒的に明るい。

長野県は、『田舎暮らしの本』(二〇二四年二月版)によると移住したい都道府県ランキング一八年連続一位を誇っている。田園回帰といわれる田舎への移住は、豊かさの捉え直しや、都会の消費・浪費文化から生産的で創造的な農村文化への価値観の転換を孕んでいるのかもしれない。

〔注〕

(1) 召田富子『青木村の郷土食――母から私そして孫へ』オフィスエム、二〇一一年

(2) 長野県は「長野県農村生活マイスター認定制度」「長野県農村女性きらめき論文コンクール」「信州の味コンクール」など、農村の女性たちに称号を与え、日々の努力を評価し発信する制度を構築してきた。

(3) 信濃毎日新聞社:農産物加工「Vif穂高」10周年 27・28日、感謝イベント:二〇一三(平成二五)年七月二五日(木)朝刊二三ページ

(4) 安曇野のVif穂高は二〇年前に「農村生活マイスター」の女性たちが集まってたちあげた。

（5）梓川の加工組合さくらも発起人は「農村生活マイスター」だった。ケークサレのレシピは地域の名物になればと公開されている。

（6）信濃毎日新聞：信州の味コンクール　松本市梓川の米粉みそパン、喜びの最優秀　地元素材活用…やわらか食感：二〇〇六（平成一八）年一〇月二六日（木）朝刊一九ページ

（7）食ママ倶楽部の活動は、食育、雑穀料理、荏胡麻（佐久地域ではいくさとも呼ばれる）の普及など多岐に渡り、雑穀おやつシリーズ、近年は発酵調味料の商品開発にとりくんでいる。

第4部

みぢかな生き物
——大学的長野の自然ガイド

浅間山麓で暮らすツキノワグマの山仕事

髙橋一秋

はじめに

浅間山（標高二五六八ｍ）は、長野県と群馬県の県境に位置する活火山である。その山頂から南東方向にある軽井沢の街にかけて、滑らかな曲線美を持つ斜面が続き、その斜面には広大な森林が広がっている。春の新緑と秋の紅葉は素晴らしく、人々の目を楽しませる。日本中部は、植物の生長にとって好適な温帯湿潤気候に属するため、放っておけば、草が茂り、木が茂り、やがて森となる。そうして生長した森林には、ツキノワグマが暮らす。しかし、軽井沢では、すんなりと、そうはならなかった理由がある。ツキノワグマの話をする前に、彼らの主な生息地である森林が、自然や人の力によって、どのように形作られてきたのかを紐解いてみたい。

1　軽井沢の森林の成り立ち

軽井沢の森林は、過去二四〇年の間に、「浅間山の噴火」「採草地と薪炭林としての利用」「植林と燃料革命」に影響を受けてきた（菅原・橋本一九八一）。その変遷を振り返りつつ、クマにとっての生息地がどのように変化してきたのかをたどってみよう。

浅間山の噴火

『日本書紀』には、六八五（天武天皇一三）年に浅間山で噴火が起きたことが記されている。これが最古の記録である。それ以降、浅間山は、大・中・小規模の噴火を一〇〇回以上も繰り返している。その中でも、一一〇八（天仁元）年と一七八三（天明三）年には大噴火が起こり、周囲に甚大な被害をもたらした。天仁大噴火では、長野県側に火砕流（追分火砕流）が、天明大噴火（図1）では、群馬県側に火砕流（吾妻火砕流）が、それぞれ発生し、山麓には大量の噴出物が降り積もったという。二四〇年前の天明大噴火について調査した研究によれば、火口から四・六〜七㎞の範囲には、噴出物（主に軽石）が平均三ｍの厚さで降り積もったと報告している（山田ほか一九九六）。これらの大噴火では、多くの植物が火砕流によって焼かれ、噴出物（溶岩・噴石・火山灰など）によって埋もれたり、やがて枯れたことが予想される。つまり、浅間山麓は、大噴火のつど、植生がリセットされ、植物が全くない裸地に戻されていたと考えられる。森林を主な生息地とするクマにとって、大噴火後の軽井沢は、棲みやすい環境ではなかったことだろう。天明大噴火の様子を書き残した絵図には、浅間山から軽井沢の街へ逃げてきたクマやイノシシらしい動物が描かれている（図2）。天明大噴火の前には、山麓に森林が広がり、ツキノワグマが暮らしていたことが読み取れる。

図1　『浅間山夜分大焼之図』（美斉津洋夫氏所蔵）

図2　『浅間山焼昇之記』（美斉津洋夫氏所蔵、浅間縄文ミュージアム提供）

採草地と薪炭林としての利用

軽井沢は、江戸時代に中山道の宿場町として栄えた（図3）。江戸から数えて一八番目の軽井沢宿は、長野県と群馬県の県境にある碓氷峠を往来する人々を支えていた。その時代から明治時代まで、軽井沢では牛や馬の飼育が盛んに行われ、周囲には採草地や牧草地が広がっていたという。ここで、植生の発達の一般論をおさえておくと、裸地→草原→低木林→森林の順で進むのが一般的である。そう考えると、天明大噴火以降の軽井沢では、草原へと回復した大地が広がっており、その土地を採草地や牧草地として利用することが容易であったことが想像できる。

図3　歌川広重『木曽街道六拾九次之内　軽井沢』（たばこと塩の博物館所蔵）

一方、採草地や牧草地として利用されなかった土地には、草原から生長しつつある低木林や若い森林が広がっていたと考えられる。現在、軽井沢の森林には、ミズナラ・コナラ・クリなどのブナ科樹木が多くみられることから、昔もそうだったと予想できる（図4）。これらの樹木は、人が幹を切っても、切り株から新しい芽を出し、素早く生長できる。これを萌芽更新と呼ぶ。江戸時代から軽井沢でも、薪・炭が過剰に利用されてきたことから、明治～大正時代には、ハゲ山に近い薪炭林が多かったという。また、これらのブナ科樹木は、秋になると、大量のドングリを実らせる。こ

図4　ブナ科樹林（筆者撮影）

図5　カラマツ（筆者撮影）

のドングリは、冬眠を前に栄養を蓄えるクマにとって重要な餌となる。昔から、人は、これら樹木の木材を薪や炭として利用し、クマは、これらのドングリを冬眠前の重要な餌として利用してきた。人にとっても、クマにとっても、ありがたい樹木であった。

しかし、この時代に浅間山麓に広がっていた採草地と若い薪炭林は、森林を主な生息地とするクマにとって、まだ棲みづらい環境であったと想像できる。

植林と燃料革命

軽井沢で植林が始まったのは、明治時代からである。その当時から、主にカラマツが、採草地やハゲ山に近い薪炭林、農地に植林されてきた。日本では、スギ・ヒノキが植林されるのが一般的ではあるが、軽井沢でカラマツが選ばれたのには理由がある。それは、軽井沢の気候が冷涼で、土壌が火山灰地であることから、スギ・ヒノキが育たないと判断されたためである。明治後期には、大洪水の被害を受けたことを契機に、治山・治水を目的とした植林が活発に行われ、昭和初期からは、木材生産を目的としたカラマツ植林も始められるようになったという（図5）。この間、薪や炭から化石燃料へと燃料革命が起こったことから、かつてハゲ山状態であった薪炭林は放棄され、やがて天然林へと生長していったのである。現在、軽井沢の土地面積のうち森林が占める割合は六二・五％、そのうち植林によって作られた人工林の割合は四八％、長期に亘って人の手が入らず、自然の力で生長してきた天然林の割合は五二％である。ちなみに、これらの割合を、日本全体の森林率六七％、人工林率四一％、天然林率五四％と比べると、ほぼ等しい。このように、浅間山の噴火の影響を受けてきた軽井沢ではあるが、日本の多くの地域と同様に、クマにドングリや居場所を提供する棲みやすい森林が作られてきたのである。

2　ツキノワグマとは

ツキノワグマの身体能力は極めて高い（図6）。一〇〇mを七秒台で走り、木をすいすいと登り、川を泳いで渡ることもできる。襲われたら最後、走っても、木に登っても、泳いでも、逃げ切ることは難しい。このような身体能力の高さから、肉食獣をイメージするかもしれないが、むしろ植物を多く利用する雑食性の哺乳類である。ここから、「ツキノワグマの一年間の暮らし」「ツキノワグマとブナ科樹木の分布」「害獣としてのクマ」について解説しよう。

図6　ツキノワグマ（筆者撮影）

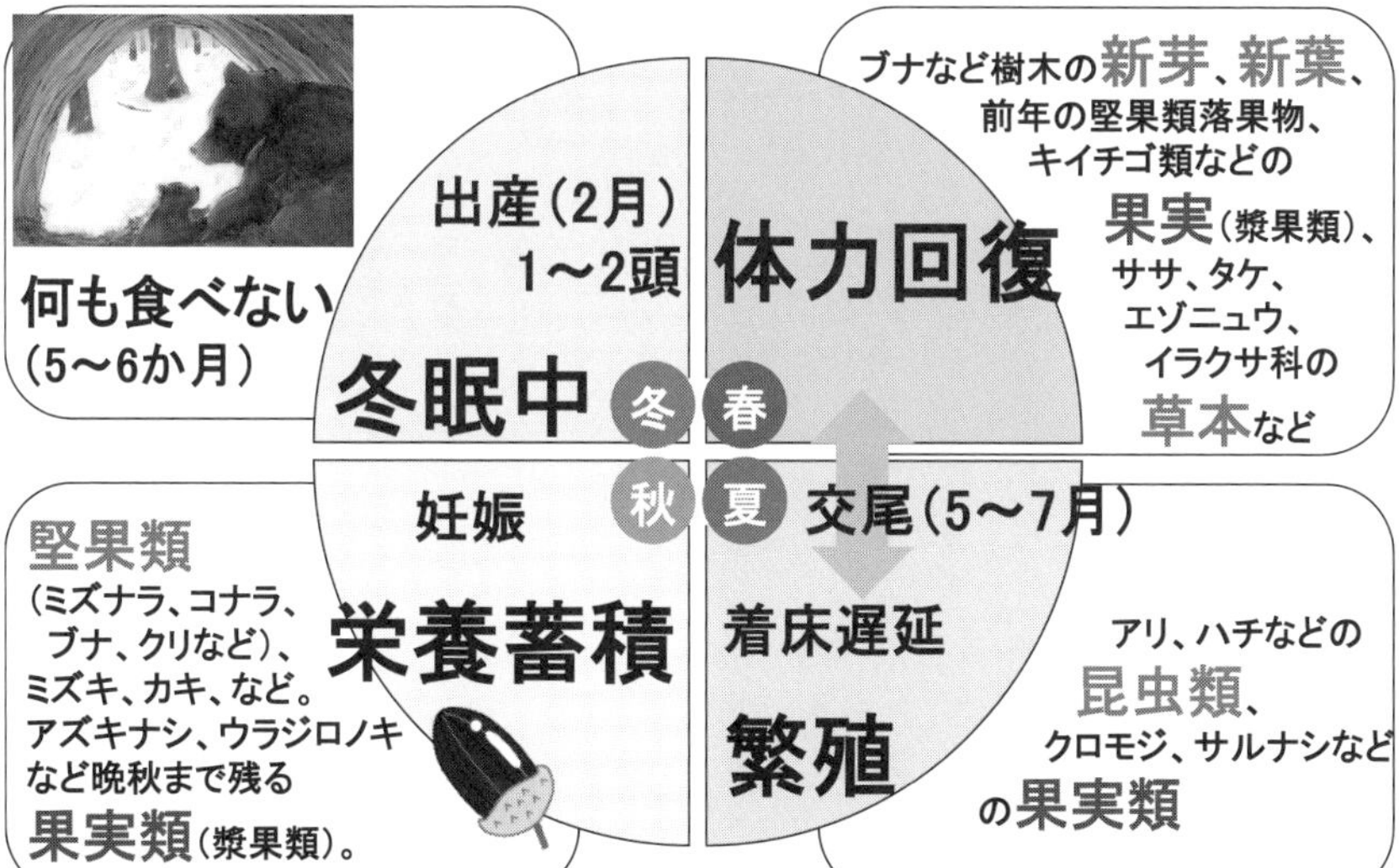

図7　ツキノワグマの1年間の暮らし（「日本動物大百科 第1巻 哺乳類I」平凡社、1996年、「クマ類出没対応マニュアル—改定版—」環境省、2021年を参考に筆者作成）

ツキノワグマの一年間の暮らし

ツキノワグマの一年間の暮らしを紹介したい(図7)。日本のツキノワグマは、春夏秋冬のそれぞれに特徴的な生活を送っている。冬は冬眠、春は体力回復、夏は繁殖、秋は栄養蓄積の季節である。冬の間、何も食べずに四～五か月間、冬眠をしたクマは、春になると、樹木(ブナ科など)の新芽や新葉、ササやタケ、草の仲間を食べて、体力を回復させる。夏には、山に実るサクランボ(サクラ属の果実)やキイチゴ(キイチゴ属の果実)、アリやハチなどの昆虫を食べる。意外にも、夏は、一年の中で最も餌の少ない季節であり、やせ細ったクマが多い。クマが交尾をする季節は、春から夏にかけてである。秋になると、ブナ科樹木のドングリを大量に食べて、栄養を蓄積する。ぷくぷくと太って、体重を三〇%～四〇%も増加させる。このように、秋に十分な栄養を蓄積できたかどうかが、雌グマが妊娠できるかどうかを左右する重要なカギとなる。つまり、交尾後にできた受精卵は、秋まで子宮内を浮遊し続ける。秋に十分な栄養を蓄積できた場合に限って、受精卵は子宮膜に着床でき、妊娠に至るのである。この仕組みを着床遅延と呼ぶ。無事、妊娠できた雌グマは、冬眠中に一～二頭の子グマを出産し、授乳をしながら育てる。何か月も飲まず食わずで、出産・育児をこなす雌グマのタフさに驚かされる。そして、春になると、母子の親子で暮らす生活が始まる。このように、ツキノワグマの一年間の暮らしをみてみると、ツキノワグマの繁殖にとって、ブナ科樹木のドングリがいかに重要な餌かが理解できるであろう。

ツキノワグマとブナ科樹木の分布

ツキノワグマ(*Ursus thibetanus*)はアジア大陸に起源を持つとされ、その分布は広い。

ロシアを北端、タイ、ラオス、ベトナム、カンボジアなどの東南アジア半島部を南端、イラン、アフガニスタンを西端、海南島を含む中国、日本、台湾を東端とする。日本の本州と四国（九州は絶滅した）に分布するやや小型のニホンツキノワグマ（*Ursus thibetanus japonicus*）は、大陸のツキノワグマの亜種である。興味深いことに、世界全体のツキノワグマの分布域と、ブナ科樹木の分布域が見事に一致する（大井二〇〇九）。これは、ツキノワグマの生存にとって、ブナ科樹木のドングリが重要な餌であることを意味している。

害獣としてのクマ

日本のツキノワグマは、絶滅危惧種としての側面と害獣としての側面をもつ。環境省レッドリスト（二〇二〇）では「絶滅のおそれのある地域個体群（ＬＰ）」に選定されているが、農作物・林業被害や人身事故を引き起す害獣でもある。つまり、日本には「絶滅してしまった地域」「絶滅のおそれがある地域」「個体数が多く、クマ害が発生する地域」がある。現在の軽井沢は、クマが暮せる森林が広がり、また別荘が森林の中にあるなど、人間とクマの生活圏が重なっていることから、「個体数が多く、クマ害が発生する地域」に属する。いずれの地域でも、クマ害は、夏と秋に集中するのが特徴である。特に、ブナ科樹木のドングリが実らない不作の年には、クマ害が多発する。長野県では、年間、人身事故だけでも二〇件程度発生し、二〇〇頭～三〇〇頭のクマが捕殺されている。これは、推定されている生息数の約七〇〇〇頭の三～四％に相当する計算となる。クマ害は確かに困ったものではあるが、クマにはクマの事情がある。先ほど述べたように、雌グマは、交尾して受精卵ができていても、ドングリを食べて十分に栄養を蓄積できない場合には、妊娠できない。

雄グマや若いクマも、冬眠に備えて、少しでも栄養を蓄積しておきたいと考えるのは当然であろう。このような事情を考えると、ドングリが不作の年に、里に降りて害を及ぼしてしまうクマの気持ちも分からなくはない。

NPO法人ピッキオのクマチーム

軽井沢に拠点を置くピッキオクマチームは、ツキノワグマの保護管理に長年取り組んでいる。人間とクマが生活圏を共にし、しかも上信越高原国立公園と国指定浅間鳥獣保護区に指定されている軽井沢では、クマ対策は困難を極めるという。それにもかかわらず、事故〇件、被害〇件、クマ個体数の維持を目標に掲げ、日々その対応に勤しんでいる。ピッキオクマチームが考え出したクマ対策は、「エリア管理と対応方針」「個体管理」「ボーダーパトロール」「ベアドッグ」の四つである。二〇～四〇頭のクマに発信機をつけて、日々行動を追跡し、人間にとって危険なクマがいないかどうかを監視している。軽井沢町内を「森林」「別荘地」「市街地」「集落・農耕地」の四つのエリアに分けて、それぞれのエリアに、どの時間帯にどのくらいの頻度で出没するのかを監視し、駆除の対象となるクマを個体単位で判断している。例えば、「別荘地」に出没したクマであっても、出没が夜間で人間の活動時間と重なることなく、頻度も低ければ、駆除の対象にはならない。また、日本で唯一、クマ対策犬（ベアドッグ）を導入している。犬種はカレリアン・ベアドッグ（フィンランドのカレリア地方原産）である。この犬種を調教するハンドラーは子犬の頃から寝食を共にし、信頼関係を築きながら、教育していくのだという。道路沿いの茂みに隠れているクマを探して追い払ったり、捕獲したクマを学習放獣で山に帰すときに、人間の怖さを教え込むために、吠えさせるなど、日々活躍している。クマが暮らす軽井沢でクマ害がさほど問題にならない背景には、このようなピッキオクマチームのたゆまぬ日々の努力がある。その陰の努力に心からの敬意を表したい。

3　ツキノワグマの山仕事

林冠ギャップとは

林冠とは何かを説明しよう。林冠とは、森林の上部で枝葉が茂った部分をいい、この部分を林冠層という（高木層ともいう）。森林では、太陽から降り注いだ光を、最初に林冠層の樹木が受け止め、それを光合成に利用する。林冠層の葉を通過した光や枝葉の隙間を通過した光を、その下の階層（亜高木層、低木層、草本層）の植物が利用する。ここで、林冠層まで達している樹木が台風で倒されたり、寿命や病気で枯れたりすると、林冠部分には、枝葉のなくなった空間ができる。これが林冠ギャップである。その木のサイズにもよるが、大きいものだと、直径一〇m～二〇m程度の大きな林冠ギャップができる。この林冠ギャップには、太陽の光が射し込むようになり、土の中で休眠していた種子が発芽し始めたり、高木の下で待機していた小さい実生（芽生え）や稚樹がここぞとばかりに生長し始めたりする。林冠ギャップは、植物が次世代を残す重要なチャンスを与えているのである。もちろん、高木の枝が折れたり、枯れた場合にも、サイズはやや小さいが、林冠ギャップができる。

図8　林冠ギャップ（筆者撮影）

図9　枝を折って敷き詰める（筆者撮影）

林冠ギャップ創出者としてクマの役割

実は、ツキノワグマも、小さな林冠ギャップを作る（図8）。その仕組みを解説しよう。秋になると、ブナ科樹木（ミズナラ・コナラ・クリなど）は、成熟した茶色のドングリを地面に落下させる。クマは、そのドングリをあさるように食べる。ところが、このドングリの落下を待ちきれないクマもいる。秋の初めに木に登って、まだ緑色のドングリを樹上で食べる。ただし、いくら木登りが得意なクマであっても、枝の先についているドングリを求めて、枝の先まで近づくことは難しい。枝から落ちてしまったり、枝が折れてしまう。そこで、枝ごと折って手繰《たぐ》り寄せて、ドングリを樹上で食べるのである。その際、折った枝を足元の枝の又に挟み込むように敷き詰めていく（図9）。そうすると、まだ紅葉していない緑色の葉が茂った分厚い座布団ができあがる。これをクマ棚という。ここにクマは座りながら、折って手繰《たぐ》り寄せた枝のドングリを食べるのだ。眺めもよく、さぞかし気分のいいことだろう。このクマ棚ができた木の林冠層には、同時に枝が折られることによって開けた空間ができる。下からその木を見上げると、すっぽりと開いた小窓があり、青い空が見える。サイズは小さいが、これも立派な林冠ギャップである。

そこで、筆者らは、軽井沢の天然林で五年間、ツキノワグマが作る林冠ギャップについて調査した（Takahashi・Takahashi 二〇一三）。その結果、クマ由来の林冠ギャップは、一〇種類の落葉広葉樹に作られること、特にブナ科樹木（ミズナラ・コナラ・クリ）に多く作られること、尾根・斜面・谷の地形のうち尾根で多く作られることが分かった。尾根に作られるギャップ面積は、最小でミズナラの〇・七㎡、最大でコナラの三六・二㎡であり、一年間・一ha（一〇〇m×一〇〇m）当たりのギャップ面積合計は百四一・三㎡であった。このクマ由来のギャップ面積を、自然由来のギャップ面積（木が倒れたり、折れたりして、自然に作られたギャップ）と比較してみると、驚くことに六・六倍にも及んだ。一つ一つのギャップの面積は小さいものの、それらを合計すると、ギャップの面積は大きくなり、森林の中を全体的に明るくしている可能性がみえてきたのである。

そこで、さらに筆者らは、同じ軽井沢の天然林でミズナラを対象に、クマが林冠ギャップを作った木と作らなかった木の下では、光環境と他の樹木の結実状況がどのように異なるのかについて調査した（Takahashiほか二〇一五）。その結果、クマ由来のギャップがある木の下では、林冠層の光環境は改善され、明るくなるものの、その下の階層（低木層と草本層）までは明るくならないことが分かった。これらの結果から、大きな林冠ギャップのような種子の発芽、実生や稚樹の生長が活発に起こるような反応は期待できないことが予想された。とはいえ、林冠層の光環境が改善されれば、林冠層やその下の亜高木層の樹木に何らかのプラスの効果をもたらす可能性が残された。具体的には、小さな林冠ギャップを通じて光を獲得することができた樹木は、花を咲かせ、実を結ぶようになると予想したのである。これを「クマが枝を折れば、木の実がなる仮説」と呼ぶことにしよう。そこで、ヤマブドウなどのように、哺乳類や鳥類が食べる果実をつける樹木に着目し、それらの樹木の結実状況を、クマ由来のギャップがある木とない木で比較してみることにした。その結果、予想通り、クマ由来のギャップがある木の下では、それらの樹木の結実率が高くなることが分かった。仮説を支持する結果が得られたのである。クマ由来のギャップの下で果実をつけていた樹木は、高木のミズキ、ウワミズザクラ、アオハダ、ナナカマド、ハリギリ、ツル性樹木のサルナシ、ヤマブドウ、クマヤナギなどである（図10）。この中には、クマが好んで食べるミズキ、ウワミズザクラ、アオハダ、サルナシ、ヤマブドウ、クマヤナギも含まれていた。クマは、ブナ科樹木の木に登って枝を折って、ドングリを食べているだけのつもりだろうが、めぐりめぐって、その次の年やさらに次の年に食べる果実を準備していることになる。まさに「風が吹けば桶屋が儲かる」である。もちろん、これらの果実は、他の哺乳類や鳥類の餌にもなる。さらに、食べられた果実の中には、種子があり、それは動物と一緒に移動し、糞と一緒に排泄され、さまざまな場所に運ばれる。これが樹木にとっては、子孫を残したり、分布を拡大する機会となる。このように、ツキノワグマは、小さな林冠ギャップを作ることを通じて、間接的にさまざまな樹木の開花・結実を手助けし、さまざまな動物に餌となる果実を提供してきたことになる。ツキノワグマは、森づくりや生物多様性の維持や向上に貢献してきたのではないだろうか。

図10　果実をつけていた樹木（筆者撮影）

おわりに

浅間山麓の南東斜面に位置する軽井沢では、採草地や薪炭林の放棄や植林を通じて、森林が生長し、現在の天然林と人工林ができあがった。生態系としては、草原から成熟した森林へと変化していく過程で、森林を主な生息地とするツキノワグマにとって棲みやすい環境も整えられてきた。現在、その大半に、上信越高原国立公園と国指定浅間鳥獣保護区の網がかけられ、そこで暮らす動植物は厳重に保護されている。天明大噴火以降の軽井沢では、牛馬の飼料となる草や人々の生活を支える薪炭を、草原や森林から調達する社会から、森林を保護し、森林の有する生態系サービス（多面的機能ともいう）を保全しながら利用する社会へと変化してきた。生態系サービスとは、自然から提供される物質や機能のことをいう。具体的には、物質生産（木材、食料）、地球環境保全（地球温暖化の緩和（二酸化炭素吸収、化石燃料代替エネルギー））、土砂災害防止・土壌保全（表面侵食崩壊、表層崩壊防止、防風・防雪）、水源涵養（洪水緩和、水質浄化）、生物多様性保全（遺伝子・生物種・生態系保全）、保健・レクリエーション（保養、観光）などを指す。

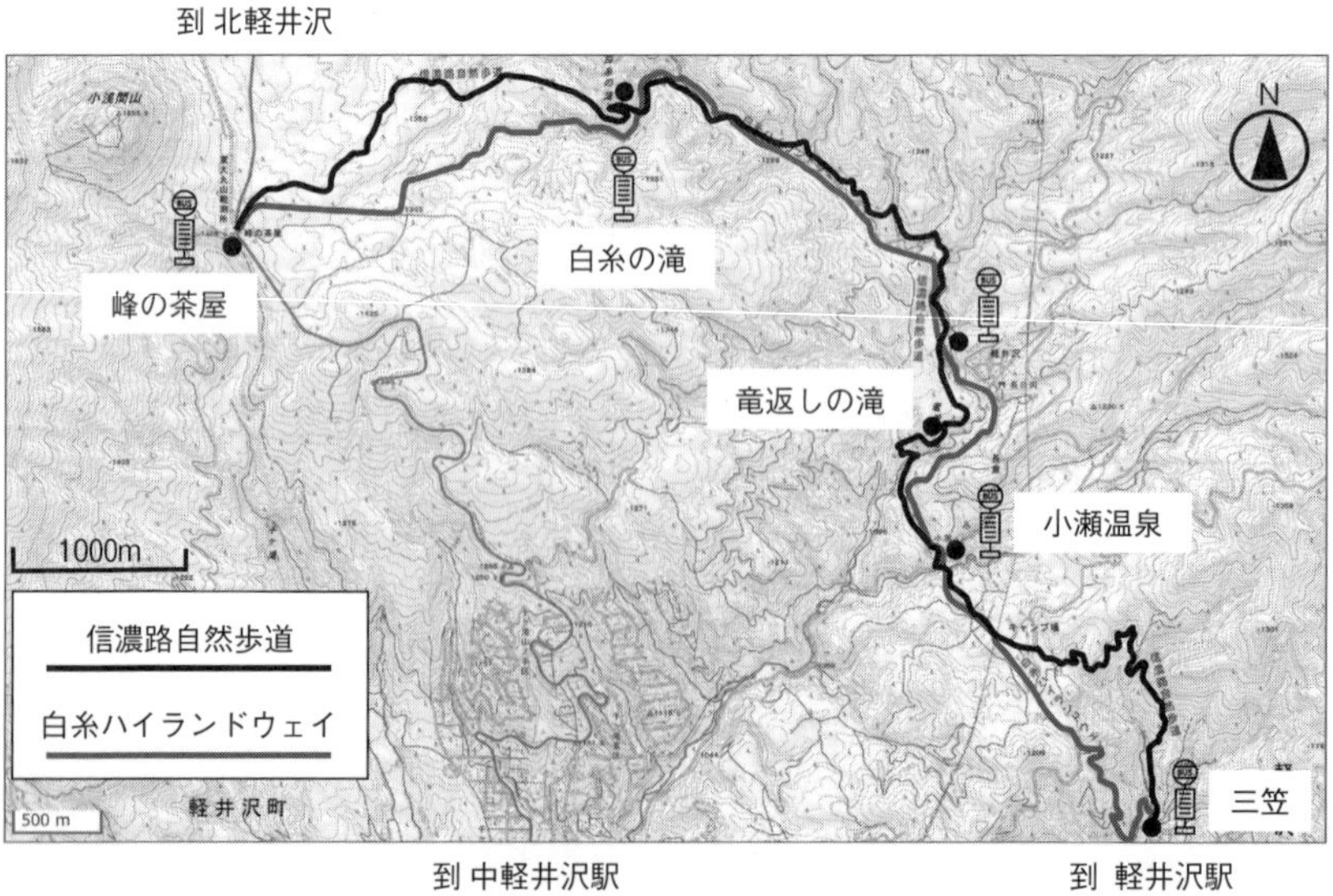

図11　「信濃路自然歩道」トレッキングコース

今後、これらの生態系サービスを利用できる森林を維持していくことは、同時に、クマが棲みやすい環境も維持していくことと同意である。ということは、人間は、森林から生態系サービスを受け取ると同時に、クマ害というリスクも背負わざるを得ないことを意味しているとも言えよう。また、筆者らの研究は、クマが人間にリスクを与える存在だけではなく、生態系サービスの維持や向上にもつながる恩恵を与える存在でもあることを示唆するものである。だからこそ、ツキノワグマを単に害獣として片づけてしまうのではなく、「人間はクマの暮らす森林を保全し、クマは森づくりを手伝う」といったギブ&テイクの関係を、両者の共存を考えるうえでの一つの視点として意識してみるのはどうだろうか。クマの棲む軽井沢を訪れ、新緑や紅葉に彩られた散策路（図11）を楽しみながら、人間とクマの共存の在り方について、考えてみたいものである。

〔参考文献〕

大井徹『ツキノワグマ　クマと森の生物学』東海大学出版会、二〇〇九年
菅原聰・橋本久代「軽井沢における森林の意義—文化的視点からの森林評価—」『信州大学農学部紀要』一八、一九八一年
Takahashi Kazuaki・Takahashi Kaori「Spatial distribution and size of small canopy gaps created by Japanese black bears: estimating gap size using dropped branch measurements」『BMC Ecology』一三、二〇一三年
Takahashi Kazuaki ほか「Do small canopy gaps created by Japanese black bears facilitate fruiting of fleshy-fruited plants?」『PLoS ONE』一〇、二〇一五年
山田孝ほか「天明の浅間山噴火に伴う北麓斜面での土砂移動現象の発生・流下・堆積実態に関する研究」『砂防学会誌』四五、一九九三年

column

里山としてのため池

満尾世志人

地域におけるため池の役割

ため池は水田への灌漑を目的とした貯水施設であり、四～六世紀頃の古墳建造に伴って作られたお堀がその始まりであるとも言われ、稲作の普及とともに少雨や地形的に河川から水を引くことが困難な地域を中心に各地で築造されてきた。現在では全国に約二〇万か所以上のため池が存在しており、水田と共に里山を構成する日本の原風景の一部であるといえるだろう。長野県上田市は年間降水量が九〇〇㎜程と全国でも屈指の寡雨地帯となっており、市内の塩田地区には一〇〇を超えるため池が存在している。また、塩田地区最古と考えられる久保池の一五七七（天正四）年を筆頭に、現存するものの多くが江戸時代までに築造されたと言われ、地域の歴史と共に歩んできたため池は不思議な伝承が残るものも多く見られる。

里山は人が利用することで作られる二次的な自然環境であるが、水田やため池は元来河川周辺に広がっていた湿地帯の代替的な環境として様々な生き物に生息場を提供しており、多くの絶滅危惧種を含む特有の生態系が成立している。例えば植物についてみると、兵庫県における調査では県に生息する一二一種の水生植物のうち九二種がため池に生息し、四四種がため池にしか見られないという。このように、水田のための水源としてだけでなく地域の生物多様性維持にも大きく貢献していることから、我が国の生物多様性国家戦略においてもため池を含む里山は極めて重要な環境として位置づけられている。また農林水産省では、ため池の多様な役割について理解を広めるべく、特徴あるため池を「ため池百選」として選定しており、上田市のため池は「塩田平のため池群」としてその一つに選ばれている。

さて、水田地帯が湿地の代替として機能していることを述べたが、湿地は水深が浅いために捕食者が少ないことや水温が上昇しやすく成長に有利といった特性を持つことから、多くの魚類が産卵場や仔稚魚の成育場として利用してきた。一方で、そうした湿地は成長した個体の生息には適さず、またそもそも降水時のみ形成されたり河川と接続したりするといった環境であることから、多くの魚類は主たる生息場と繁殖場としての湿地を往来する生態を持っていた。実はため池に生息するドジョウやフナなどの多くの魚が現在でもこうした生態を維持しており、水田に水を張る時期になると、降雨に合わせてため池から上流の水田へと一斉に移動する小さな回遊を観察することができる。

写真1　塩野池における満水時と池干し時の様子

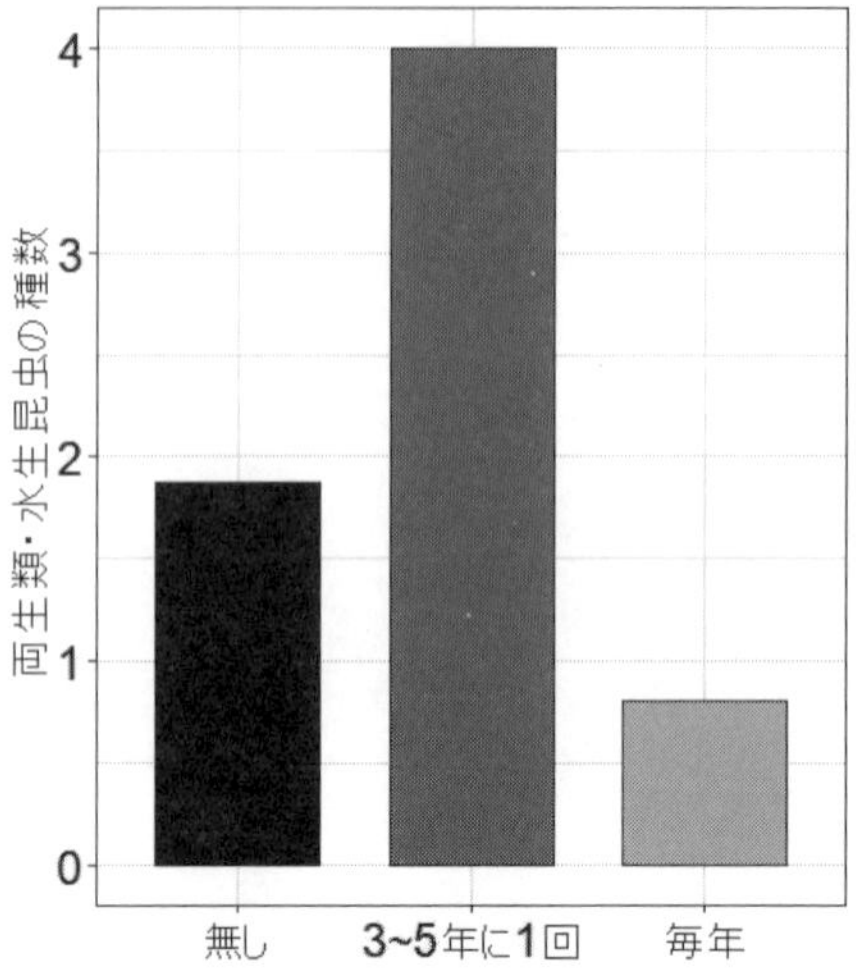

図1　池干し実施回数による両生類・水生昆虫の種数の違い

ため池を取り巻く環境の変化

水田地帯では、生産効率や収益性の向上を目的とし、田面の大区画化や水路のコンクリート化、灌漑方式の変更を伴う近代的な圃場整備が全国的に進められてきた。私たちの食料生産を担う農業の維持に欠かすことのできない整備であるが、一方で里山生態系を大きく変化させている。コンクリート化による生息場の消失はもちろんのこと、水路構造の変化に伴って魚類の移動は阻害され、小さな回遊も観察できなくなりつつある。すでに全国の六割以上の水田でこうした整備が済んだ状態となっているが、塩田地区は伝統的な構造の水田が比較的多く、まだ小さな回遊を観察するチャンスが残されている。

またため池では、水質悪化防止や水深維持を目的とした池干し（写真1）、提体や池内の草刈りといった維持管理作業が定期的に行われてきた。こうした管理活動や灌漑利用に伴う水位変化によって水生植物の過剰な繁茂や陸地化が抑制され、長い年月を経てもため池はその環境を保ってきた。一方で、近年は農業者の高齢化や減少に伴う維持管理不足が問題となっており、長野市のため池群においてはその四割が管理放棄の状態となっている。里山は人が利用することで形作られる環境であるから、利活用の消失はその姿を大きく変えることに繋がる。例えばため池では灌漑利用や維持管理が失われてからわずか数年で陸地化が進行した事例も知られているなど、管理放棄の進行も里山生態系に大きな影響を及ぼしつつあり、生物多様性国家戦略においても生物多様性を脅かす四つの危機の一つとしてあげられている。

では、少子高齢化・人口減少が進む中、どの程度の管理が求められるのだろうか。池干しは環境維持に大きく寄与すると考えられるものの特に失われがちな作業であるが、上田市塩田地区では筆者らが調査を行った二六か所のうち九か所において定期的な池干しが実施されていた。さらに、この九か所のうち五か所では毎年池干しが実施されており、極めて活発なため池管理の実態が明らかとなった。そこで池干しの実施頻度と水生生物の多様性の関係について見たところ、数年に一度の頻度で池干しを実施している池で両生類・昆虫の種数が最も高くなる傾向が認められた（図1）。今後さらに詳細な研究を重ねていけば、上田市塩田地区のため池から、生き物を守りつつため池を利用していくための最適な管理手法について貴重な知見が得られるかもしれない。

column

ため池にすむ希少種マダラヤンマとリンゴ園の不思議な関係

髙橋大輔

里山の生物多様性を支えるため池

長野県東部の上田市は、年間の平均降水量が約九〇〇㎜と全国でも有数の少雨地帯である。雨が少ないこの土地では、稲作に必要な水を確保するために、古くからため池が造成されてきた。特にため池が密集する市内南西部の塩田平は、水田や果樹園、コナラやアカマツの林で構成された美しい里山が広がる場所である。この里山を、大小多数のため池たちが特徴づけている。

塩田平のため池には、魚や昆虫、水鳥など、さまざまな生き物がくらしている。ため池は、農業用水だけでなく、塩田平の里山の生物多様性を支えることにより、地域に自然のめぐみである「生態系サービス（Ecosystem services）」(1)をもたらす大切な役割もになう。

地域に愛される希少種マダラヤンマ

ため池にすむ生き物の一つに、マダラヤンマというトンボがいる。ヤンマ科にしては小柄で、眼や腹部がるり色をしており、とても美しい姿をしたトンボである（写真1）。繁殖期は夏から秋にかけてで、雌はため池の岸辺に生える抽水植物に産卵管を差し込んで産卵する。卵は翌年の春頃にふ化し、一般にヤゴと呼ばれる幼虫として水中生活を過ごす。そして、夏頃に羽化して成虫になり、産卵して一生を終える。

マダラヤンマは、上田市では天然記念物に指定されており、また、その保護を目的とする団体もあるなど、地域から愛されている生き物である。しかし、最近は数が減っており、長野県では準絶滅危惧種に指定されている。

減少の理由の一つは、道路工事や土地造成による河川・池沼の開発のようだ。地域の大切な宝ともいえるこのトンボは、積極的に保全すべき生き物の一つであろう。

マダラヤンマがすむため池の特徴

生き物を保全するうえで大切なのは、まずはその生き物の生息地の特徴を知ることである。そして、その情報を元に、生息地の維持や再生を進めることが、順当な保全の流れであろう。それでは、マダラヤンマがすむため池には、どんな特徴があるのだろうか？

そもそも、マダラヤンマは、塩田平のすべてのため池にすんでいるわけではない。私たち人間が、最寄り駅や

写真１　リンゴの木にとまるマダラヤンマ(写真提供：阿部建太)

写真２　抽水植物（ヒメガマ）の多いため池（上）と少ないため池（下）（写真提供：阿部建太）

学校・職場までの距離、子どもの養育環境などでくらす場所を決めるように、このトンボもため池選びには、いくつかのこだわりがあるようだ。以下に、マダラヤンマがくらすため池の特徴を説明する。

特徴の一つ目は、ため池沿岸に抽水植物[2]がたくさん生えていることである（写真2）。雌は抽水植物に産卵するので、産卵場所が豊富にあるため池がよいのだろう。抽水植物の中でも特にヒメガマを好むようだ。その理由は、雌が産卵管を差し込む上で、ヒメガマがほどよい柔らかさを持つためだと思われる。また、ヒメガマは、マダラヤンマのヤゴが登って成虫になるための羽化場所としても、よく利用される。ヨシなどの他の抽水植物と比べて、ヒメガマはその地下茎からひげ根を束にして生やすため、安定感があるのだろう。

写真3　裏手に森が広がるため池（写真提供：阿部建太）

写真4　果樹園（リンゴ畑）が側にあるため池。池の縁の抽水植物はヒメガマ（写真提供：阿部建太）

二つ目の特徴は、ため池のまわりに森が広がっていることである（写真3）。マダラヤンマをふくめ、トンボの仲間には、羽化した直後の未熟な時期を、森で過ごす種類がいくつもいる。ため池の近くに森がないと、マダラヤンマは離れた森にまで飛んでいかなければならない。ため池から森までの距離が長くなるほど、飛行にかかるエネルギーがたくさん必要となる。また、移動の間に鳥などの捕食者に狙われる危険性も高まる。これらのリスクを避けるために、近くに森が広がるため池を選ぶのだろう。

三つ目の特徴は、少し意外なものである。マダラヤンマがくらすため池の周りには、なぜか果樹園が広がっている場合が多い（写真４）。もちろん、ブドウやモモなどもとても美味しいが、長野県の代表的な果物といえばやはりリンゴであろう。塩田平の果樹園でも主にリンゴが栽培されている。虫を捕らえて食べる肉食性の生き物であるトンボは、当然ながらリンゴは食べない。また、リンゴ園は管理のために人の出入りが頻繁であり、害虫や病気を防ぐため農薬の散布も欠かせないので、トンボが敬遠しそうな場所でもある。

にもかかわらず、マダラヤンマがくらすため池のまわりにリンゴ園が広がる理由は、リンゴは木本植物、つまり樹木の一種であることが関係しているのだろう。このトンボにとって、リンゴ園は森と似た環境であり、成熟するための場所として森の代わりに利用するのではないだろうか。実際に、マダラヤンマをふくめて数種のトンボの生息が、リンゴ園で確認されている。農薬散布の影響も一時的である。散布直後はさすがに見られなくなるが、一週間もたてば、再びトンボが園内を飛びまわるようになる。

以上から、マダラヤンマを保全するには、ヒメガマと、森あるいはリンゴ園の維持や再生が有効といえそうだ。ただし、森やリンゴ園を増やすためには、多くの時間や費用がかかるので、すぐに対応するのは難しいだろう。一方、ヒメガマは、植栽すれば比較的短期間で増やすことができる。そこで、まずは、マダラヤンマがおらず、ヒメガマが少なく、周りに森かリンゴ園が広がっているため池をピックアップする。そして、そのため池にヒメガマを植栽すれば、マダラヤンマがくらしやすいため池が地域に増えることになり、本種の数の増加が期待できるだろう。

日本の国土の四〇％を占める里山には、絶滅危惧種の約半数が生息している。そのため、里山は日本の自然環境の保全を考えるうえで重要な場所であるといえる。里山にすむ生き物は、マダラヤンマをはじめ、一生をとおして生活場所を変えるものが多い。里山の生物多様性を守るためには、その里山を形作る林や農地、小川やため池を、セットで保全する意識が大切である。生物多様性は、そこにくらす人たちが利用するさまざまな自然のめぐみの基盤であり、その保全は持続可能な地域社会を築くことに役立つだろう。マダラヤンマをふくめ、塩田平の里山にすむ生き物たちのくらしを守ることは、この地域の未来につながる大切な取り組みの一つであると考える。

〔参考文献〕

石井　実「里やま自然の成り立ち」日本自然保護協会編『生態学からみた里やまの自然と保護』講談社サイエンティフィク、二〇〇五年
上田小県近現代史研究会『農業の文化財　ため池をたずねる』二〇〇〇年
Millennium Ecosystem Assessment『生態系サービスと人類の将来―国連ミレニアムエコシステム評価（横浜国立大学21世紀COE翻訳委員会訳）』オーム社、二〇〇七年
環境省自然環境局自然環境計画課『平成20年度重要里地里山選定等業務報告書』二〇〇九年
日本の里山・里海評価『里山・里海生態系と人間の福利：日本の社会生態学的生産ランドスケープ―概要版―』二〇一〇年
長野県自然保護研究所『長野県版レッドリスト動物編2015』二〇一五年
阿部建太ほか「長野県上田市のため池群における絶滅危惧種マダラヤンマの生息場所利用」『保全生態学研究』二四、二〇一九年
石井三重子ほか「準絶滅危惧種マダラヤンマの羽化場所利用」『長野大学紀要』四一、二〇一九年
香坂　玲ほか「生態系サービスと「自然がもたらすもの」（NCP）をめぐる人と自然の関係性―グローバルな科学政策インターフェースとしてのIPBESを事例に」『社会と倫理』三五、二〇二〇年
狩野仁慈ほか「長野県上田市塩田地域におけるため池群の維持管理と存続」『地域研究年報』四三、二〇二一年

〔注〕

（1）生態系からうみだされる、人にとっての便益となるものをさす。
（2）水の底に根を張り、茎の下の方は水の中にあるが、茎や葉の一部が水上に出ている水生植物の一種。

第5部

文化をつかう
——大学的長野の文化ガイド

上高地でたどる自然風景地の文化的風景

横関隆登

はじめに

上高地は、清らかな水辺に山岳をまとう、日本屈指の自然風景地である。観光ガイドブックを集めてみた。表紙に描かれた美しい自然をご覧いただきたい（図1）。ところで、この表紙は、上の二冊と下の二冊とで、自然の美しさに違いがある。すべての表紙には、梓川と穂高連峰が見える。ただし、下の二冊では、梓川と穂高連峰のあいだに河童橋も見えている。

上高地の自然は、梓川と穂高連峰のような水と緑が美しい。さらに、そこに河童橋のような人が創作した物をふくめても、美しい。つまり上高地の自然は、水と緑と人が織り成す美しさがある。

だから、上高地は、自然だけではなく、人をふくむ自然までも見ると面白い。そんな人をふくむ自然を見ることについて、呼び名を付けてみたい。今回は、文化的風景と呼ぶこととした。

皆さんに、自然風景地のなかの文化的風景というものを、身近に感じ、ふれてみてほしいので、本稿は、上高地の各所をたどりながら、文化的風景の具体例を紹介する。

図1　上高地をとりあげた旅行ガイドブックの表紙（出典　図の左から右にかけて、①山と溪谷社『上高地ハイキング案内　上高地・明神・徳沢・横尾・涸沢を歩く』山と溪谷社、2019年、②山と溪谷社「上高地案内」『山と溪谷』2023年5月号、2023年、③昭文社旅行ガイドブック編集部『まっぷる　上高地 乗鞍・奥飛騨温泉郷』昭文社、2020年、④JTBパブリッシング旅行ガイドブック編集部『るるぶ上高地 乗鞍 白骨 奥飛騨温泉郷'24』JTBパブリッシング、2023年）

1　人の創作にいかされた自然をみる

上高地帝国ホテルと周辺の地形・水系のかたち

松本市街地から西へ約三〇キロメートル先にある安曇地区。ここには、上高地にむかうバス路線の拠点地、沢渡バスターミナルがある。北アルプスの山里の谷間にしかれた長野県道24号線（以下、県道とする）、そのうえをバスで進む。しんと静まった釜トンネルに入る。やがて光が差し込む。ここは上高地。車窓に写るのは、県道を包み込む木々とその奥に広がる大正池の湖面。遠くには焼岳の山体もみえる。平らな県道が緩やかに曲がり、大正池の湖面から離れていく。緩やかな右巻きに曲がっている県道のうえを進むと、奥に赤色の建物が見えるので、そこで下車しよう。歩いて県道から分岐したスロープを下る。先に、大きな三角屋根がみえる。高級感と風格を兼ね備えるこの建物は、上高地帝国ホテルという。

上高地帝国ホテルは、政府による国際観光振興策のもとで一九三三（昭和八）年に開業した九〇周年を超える本格的なリゾートホテルである。建物設計を手がけたのは、日本を代表するいくたのホテル建築を手がけてきた建築家・高橋貞太郎（一八九二～一九七〇）。印象的な大きな三角屋根という建物の外観は、下部に石材、中部に木材、上部に金属をあしらう。この着想はスイス連邦の本家アルプスにある丸太小屋風の山小屋から得たとされる。建物は老朽化に伴い、開業から四〇数年後の一九七七（昭和五二）年に全面改築され

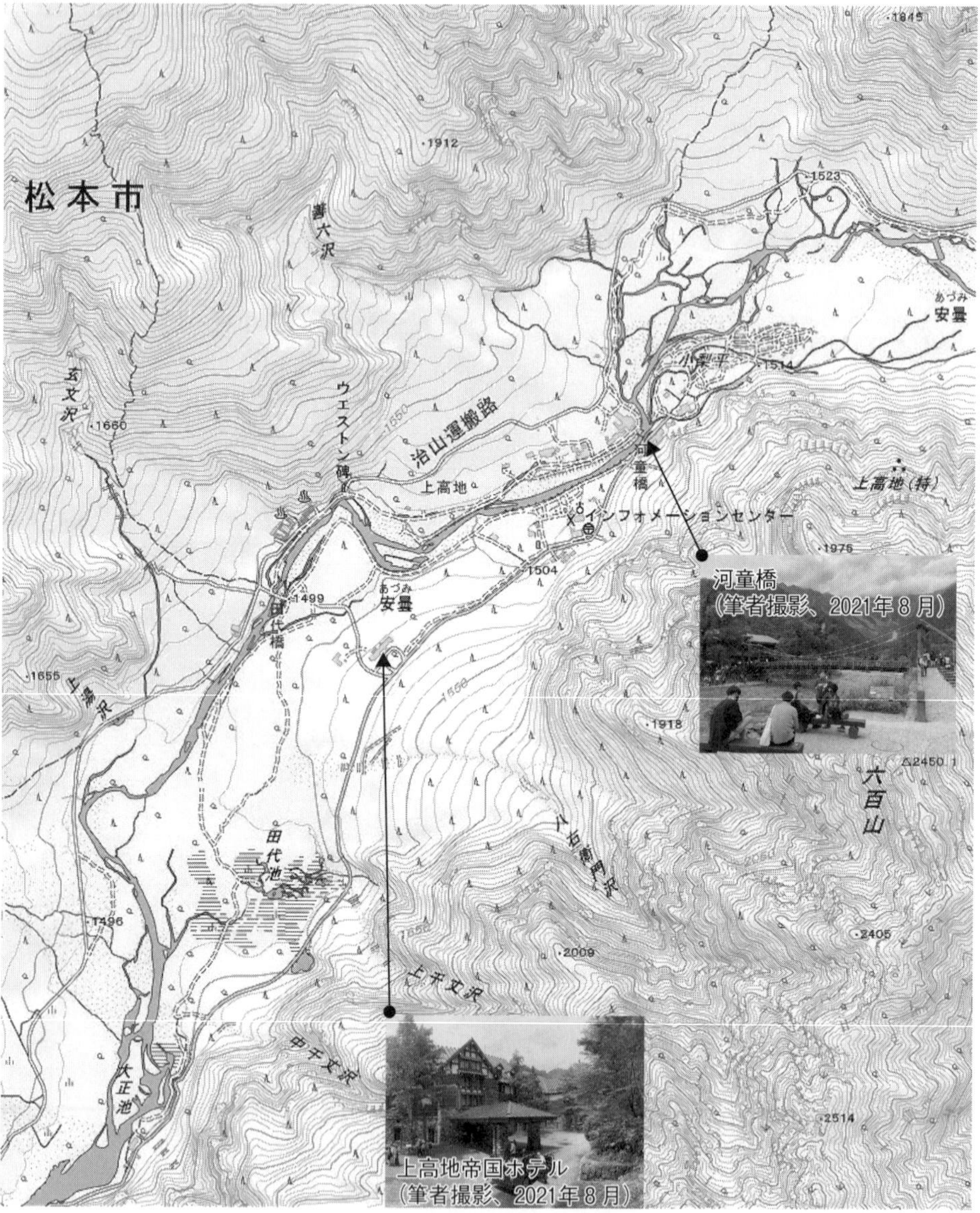

図2　上高地帝国ホテルと河童橋の周辺地形・水系　国土地理院「地理院地図」〈https://maps.gsi.go.jp〉、2023年10月1日最終閲覧

たが、当初からの建物の外観はいまでも忠実に保たれている。

　この上高地帝国ホテルが建つ地盤とは、常念山脈として連なる霞沢岳（二六四六メートル）と六百山（二四七〇メートル）との間を下る渓流の八右衛門沢が形成した小高い扇状地（図2）。八右衛門沢は上流部ほど急峻傾斜地となり、大雨がきっかけとなって土石流が発生することもある。しかし、上高地帝国ホテルはそこから距離をとって梓川にほど近い平らな斜面に位置する。上高地帝国ホテルから、梓川まで少し歩くだけでたどり着ける好立地にある。ただし清流として知られている梓川も、大雨が降ると広大な上高地の急峻な山岳に降った雨水が各地から集まり、河原を蛇行する暴れ川となる。しかし、上高地帝国ホテルは八右衛門沢が形成した扇状地という高台に立つため増水時の梓川からの浸水被害を免れられる。それゆえに、平らで緩やかな右巻きに曲がっている県道は、八右衛門沢が形成した扇状地の等高線に沿って配置されている。起源にさかのぼると県道は、「上高地ホテル」（のちに改称）の開業と同時期に竣工された。よく見ると、上高地帝国ホテルの敷地は、県道から見て梓川のある低地側に建っている。低地側に置くことによって、地上四階建ての巨大な上高地帝国ホテルの見えは、県道から抑えられ、周辺の森や山岳との調和を生み出している。つまり、上高地帝国ホテルと県道の建設は、八右衛門沢が形成した扇状地という上高地の自然が読み込まれた計画がなされていたことが明白である。

　上高地帝国ホテルが高級感と風格にあふれているのは、外観の美しさだけでなく、人が意図して周囲の地形と調和させた結果、地形を基盤とする自然によって建物周辺から物静かな落ち着きを醸し出しているからといえよう。ここに人が意図して創り出す行為、すなわち創作によって建物と道と自然がお互いにいかされた空間が見えている。創作を意識して上高地帝国ホテルだけでなく、取り巻いている県道と自然との関係を見ていることを、私たちが文化的風景を見ている状態と呼びたい。この種の文化的風景についてもうひとつ解説するために場所を変えたい。

河童橋と周辺の地形・水系のかたち

上高地帝国ホテルの庭園には、裏手へと抜ける小道がある。小道をたどっていくと、梓川の左岸に着く。左岸に完備された歩道を上流方面へと歩いていくと、はるかかなたにそびえ立つ穂高連峰が見える。この左岸歩道をさらに歩いていくと、上高地バスターミナルの賑わいが見えるが、そのまま左岸歩道を歩き続けば、また別の賑わいを目にする。この賑わう場所は、上高地を象徴する河童橋である。

河童橋は、木製の吊り橋である。長さは三六メートル、幅は三メートルほどある。見どころのひとつは、橋上である。ここから見えるのは、清冽なる梓川の流れ、その河畔で風に揺れるカラマツとケショウヤナギ、上流方向に穂高連峰と下流方向に焼岳、まさに絶景である。ところが、謎多き橋としても知られる。河童を冠した個性的な名は、いつ、誰が名付けたのか定かになってはいない。一応、橋近くを流れる梓川の深い淵に河童が住み着いているという伝承など諸説ある。また、建設された時期も正確にはわかっていない。明治時代に架かっていた河童橋は、梓川の右岸と左岸からそれぞれ木材をせり出して作られた簡易な橋、いわゆる跳ね橋であった。吊り橋に架け替えられたのは、明治末期の一九一〇（明治四三）年であった。吊り橋となった河童橋は、現在で五代目を数える。

この河童橋がかかる地盤とは、梓川の左岸にある西穂高岳（二九〇九メートル）を下る渓流の善六沢が形成した小高い扇状地と、梓川の右岸にある常念山脈の一角となる六百山（二四七〇メートル）のふもと斜面（図２）。上高地の平らで広大な河原は大雨が降ると氾濫する梓川が形成したものであるが、河童橋がかかっている区間は珍しく、小高い地形が梓川に迫り、河原のなかに狭窄部を生み出して網の目に散らばった水流を一本に集めている。思い返せば最初期の河童橋とは、地場の材料を人力で加工して作った跳ね橋であった。橋をつくるとしたら施工技術が未熟であるがゆえ、架橋しやすい川幅が狭い区間が経験的に選択されたものと考えられる。そして河童橋両岸の小高い地形は、氾濫に強く跳ね橋の維持が見込める。小高い地形上には、氾濫原となる河原には成立しにくい高木の樹林が成立できる。河童橋が置かれている土地は、経験的に跳ね橋がかけやすい地形が意識され、高木の樹林が梓川の間近にまで迫りやすく、一本になった水流が見えやすい条件があった。もしも現代のすぐれた施工技術を使って、梓川の別の区間で吊り橋を架けたとしても、水や緑、地形と調和する河童橋の姿は、つくれないだろう。

河童橋の美しさは、橋の外観に収まらない周辺の自然との関係によって生まれたといえる。河童橋にも上高地帝国ホテルと同様に人が自然をいかして創作した空間がある。こうした空間を見ている状態を、単に文化的風景を見ている状態として整理せず、創作が見える文化的風景と呼ぶことにしたい。

2　人と共に進化した自然をみる

小梨平キャンプ場が建つ土地の利用履歴

河童橋から離れ、また左岸歩道を上流方面へと歩いていく。河童橋のすぐ奥には小梨平という地名がある。小梨平に入ると、テントが歩道に沿って立ち並ぶ。ここは小梨平キャンプ場という(写真1)。

小梨平キャンプ場は、梓川河畔に広がる平らな地形の上に建つ。人が植えたカラマツの樹林で覆われ、さわやかな高級別荘地のような森である。宿泊施設は、三種ある。立ちならんだ常設テント、持参したテントを自分で張るための区画、宿泊小屋(ケビン)から選べる。この他にも小さな食堂や売店、入浴施設も備えている。充実しているが、ここは大自然。サルやクマなど野生動物が出没するときもある。指定場所以外での焚火やバーベキューは厳重に禁じられる。

小梨平キャンプ場が開設された時期はおおむね昭和戦後からといえるが、さかのぼってみたい。上高地は江戸時代に松本藩によって管理されていた。当時の梓川上流域に住む人たちは、梓川下流域の松本盆地に城を構えている松本藩の命で上高地に入り、必要な木材を伐採しては梓川に流す山仕事を行っていた。小梨平、あるいは明神、徳沢などの梓川河畔は、江戸時代の樹林伐採を経て、草地になっていた。明治時代に廃藩置県が起こると、松本藩が消滅して山仕事が無くなった。すると梓川上流域に住む人は、一八

写真1　小梨平キャンプ場のカラマツ林をぬける歩道の様子(筆者撮影、2021年8月)

八四（明治一七）年に許可を得て、上高地で牛や馬の放牧を始めた。平らな地形に広がった草地は放牧に適していた。その一方で、大正時代には河川の氾濫を防ぐために、牧草地にはカラマツが植えられた。登山に向かう旅行者は、梓川河畔で牛や馬を目にしてのどかな気分に浸った。昭和戦前期の絵葉書（図3）には「朗らかなことが、物を言はない、美しさだ――牛が動いて、影がゆれて、木と木が戦ぐ――牧場」と詠まれており、上高地の風物詩のひとつになっていた。やがて上高地で旅行者が増加すると、旅行者の安全確保のために放牧は禁じられた。放牧地として利用されなくなった梓川河畔の平らな地形は、大戦後の昭和になるとキャンプ場へと転換された。

小梨平キャンプ場では、平らな地形に建ち、カラマツ林が立ちならぶ姿が見える。その理由は、過去の人が自然と関わり合うことで変化した自然がいかされて使われたからである。つまり、ここでは人も自然の一部となって自然を少しずつ変化させる行為、自然と人がともにいきる姿が見えてくる。人が自然を利用して進化させた形跡を見ることも、私たちが文化的風景を見ている状態と呼びたい。創作が見える文化的風景とは別ものの文化的風景を、もうひとつ解説したい。場所を移そう。

嘉門次小屋が建つ土地の利用履歴

さらに左岸歩道を歩いていくと、道の分岐点にたどり着く。この地は明神といい、明神岳がよく見える。明神岳とは、穂高岳の尊称にあたる。河童橋から見えるのが穂高連峰、ここ明神から見えるのが穂高独峰としての明神岳である。明神岳が見える左方向の道に曲がって森の中を進む。梓川河畔に出て、明神橋にたどり着く。渡ったら鳥居が見

図3　昭和初期絵葉書にみる上高地牧場における放牧の様子（筆者所蔵〔KAIGA KENKYUKAI「温かき平和」郵便はがき、昭和初期〕）

える。くぐり抜けると参道が伸びていく。参道に踏み込むと、わき道とひっそりと立つ建物がある。この建物は嘉門次小屋という。

嘉門次小屋は、現役の山小屋である。使い込まれた小屋と増築された平屋のなかで、食堂と宿舎を営む。創業したときの建物は、一番奥にある使い込まれた小屋であり、囲炉裏の間と呼ばれる。屋根は大きな石と細めの丸太を載せた板張りであり、内部には居間と土間をあわせて畳にして一六〜一七枚ほどのこじんまりとした空間が広がる。居間には、中央に大きな囲炉裏、これを板張りの床が取り囲んでいる。土間の目の前には、明神池を水源とする小川が流れていて、岩魚の生け簀が置かれる（写真2）。大きな囲炉裏の焚火の前には生け簀からすくい上げられて串に刺された岩魚が並ぶ。すすで黒光りした壁に焼き上げている音が心地よく響く。青空には囲炉裏の間からあがった白煙がただよっている。

囲炉裏の間を建てた人は、上條嘉門次（一八四七〜一九一七、以下嘉門次と呼ぶ）という。嘉門次小屋という由来になった人である。幕末に生まれ、梓川上流域に住んでいた嘉門次は、明治初期に二〇代になっていた。当時の嘉門次は上高地などの地域一帯に入って、猟師として熊や岩魚などの狩猟活動を生業にしていた（図4）。嘉門次は三五歳となった一八八〇（明治一三）年のとき、彼の仕事場である明神池のほとりに狩猟小屋を建てた。登山者が上高地に入ってくると、嘉門次は猟師で山を駆け回った土地勘をいかしてガイドも行った。彼の生涯は一九一七（大正六）年に閉じられたが、嘉門次が建てた狩猟小屋は、次世代に受け継がれた。登山者の宿泊の受入を一九二五（大正一四）年頃には開始

写真2　嘉門次小屋囲炉裏の間から見える小川と生け簀
（筆者撮影、2021年8月）

したとされるこの頃、明神池のほとりから現在の嘉門次小屋の建つ地に移築されたとみられている。

かつての上高地には狩猟を生業とする者がおり、上高地に生息する生き物を自然の恵みとして人がいただいていた。いまの囲炉裏の間にいると、小川の生け簀で泳ぐ岩魚が、食材となっていく一連の所作が見える。かつての上高地にあった狩猟の面影を重ねて見ることができる。猟師は、上高地を駆け回り、自然の一部となって暮らしていた。猟師が生きた自然は、見た目にはわかりにくいが、嘉門次小屋の由緒によって見えてくるものがある。こうした自然とともに暮らし、自然を進化させた生活の土地利用を見ている状態を、創作が見える文化的風景とは区別して、進化が見える文化的風景と呼び分けることにしよう。

図4　絵葉書に見る岩魚漁をする上條嘉門次（筆者所蔵〔嘉門次小屋「岩魚漁をする上條嘉門次」『上高地観光記念絵葉書』、2021年購入〕）

3　人から連想された自然をみる

穂高信仰による聖地としての明神一之池と明神岳の関係

わき道から参道まで戻る。再び、森に包まれた参道を歩く。見上げた先の枝葉の隙間から明神岳の気配を感じる。森のなかにひっそりと立つ小さな建物がある。この建物が、信仰の地、穂高神社奥宮（以下、適宜奥宮と呼ぶ）の社殿である。祀られる御祭神は、穂高見命（ホタカミノミコト）といい、明神岳に降臨されたと伝えられている。社務所で拝観料を納めれば、奥宮の裏手に入れる。社務所の門をくぐって進むと、広大な池にたどり着く。ここは穂高神社奥宮境内の明神一之池という。

明神一之池は、鏡池とも称されるほど水の表面が波立たず静止している。この水面には正面の明神岳の頂きが写り込んで神秘的である。ゆえに厳かな空気が張り詰める（写真3）。穂高見命は、安曇族の祖神である。安曇族は、梓川下流域に広がる安曇野の地を開拓したことで有名であるが、古代の海人族として知られる水運や交易を支配していた氏族である。明神一之池に浮かぶ御船は、安曇族に由来した海とのつながりを今に伝えている。

穂高神社は、明神岳の頂上に嶺宮を祀り、明神岳が望める位置に奥宮を置き、明神岳から遠く離れた人里の安曇野に本宮を構えている。明神池と明神岳との関係は、古くから意識されていた。例えば江戸時代の観光ガイドブック『善光寺道名所図会』（一八四九年）に見られる。本書では、松本城下町から善光寺道を北上していく最中、糸魚川街道（千国道）へと寄り道して本宮を詣でた。ここで次のとおり、奥宮のある明神岳と明神池をならべて強く意識する様子が描かれる（図5）。

穂高嶽奥岳と云は、安曇郡西の方飛騨国に坂合ふ。仰は霊岳雲を凌ぎて、弊帛のごとく中空に秀て、群山麓に児立す。神号も爰に拠か、嶽に三の湖あり。上池・中池・倶に大きさ凡径百四五十間、横二百間ほど奇石岸を繞りて、自然の林泉を成せり。魚多くありいわなといふ常に筏を浮め

写真3　穂高神社奥宮境内の明神一之池から見える明神岳（筆者撮影、2021年8月）

て、杣人等これを漁る。大なるものは壱尺四五寸斗、下池は大さ上池の半といふ。石南花池の囲に繁茂して、花の色殊に麗しといへり。夫より東北の広野を神河内といひ、神が平ともいひて柳林なり。…

奥宮は穂高信仰聖地である。これは神降地としての明神岳（穂高岳）、それを拝む場としての明神一之池が、同時に見えることで成り立つ。山か、池か、いずれかひとつだけが見えるだけでは、穂高信仰の聖地という空間が成り立たないのである。人が創り上げたしくみによってある状況が思い浮かべられる行為、すなわち連想によって自然と自然がお互いにつながれている。連想を意識して自然と自然を見ることも、私たちが文化的風景を見ている状態と呼びたい。ここにも、創作が見える文化的風景あるいは進化が見える文化的風景とは別ものの文化的風景がある。もうひとつ解説するために上高地バスターミナルまで戻りたい。

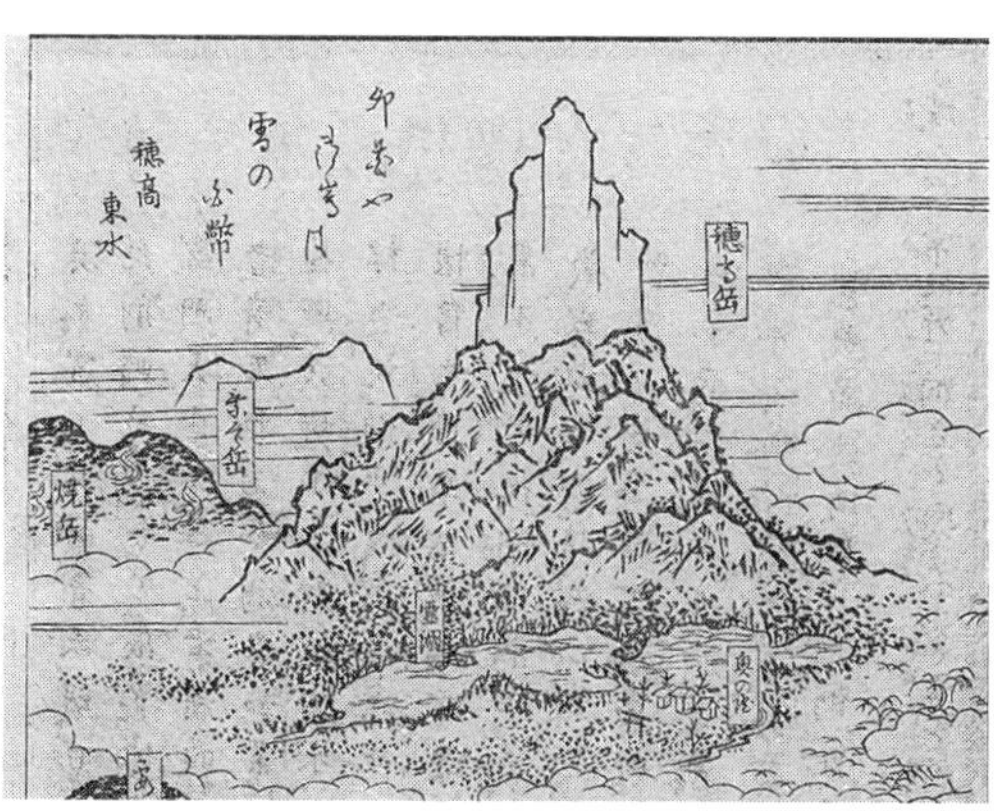

図5　『善光寺道名所図会』の図会「安曇郡諸山」に描かれた霊湖（明神池）と穂高岳（明神岳）（豊田利忠編「安曇郡諸山」『善光寺道名所図会』巻之一、嘉永二年、国立公文書館デジタルアーカイブhttps://www.digital.archives.go.jp/）

大衆伝達による聖地としての大正池と焼岳の関係

時間あるいは予算次第で、立ち寄りたい場所がある。行きの移動中、車窓から見た光景を思い出したい。県道で見かけた大正池へ向かいたい。

大正池は、梓川を水源とする。かつての正式名称は梓湖という。通称として呼ばれた大正池が知られるようになり、現在の大正池が定着した。上高地のなかで最大規模の湖沼である。広大な湖面は、開放感にあふれる。噴煙をたなびかせる焼岳（二四五五メートル）が近くにそびえ立ち、絶好の展望地点となっている。焼岳はおよそ三万年前から火山活動がはじまった活火山であり、地中に豊富な泉源を蓄えている。その恩恵を受けるのは、上高地一帯に発達した温泉地である。なお、焼岳の火山活動は近年の政府が報じる噴火警戒レベルにて最小の一に設定され、沈静化している。大噴火と呼べるような災害は、以下のとおり、およそ一〇〇年前にあたる。

焼岳の大噴火が起こったのは一九一五（大正四）年。地元紙の信濃毎日新聞は、日々の噴火活動を報じた。一九一五（大正四）年六月六日の記事は、「…泥土と樹木とを押し出し梓川の流れを止めたり…」とあり、「…其堰止めたる箇所崩壊せず、更に其河水は上を越して流れ下堀澤と中堀澤の溪間は恰も湖水の如く化し…」との噴火により焼岳の山体の一部が崩壊したことで、ふもとまで土石流が流れ出し、梓川が堰き止められ、湖水が誕生した様子を世に報じた。この湖水が梓湖である。かつて地上にあった梓川湖畔は、湖水に覆われたことで樹林の根本が水没した。日がたつと梓湖の湖面上で樹林の立ち枯れが確認されるようになる。さらに枯れた樹林は、風雨で枝葉を落とし、幹だけが梓湖の湖面上に残った。こうして枯れた木の幹は立ち並んでみえるようになり、旅行者から幻想的なモニュメントに見立てられていく（図6）。この頃から梓湖は大正池と呼ばれ、大正池が渓谷の絶景地として名声を高めた。さらなる転機は昭和初期に訪れた。東京と大阪の新聞社の主催によって、日本一の風景地を決めるイベント「日本八景」が開催されると、上高地は、渓谷の部において第

図6　昭和初期にながめられた大正池と焼岳の組合せ（筆者所蔵〔KAIGAKENKYUKAI「清澄なる薫り」郵便はがき、昭和初期〕）に「碧潭が沈思して、太陽が冴える――閃光どよめく――力が凝集する。神秘が生れる――燒ヶ岳」と、焼岳に美意識が向かっている。

一位を獲得した。日本一の渓谷の地位が確立した上高地は、マスメディアによってこぞって絶景と報じられ、観光プロモーションが過熱していった。当時の人気絵師である吉田初三郎は、『日本八景名所図会』と題する鳥瞰図を遺しているが、上高地のパノラマ画の中心には大正池と焼岳が大きく描かれている（図7）。マスメディア報道によって誕生してから間もない大正池と焼岳との一体感のある見方が普及し、上高地のなかの新しい聖地となった。

大正池も、焼岳も、それぞれが単体で美しいが、単体と単体を組み合わせた一体感がある。大正池と焼岳の一体感のあるものの見方は、穂高信仰とも共通した、人が自然と自然を連想した心象によって支えられている。こうした心象を意識して見ている状態を、文化的風景というものの見方のなかでも、連想が見える文化的風景と呼ぶことにしよう。

図7　日本八景溪谷部門一位を記念して描かれた上高地の案内図にみる大正池と焼岳（筆者所蔵〔吉田初三郎「日本八景上高地溪谷名所圖繪」『主婦之友』14巻8号、1930年〕）

おわりに

本稿は、上高地で、上高地帝国ホテル、河童橋、小梨平キャンプ場、嘉門次小屋、明神一之池、大正池の計六ヶ所を訪れ、文化的風景というものの見方を紹介した。

文化的風景を見るということについて、詳しくは、三つの見方に分けて紹介した。つまり、自然のなかで、人の創作にいかされていること、人と共に進化していること、または人から連想されていることを見ることが、文化的風景というものを見ることにあたる。なお、文化的風景とは、一か所に複数のものの見方が適用可能である。本稿が一か所につき、一つだけ紹介したのは、紙面の都合にすぎない。

訪れた先の土地で、その土地の周辺空間もながめ、その土地の時間を感じ、その土地に付けられた意味を読み解けば、旅の体験がより豊かになる。文化的風景は、あらゆる自然風景地で見ることができる。各地で、ぜひお楽しみいただきたい。

〔謝辞〕
主要成果は日本学術振興会科学研究費助成事業二一K一七九七三の助成を受けた。

〔参考文献〕
松本市・松本市教育委員会『上高地保存管理計画特別名勝及び特別天然記念物改訂版』松本市、二〇一七年
横山篤美『上高地開発史』山と渓谷社、一九七一年
砂本文彦「上高地ホテルと国際リゾート地開発」『近代日本の国際リゾート―一九三〇年代の国際観光ホテルを中心に』青弓社、二〇〇八年
小野良平「森林風景計画学研究の展開と課題」塩田敏志編『森林風景計画学』地球社、二〇〇八年
柴崎茂光「保護地域内における文化的資源の保全のあり方を考える」『國立公園』七一八巻、二〇一三年
高橋進「聖なる山―自然公園と信仰・聖地」『國立公園』七一八巻、二〇一三年
横関隆登「国立公園満喫プロジェクトと関連した観光ガイドブックにみる国立公園制度の文化景観」『環境情報科学論文集』三六巻、二〇二二年

信州での暮らしと建築・まちづくり——松下重雄

はじめに

信州・長野県の市町村の数は七七。何だかよい数字だ。これは北海道についで全国で二番目らしい。せっかく信州で働いているので、月に一市町村ずつ泊まり歩こうと思いついたことがある。それには六年半もかかる。退職までには達成できない数字だ。調べると宿泊施設のない市町村もあったりする。ところで長野県の市町村数は、二〇〇〇年頃は一二〇あった。それが、いわゆる平成の大合併で現在の数になっている。その時の市町村数の減少率は三五・八％で、全国平均の四六・六％よりも少ない（総務省調べ[1]）。この理由の一つが、かつての田中康夫県政の方針とされるようだ。田中は二〇〇〇年から二〇〇六年にかけて県知事だった人だ。県庁の一階にガラス張りの知事室を設けたり、「脱ダム宣言」などのユニークな政策で知られる。

高校生のとき、彼が一橋大学の学生でありながら『なんとなく、クリスタル（一九八〇年）』

（1）二〇一〇年三月公表の総務省報告書『「平成の合併」について』による。

を発表し、文藝賞を得て、世間に大いに注目された。日本のポストモダン文学[2]の先駆けらしい。当時、本屋でそれを手にとってみたけど、ブランド名が羅列されたカタログ的作品で、アンチ東京派のぼくにとってはつまらない作品だった。[3]授業中によくいじってきた古文の先生も、これは読まなくてよいと言っていた。その本の帯には、「風が匂い、音楽がきこえ、いきいきと街が見える」とか、「往年の石原慎太郎と庄司薫を足して2で割った趣き」などと評されていた。それは今でも違和感がある。だって、ぼくにとっての青春本は、その書評に出てくる庄司薫で、いわゆる四部作に夢中になった。[4]庄司薫の「赤頭巾ちゃん気をつけて（一九六九年）」が高校の入学時の指定図書だった。田中康夫はダメだけど、庄司薫は読めという、何だかちぐはぐな田舎の進学校だった。久しぶりに先日この本を読んだけど、いまでも共感する部分が多い。「知性というものは、ただ自分だけではなく他の人たちをも自由にのびやかに豊かにするもの」と、主人公の薫くんはさらりと語るのだ。このフレーズだって、いまあらためて注目されているリベラルアーツの本質を見事に表現していると思う。やはり「赤頭巾ちゃん」と、唐突だけど大森一樹のＡＴＧ映画作品『ヒポクラテスたち（一九八〇年）』は、いまの若者にも触れてもらいたい青春作品だ。[5]

ところで、「なんとなく、クリスタル」で注目されたのが、本文のあとの注釈だ。消費社会を象徴する記号が、四〇頁四四二項目もひたすら並んでいる。[6]その四三九項目には、いま住んでいる「軽井沢」があげられている。そこには「軽井沢でテニスをすると、なんとなく、上手になった気分です」とある。テニスの聖地といえば軽井沢だったのだ。そういえば、赤頭巾ちゃんの薫くんも、友だちの由美ちゃんと約束して会うのがテニスコートだった。当時の若者文化の象徴の一つがテニスだった。

（２）　二〇二一年に雑誌『現代思想（青土社）』にて「いまなぜポストモダンか」という特集が組まれている。そこで、小泉義之は論考「崇高な環境の大きな物語」において、「「ポストモダン」は、そもそも建築分野において、引き続いては芸術分野において、とりわけ言語芸術分野において語られてきたことであると断わりを入れられるのが常であった」と説明している。さらに星野太は「ポストモダンの幼年期」において、「ポストモダンという言葉が良くも悪しくも世を賑わせたのは一九八〇年代半ばであるとし、中村とうようの著作からの引用を用い、「「近代を支えていた」さまざまな価値の方恋、「虚」と「実」の絶え間ない斑点、「メインストリーム」と「サブカルチャー」の交替、等々といった内容が典型的に「ポストモダン」なもの」としている。さらに白江幸司は「フレデリック・ジェイムソンの種子」において、「ポストモダンという言葉はいまでは蔑称あるいは死語だ」としている。

（３）　実はその後購入した。一九八一年一月に初版が発行され、手元にあるのは同年二月発行のものだけど、驚くべきことに一四版になって

さて、ここではあらためて敬意を表し『なんとなく、クリスタル』のカタログ的構成と、「赤頭巾ちゃん」の文体を意識して、信州の暮らしやまちづくりについて綴ってみたい。

1　軽井沢の別荘地と暮らし

先に紹介した赤頭巾ちゃんは、ぼくの世代よりも一世代前が舞台になっている。つまり東大紛争（一九六八年—一九六九年）などがあった時代だ。そのすぐあとに例の事件が軽井沢で起きる。南軽井沢の別荘地で起きた連合赤軍残党による「あさま山荘事件（一九七二年）」だ。その様子は連日テレビで放映され、総世帯視聴率八九・七％（ビデオリサーチ・関東地区調べ）におよんだ。小学生だった当時、学校から帰ってくるとテレビにはりついていた。事情はわからなかったが、鉄の玉が大きく揺れる映像を息苦しく眺めていた[7]。あさま山荘は、その後オーナーを変えながら今でも当時の外観で現存する。別荘地にあるから勝手に入ることはできないが、ちょっと見てみたい。その別荘地というのが、南軽井沢にあるレイクニュータウンだ。西武グループの不動産会社の国土計画が、一九六〇年代から開発した別荘地だ。かつてはフランスの古城風の三越デパートをはじめ、キッチュな商業施設がならび、たいへん賑わっていたらしい。いまでは往時の面影はほとんどなくなり、人工池に囲まれた西洋風庭園と夏の間にわずかに営業する小さな店舗が並ぶ程度だ[8]。

この近くの別荘地に、ぼくは住んでいる。地方の大学教員になってから、東京に住む家族から離れて自由な生活をさせてもらっている。そこは家族や世間の人からみれば別荘だ

いる。

（4）四部作とは、「赤頭巾ちゃん」に加え、『さよなら快傑黒頭巾』、『白鳥の歌なんか聞えない』、『ぼくの大好きな青髭』のこと。いずれも、日比谷校生の薫くんが主人公で、東京人のスノッブな生活が舞台となっている。だから、ぼくが「アンチ東京」というのはかなり怪しい。

（5）この作品はキャンディーズの蘭ちゃんの復帰作で、古尾谷雅人が演じた主役名は「オギノ式で愛を作る」からとった荻野愛作という。学生時代に所属した札幌の劇団で、この芸名を使わせていただいた。

（6）注に加えて、文末には合計特殊出生率や六五歳以上の老年人口比率のデータが掲載されている。

（7）あさま山荘事件は、いくつか映像化されている。役所広司主演で原田眞人監督による『突入せよ！「あさま山荘」事件（二〇〇二年）』や、若松孝二監督による『実録・連合赤軍　あさま山荘への道程（二〇〇七年）』あたりがオススメ。

（8）近年、敷地内に残っていた平屋の社員寮長屋をリノベーションして、商業施設ができている。その中の一つのタイ料理屋さんには、いろ

けど、こちらにとっては本宅だ。建物は別荘というより、ちょっと立派な小屋だ。外観には煙突があり、中には直径三〇センチもの丸太の柱が二本ある。だけど、それらは全部ニセモノだ。煙突には穴が開いてないし、柱は床に乗っているだけで構造体になっていない。こちらもキッチュな感じに仕上がっている。

　そもそも軽井沢は、避暑地として別荘地開発がされてきた。そこに建つ建物も基本的には夏を旨とした様式になる。だから、そこに一年中住むとなると、結構たいへんなことになる。標高一〇〇〇メートルもある地で、冬でも快適に暮らせるようにしないといけない。まず、水道凍結防止のヒーターをフル稼働させるための光熱費がかかる。くわえて、暖房設備がやっかいだ。入居時には大型のガスストーブがついていたが、ガス屋さんに聞くと、普通に暮らすとなると月に一〇万円以上のガス代がかかると言う。それは困るので、軽井沢町から補助金をもらって、ペレットストーブに交換した。バイオマス利用ということで、環境にもやさしい(9)。

　それから断熱。その小屋は浅間山が見える北斜面に建っている。話は横にそれるが、静岡県の沼津で育ったぼくは、アイストップに山があると安心するらしい。沼津のそれは富士山だけど、軽井沢ではそれが浅間山になる。陽の当たる南斜面をとるか、浅間山の景観をとるかは、けっこう悩んだ。そうして北斜面をとったので、家の断熱は必須。斜面に建つ高床式の建築なので、床下が空いている。そこからの冷気は本当に耐えられなくて、初年度は寝袋やキャンプ用マットを併用して寝たりした。その後、床下に断熱材を吹き付け、家じゅうの窓の全部に二重窓を加えて、なんとか断熱性能を確保している。

　こうして別荘地での生活がはじまった。一人暮らしとはいえ、小動物が多く訪れる。子

いろあった時期に息子と二人でいった思い出の場所。

(9)　県内の森林組合で生産・販売する木質ペレットは、二〇一五年には一〇キロあたり四九〇円だったのが、二〇二三年には七二〇円になった。これには参った。ペレットストーブの普及は、まだまだらしい。

(10)　ドリトル先生は、ヒュー・ロフティングによる児童文学シリーズ。子どものころ岩波書店の井伏鱒二の訳本に親しんだ。近年ではロバート・ダウニー・ジュニア主演で映画『ドクター・ドリトル』(二〇二〇年)もあり、こちらもオススメ。

(11)　軽井沢ではツキノワグマと人間との共生を目指して、NPO法人ピッキオが活躍している。ベアドッグ活動など、全国的に注目されている。身近でツキノワグマが出現すると、こうした専門組織が対応してくれるので、住民としてはとても安心。

(12)　ニホンリスが餌を食べる様子は、本当に見ていて飽きない。ニホンリスには縄張りがあるらしいが、我が家には少なくとも三匹のリスが出入りしている。親子かパートナー

どもの頃は「ドリトル先生」シリーズに夢中になった身としては、本当に楽園だ。[10] やってくる動物はうさぎ、たぬき、きつね、むささび、しか、時にはツキノワグマも現れる。[11] そのうえ屋根裏にはニホンリスが棲んでいたりする。[12] 餌台をウッドデッキに作るとシジュウカラ、ヤマガラなどはもちろん、夏になるとミソサザイなどの小鳥が元気に鳴いている。小屋の壁に穴を開けようとするアカゲラも来るし、カケスなどの中型の鳥も群れをなして訪れる。今まで図鑑を片手に付せん紙を貼って確認したけど、二〇種以上の鳥がやってきた。[13] 家のなかからバードウォッチングを楽しむことができる、さながら観察小屋だ。

　ところで、いま世の中では空き家が問題になっている。実は地域における空き家率が全国で一番高い市町村が軽井沢だ。[14] これには少し統計上の扱いが原因となっていて、いわゆる普段人が住んでいない住宅、つまり別荘は、空き家として計算されてしまうからだ。とはいえ、別荘地の中の使われなくなって廃屋化した建物も相当の数にのぼる。かつて華やかだったテニスコートも雑草が生い茂る空き地へと多くは変貌している。いわゆるハレの空間としての別荘地のあり方には、限界がきている。一方、ぼくがそうであるように、別荘地を居住地とする人々がそれなりに現れている。軽井沢の別荘地に住まうのは結構快適なのだ。軽井沢にも集合住宅はあるが、それでは何となく軽井沢の暮らしっぽくない。戸建て住宅も維持管理がたいへんだし、昔ながらの集落コミュニティに属するのは面倒な面もある。その点別荘地は楽なのだ。ぼくの住んでいるところは管理人が常住する管理棟があって、生活で困ったことがあればそこでいつでも相談できる。専用のゴミ捨て場もあるし、雪かきも迅速におこなってくれる。アメリカのゲーテッドコミュニティのように閉鎖的でなく、自然に囲まれたゆるやかな境界のなかに居住地が形成されている。[15] こうした環

なんだと思う。

(13) 妻からプレゼントしてもらった新潮文庫の『ひと目で見分ける287種　野鳥ポケット図鑑』を愛用しているが、初心者には使い勝手が良い。双眼鏡はニコンの「モナーク8×36」だけど、こちらも初心者には十分。

(14) 平成三〇年総務省の住宅・土地統計調査によると、軽井沢町の空き家率は六八・二％で、全国トップ。町内に一万七七〇〇戸の空き家があるとされているが、実はそのうち一万五九五〇戸が別荘なので、実質的な空き家率は六・七％。全国平均の一三・六％より低いことになる。一方、使われていない別荘も相当数ある。

(15) ゲーテッドコミュニティは、居住地域の周りを塀で囲んで、来訪者を管理する機能をもつコミュニティを指す。米国の都市社会学者マイク・デイビスによって「要塞都市」として、その不寛容さが批判的に取り扱われた。一方、肯定的にとらえれば、一般の住居地においてエリア・マネジメントをとおした新しいコミュニティ形成を考えるヒントが詰まっている。

境を活かして、新しい居住地として、ゆるやかなコミュニティを形成していくことが今後の軽井沢の別荘地の可能性を秘めているように感じる。

コロナ禍において軽井沢は移住地として注目され、地価も上昇したらしい。そういえばぼくの住む発地という地域も、ここ数年でずいぶん様子が変わった。道の駅ができたり、高級リゾートホテルもできた。[16] 一方、里山環境をいかして多様な世代が集うケアの拠点ができたり、一二年間一貫教育の幼小中混在校の整備も注目されている。朝の時間になると、別荘地から児童がふらっと学校に通ったりする光景も目にする。ソーシャルな環境が整い、住まう街としての魅力的な機能がそろいつつある感じだ。保養地として開発された軽井沢は、観光地化を経て、いま住居地として成熟していく段階にあるのだろう。近年ちょっと開発が進みすぎて心配な面もあるけど、家族も気に入っているみたいなので、もう少し軽井沢の暮らしと変化を楽しんでみたい。

2 ジャン・ティンゲリーのキネティック・アート

これでも建築学科を出ているので、少しだけ「建築」にもこだわりがある。だから軽井沢の別荘建築も気になったりする。軽井沢には文化人や経済人の建てた、建築家のデザインによるユニークな別荘が数多く存在する。最近では、「旧アントニン・レーモンド軽井沢別邸（一九三三年）」が国文化財に登録された。[17] なかでも近年注目された作品が、二つある。一つは、詩人の谷川俊太郎の別荘として建築家の篠原一男がデザインした「谷川さんの住

(16) ところで、そのリゾートホテルの温泉施設は、軽井沢町民が割引で利用できる。そんな贅沢ができるのも軽井沢町民のよいところだ。

(17) 塩沢湖畔で「ペイネ美術館」として再利用されている。外壁は茶色のペンキが塗られた下見板張り建築。「夏の家」というだけあって開放的で、冬に住まうとなったら耐えられない仕様。とはいえ、藤森照信によれば、この建物は日本の二〇世紀木造モダニズムの原点であるとされている。すなわち、「日本の木造建築の伝統を、その美しさを、いかにル・コルビュジェ的造型原理と一致させるか」を示した先駆的な作品と評している。

宅（一九七四年）」だ。「住宅は芸術である」という箴言を残した篠原の傑作の一つとされている。近年、公開イベントで一時的に活用されるようになった。場所は、北軽井沢（長野原町）にあるらしい。もう一つは、建築家の黒川紀章が自身の別荘としてデザインした「カプセルハウスK（一九七三年）」だ。メタボリズム建築[18]の代表作とされながら、新陳代謝されることなく近年解体されてしまった「中銀カプセルタワー」のユニットを模した別荘建築だ。[19]ゲストハウスとして再生され、正確な場所は未公表だ。西軽井沢（御代田町）にあって、宿泊予約をすると教えてくれるらしい。宿泊費はかなり高いらしいけど、一度は泊まってみたい。

さて、黒川のメタボリズム建築論における盟友が建築家・菊竹清訓だ。彼の作品の一つが中軽井沢の別荘地にある「軽井沢・セゾン現代美術館（一九八一年）」。そのデザインはいかにも菊竹らしく、武骨な感じだ。建築デザインのことはさておき、この美術館にある現代美術の展示物がバブル世代のぼくには、すこぶるよい。とくにジャン・ティンゲリー作の「地獄の首都No.1（一九八四年）」は秀逸かつ貴重だ。この作品をみるだけでも、この美術館に足を運ぶ価値があると、勝手に思っている。ティンゲリーは、いわゆるキネティック・アートと呼ばれる動く彫刻を創作する作家だ。[20]廃材とモーターを組み合わせた巨大な立体作品を得意としている。セゾンにあるティンゲリーの作品は、順路の最後のコーナーに無造作に設置されている。四つのフレームによって支えられた高さ三メートルくらいの作品は、全体的に金属的な質感をもつ。鉄の廃材、赤青黄に塗られた巨大なホイール、シンバルやドラムなどの楽器、鳥の彫刻や動物の頭の骨などによって組み上げられている。そして、それらが二五個くらいの電動モーターによってゆっくり動きながら、不気味で滑

(18) 当時もてはやされていた技術合理主義的な前衛建築運動のメタボリズム論に対して、篠原は批判的な立場をとっていた。それから時を経て、ここ軽井沢で、相対する理念によりデザインされた別荘建築が、ほぼ同時期に公開されることになったことは興味深い。

(19) カプセルハウスKには、BC-25型といって、中銀カプセルタワーに使われたカプセル・ユニットが四つ使われている。浅間山に正対する急斜面に建っているらしい。世界的有名建築家も、アイストップに浅間山を選んだようだ。

(20) ティンゲリー作品の専用美術館として、スイスのバーゼルに「ティンゲリー美術館」がある。マリオ・ボッタの設計でもあるし、ぜひ一度訪れたい。

稽な音を奏でる仕組みになっている。この動きを見ることができるのは、わずか五分間程度だ。いまは一〇時半から一五時半の間の一時間おきに電源が入れられている。そのスイッチを押すのが美術館の警備員の人なんだけど、一度でよいからその役をやってみたいと思っている。その場面は何度かみて要領は心得ているので、ゲリラ的に押してしまおうかという衝動に駆られることすらある。その動作を含めて、芸術作品なのだ。

大学院時代三か月くらいバックパックで世界を歩いた。その時立ち寄ったイタリアのヴェネチアで、貴族の邸宅をリノベーションした空間で開かれたティンゲリーの個展を見た。[21] そこで彼の作品群に魅せられてしまったのだ。貧乏旅行者にとってヴェネチアは冷たい街だったけど、その展覧会には何度も通って、案内係のオジサンと仲良くなった。そのティンゲリーの作品が軽井沢にある。しかも、アジア・オセアニア地域では、ここでしか見られない。とにかく、軽井沢の至宝だ。専用の展示室をしつらえて、作品を四方八方から見られる空間を用意してほしい。そして、やっぱりその横にはパートナーのニキ・ド・サンファルの作品を置いてほしいのだ。だってニキの専用美術館はかつて那須にあったけど、残念なことに閉鎖されてしまった。[22]「ナナ」をはじめとする彼女の代表作品は、日本のどこかの倉庫に眠っているらしい。ニキも大好きな作家の一人なんだけど、とってもアヴァンギャルドなお姉さまなのだ。[23] 大学の研究室の扉には彼女の初期作の射撃アートのポスターが貼ってあって、いつもぼくを狙っている。とにかく特別展示でもよいので、ぜひ二人の作品を日本で同時展示してもらいたい。その可能性が軽井沢にはある。

さて、この超絶コンビのティンゲリーとニキのキネティック・アート共同作が見られるのが、パリの複合文化施設「ポンピドゥー・センター」の広場にある「ストラビンスキー

(21) 一九八七年の七月一九日から八月一九日にかけて、ヴェネチアのパラッツォ・グラッシで『ジャン・ティンゲリー 1954-1987』と題して展覧会がおこなわれた。幸運にも、それを鑑賞することができた。

(22) 一九九四年にオープンした「ニキ美術館」は、残念ながら二〇一一年に閉館。ニキのコレクターで初代館長のヨーコ増田静江は、後に堤清二とともにパルコを設立する増田通二が夫となる。若き頃二人は駆け落ちして親戚に身を寄せたのだが、その地が何と上田市。

(23) 社会学者の上野千鶴子の著作『発情装置』に表紙絵を寄せた作家といえば、ニキの立ち位置が想像できるだろう。この本の中でも上野によってニキ・ド・サンファル論が語られている。

(24) 「ポンピドゥー・センター（一九九七年）」は、リチャード・ロジャース、レンゾ・ピアノらの設計によるハイテック建築の代表例。ある意味、ポストモダン建築の萌芽とも見ることもできる。

(25) 軽井沢町のホームページには一三の美術館が掲載されている。そのうち九つの美術館は軽井沢美術館

の泉」だ。[24] くちびるのオバケや骸骨やト音記号のオブジェが水を噴き上げながら公園の池でクルクル回っていて、とっても楽しい空間になっている。そこに行けば、軽井沢で二人の作品展示を切望している理由がわかると思う。

3　信州が生んだ建築家の奇才――原広司と藤森照信

美術館は、建築物そのものにも作品性が求められる。信州には美術館が一〇〇館以上ある。都道府県別では全国で一位らしい。軽井沢も比較的小規模な美術館がたくさんある。[25] その中の一つに、信州が生んだポストモダンの奇才建築家の原広司の作品「田崎美術館（一九八六年、日本建築学会賞受賞）」がある。原は飯田市出身で（一九三六年生まれ）、かつて東大の生産研で教授だった。一般的には、大怪獣ガメラに破壊された[26]「新京都駅ビル（一九九七年）」が代表作として知られている。

大学院生時代に読んだ彼の著作『機能から様相』はとっても難解で、いま読み返してもサッパリわからない。[27] それでも当時尖っていたぼくは、「フラクタル理論[28]」、「記号論」、「オーバーレイ建築」など、彼が唱える難解な理論やデザイン原理のもつ雰囲気に影響を受けた。それで、ソシュールやバルトなどの記号論などにもかぶれて、ゼミで披露した。そんな薄っぺらな理解は、恩師でフランス留学経験のある足達富士夫先生に穏やかに戒められた。[29] そうした難解な理論だけど、田崎美術館にいくと、その意味するところを直感的に感じとれる。やはり建築家は、言語より空間で表現することが得意なのに、わざと難しい文章を書

協議会に加盟していて、毎月一日を「美術館の日」として軽井沢町民に無料開放している。これまた、町民の楽しみ。

(26)　いわゆる「平成ガメラ」三部作の第三作『ガメラ3 邪神覚醒』（一九九九年、監督・金子秀介）で、できたばかりの新京都駅が見事に破壊されている。

(27)　『現代思想（青土社）』の「いまなぜポストモダンか」での門脇耕三による「ポストモダン建築とは何だったのか」においても、「歴史主義的な建築言語や難解な説明などといったジャーゴンで装飾されていたポストモダン建築」という表現がある。あながち、ぼくの感覚はズレていないかもしれない。

(28)　「機能」から「様相」へというように、原の理論は、均質空間によって表現される機能主義へのアンチテーゼなんだろう。部分が全体を構成するフラクタル的な視点と、それらが重なりあって空間が時間的に変化する世界風景の様相に価値を見出しているのだと、個人的には思う。

(29)　ソシュールもバルトもフランス語圏の記号学者。ソシュールの定義したシニフィエやシニフィアンを

きたがる種族だ。でも足達先生は違っていた。文章もデザインも、つとめてシンプルでわかりやすい表現をするように指導していただいた。それは、いまでも規範のひとつになっていて、とても感謝している。

田崎美術館は、中軽井沢の森の中にある。外観は自己主張しないコートハウスのような意匠なので、人の目をひかない。四〇年近く経って少しくたびれているけど、中に入ると、とても瀟洒な空間だ。半円形のモチーフが連続する天井や細い円柱が林立する展示場を中心に、軽快で荘厳な雰囲気を醸し出している。中庭から見える雲状の屋根の形状に加え、ガラスや仕切りに彫られたフラクタル模様は、透かしの手法と相まって繊細で浮遊感ある様相をつくりだしている。[30] 間違いなくこの作品は、日本あるいは世界のポストモダン建築のエポック・メイキングの一つなんだろう。建築や空間デザインを学ぶ学生ならば、一度は訪れてほしい。かつて行ったときは、建築を学ぶ外国人の学生がカメラを片手に訪れていた。ここは、そうした目的でくる訪問者が多いらしく、写真撮影許可を申請するしくみができあがっている。

ところで田崎美術館は、洋画家・田崎廣助の作品を展示する施設だ。田崎の絵のモチーフは浅間山や富士山などの独立峰で、それらを色彩豊かに骨太に描くのが特徴だ。だから、原の無機質な建築デザインとは対照的なのだ。このことについて、信州が生んだもう一人の奇才建築家の藤森照信は、次のように述べている。原の建築が「体温を欠いた灰白色に包まれ」「実体感覚が欠落」していると感じるのは、彼が「南アルプスを見すぎたからだ」と。確かにそんな気がする。ぼくは軽井沢から大学のある上田までの車通勤で、浅間サンラインという丘陵を走る道を利用している。その途中の小諸の糠地集落の麓あたりで、（南

咀嚼しないままゼミで披露したり、バルトの著作『零度のエクリチュール』を脇に抱えて格好をつけていた。

(30) いくら細かくみても不規則な構造が見えて、自己相似である図形がフラクタルの特徴。山の稜線、海岸線、樹形など、自然界の形を説明でき、それが有機的デザインに応用できるのではないかと注目された。おそらく、いまでは拡散モデルなどに応用されているのでは。

ではないけど）北アルプスの山並みのフラクタルな稜線がパッと目に飛び込んでくる。とくに東信州の冬の青空に映る白く輝くアルプスは美しく、こんな風景をこどもの頃から見ていたらデザインに影響を受けないわけがない。

さて、藤森は原と同じく東大の生産研の元教授で、もとは建築史が専門だ。確かぼくが大学院生のとき北大に特別講義に来ていただいた。建築史が好きだったので、楽しく聴講した。その当時はまったく建築作品は作っていなかったが、いまでは日本を代表する建築家の一人だ。茅野市出身（一九四六年生まれ）で、原とは対照的に、とても愛らしく暖かみのある作風を特徴とする。建築様式的には、全く独立したオルタナティブ様式なんだろう。藤森自身は、自分の建築様式を「野蛮ギャルド」と称している。前衛芸術の「アヴァンギャルド」に、地域性、歴史性、自然や風土といった土着性を加えたものを「野蛮ギャルド」と表現しているんだけど、言い得て妙だ。

藤森の作品は、彼の故郷の茅野でみることができる。デビュー作の「神長官守矢史料館（一九九一年）」は公共施設だから、開館時間にいつでも体感できる。この作品について、今度は原広司が「無国籍の民家」だと評していて、そのことを藤森はたいへん喜んでいる。[31]でも彼の作品で人気の高いのは、おそらく藤森個人の茶室の「高過庵（二〇〇四年）」「空飛ぶ泥舟（二〇一〇年）」「低過庵（二〇一六年）」の三連作だろう。[32]とにかく、デザインが奇抜で仕掛けも面白い。高過庵は鬼太郎ハウスのようだし、空飛ぶ泥舟はジブリアニメの世界だし、低過庵に至っては一気に屋根がスライドして天井から空が拡がるのだ。もう本当にぶっ飛んでいる。六年ごとに建てたのは、御柱祭の周期にあわせてのことらしい。この一風変わった建築作品群は私有地にあるので、基本的には一般公開されるものではな

（31）「民家」はもとより「無国籍」という評価を得られたことを喜んだ。藤森はそれ以来、原の言葉をもとに、自分の目指すものを「インターナショナルなヴァナキュラー」と称しているそうだ。

（32）藤森の建築テーマの一つが、このフリースタイル茶室。「極小の茶室には『建築の単位空間』という性格があり、さまざまな新しい試みができて飽きることはない」という。そういえば黒川のカプセルKにも、カプセル茶室が設えられている。

い。ところが近年、「ちの観光まちづくり推進機構」が提供する地域体験プログラム「ちの旅」で、何とこれらの中に入ることができる。「『フジモリ茶室』プレミアムガイド」と称する半日のプログラムを、地元ガイドの案内でおこなっている。木の上や空中にうかぶ茶室にハシゴで登ったり、抹茶もいただきながら、じっくりと藤森建築を体験できる。かつて参加したときは、ガイドの方は藤森とは旧知の仲のようであった。「藤森先生はねえ」と付け加えながら、彼とのエピソードを穏やかに語っていたのが印象的だった。

さて、原と藤森の共通点は、研究手法としてデザイン・サーヴェイを楽しんだことにある。藤森は比較的一般に知られていると思うが、考現学的観点からのまち歩き「路上観察学」を主宰した。そういえば、もう一人の主宰者の芥川賞作家でアヴァンギャルド芸術家の赤瀬川原平には、ちょっとだけご縁がある。ぼくは大学院時代に、函館の町並み色彩の研究を市民グループとともにやっていた。明治・大正期からペンキが塗り重ねられた函館の庶民の建築の壁面を、市民がサンドペーパー片手にこすって色の変遷を調べる活動だ。そうした取り組みが東京に活動拠点を置く路上観察学会にも届き、面白がって赤瀬川もわざわざこすりにやってきたのだ。

一方、原は何といっても、海外の集落調査だ。一九七〇年代からおこなわれた原研究室による地中海地域をはじめとする海外の集落調査は『住居集合論』をはじめ、いくつかの著作としてまとめられている。それらは、学生時代、大学の研究室の書庫にズラッと並べられていた。そこに紹介されている土着的な建築の数々は魅力的で、本を眺めているだけでワクワクした。それらが、その後のぼくのバッグパックの世界の旅を誘発したのだ。原は著作『集落への旅』で、「集落を旅して、何にもまして驚かされたのは、自然の圧倒的な美しさであり、その自然の風景をよりいっそうきわだたせている集落の姿であった」と評している。そして、そこには「具体的ないきいきした世界の縮図」としての「世界風景」が創られているとしている。これなら、ぼくにもわかる。これらの考えをさらに論理的に整理したのが、著作『集落の教え１００』だ。集落の「世界風景」が一〇〇個のキーフレーズで示されている。

こうした原の集落調査や藤森の路上観察学の源流の一つには、一九六〇年代にニューヨーク近代美術館で開催されたバーナード・ルドフスキーの「建築家なしの建築」展があると思う。そこには、世界各国の無名で風土的（ヴァナキュラー）な多様な共同体建築が紹介され、後に書籍として刊行された。原は、そうした概念を共有しつつ、さらに数学的アプローチを追求し、より洗練させた建築デザインへと昇華させていったのだろう。原の建築作品からは、集落調査で得られた土着性のようなものが、ストレートには感じられない。一方、藤森の建築は、それを現代風に具現化しているんだと思う。藤森のデザイン原則は、「自然素材を使う」、「歴史的デザインを使わない」、「現代の誰にも似せない」の三つだそうだ。いずれにしろ、信州に足を運び、それらの作品を体感すると良い。建築は現場でないと本質がわからない。

4　信州の新しい地域づくり／まちづくり

ぼくは学生のとき、北大の建築工学科の住居地計画学研究室に籍を置いていた。主宰する足達先生から、景観とは「地域の価値観や営みが表出したもの」と学んだ。コロナ禍を経て、信州は東京一極集中の具体的なオルタナティブとして注目されている。そうした機をとらえ、信州のいきいきとした暮らし景観の再構築が、いま求められているんだろう。

いま勤めている長野大学に、当時「スマート・テロワール」を提唱していた松尾雅彦（カルビー第三代社長）を招き、講演会が開催されたことがある。彼は「日本で最も美しい村連合」の創設者のひとりで、昔の信州のもつ風景のポテンシャルを高く評価していた。日本の地方において、京都、北海道にくわえて長野は別格だったが、いまではだいぶ変容してしまったと嘆いていた。確かにそうなんだろう。かつて集落調査に魅せられたけれど、そうした観点からは、いま訪れたい集落が信州には多くはみつからない。

とはいえ、それは調査不足なところもある。現に、ゼミで関わった東御市の丘陵にある田沢集落周辺では、とても魅力的な田園景観ができている。そこは、小規模ワイナリーが点在しつつ、住民主体のコミュニティ・ショップ、農泊施設、田舎シェアハウスなどが運営されていて、おもしろい[33]。いまでも、ヨーロッパの農村にいくと、集落の景観コンクールの受賞プレートが集落の広場などに、誇らしくささやかに展示された光景を目にする。信州でもそんなコンクールをしながら、集落景観を育んでいけたら良いと思う。

同じくゼミで関わっている上田市の中山間地域にある武石地域でも、住民主体のいきいきとした新しい動きが出てきている。そこでは、地域の人々が手作りのピザ窯小屋を作ったり、古民家を修繕したり、エコツアーを運営したりと活発だ[34]。こうした営みが新しい魅力的な信州の暮らしの景をつくっていくんだろう。武石地域というのは、上田のまちなかから車で三〇分くらいの距離にある。いまぼくは地域内関係人口というのに興味をもって

（33）これらの取り組み経緯は、玉村豊男の本でいきいきと描写されている。彼の提唱する「生活観光」は、もっと注目されるべきだと思う。

（34）ゼミで地域の方々と数回のワークショップを重ねて「たけし夢プログラム」という地域体験プログラムを作成し、リーフレット化した。手前味噌だけど、学生のデザインがなかなか良い。

いる。上田のまちなか（都市）に住む人々が、こうした武石地域（農村）の活動に関わることによって、新しいコミュニティが形成される。それは、これからの信州のライフスタイルとして、とっても魅力的なものになると思う。

ところで、まちづくりの分野では、長野大学のある上田市のまちなかの動きも、かなりおもしろい。地方都市にとって中心市街地の衰退は全国共通の課題だ。上田もずいぶん商店は空き店舗になったり、まちなかに空き地が目立つ。人口減少にあわせて都市機能を集約するコンパクト・シティ理論が共有され、自治体もそれに沿った政策を講じている。上田市の都市計画行政もそのようにがんばっているけど、現実的にはなかなか難しい。まちなかに予測不能で多発的にできあがる空間や機能の空隙に、どう対処するかの方が喫緊の課題だ。いわゆる、都市のスポンジ化問題だ。でも、まちに空いた小さな穴を何で埋めようかを、みんなで考えて実践する方が、「都市計画」より楽しいし効果的だ。[35]上田のまちなかでは、そうした様子が実際にみられる。たとえば、上田の中心市街地にある海野町商店街では、むかしながらの渋い商店や新しいオシャレなお店が営業する間に、とてもユニークな機能が入り込んできている。女性が活躍する託児所付きのコワーキング・スペース、芸術的で開放的なガラス張りのデイサービス施設、障がい者が運営するカフェや作業所、精神疾患や発達障害をもつ人の就労支援をおこなう施設、街に開かれた演劇拠点、社会的シェルターとしての機能をもつゲストハウス、子どもたちの放課後拠点、市内の大学の活動拠点など、ゴチャ混ぜの環境ができあがっている。さらにその周りの市街地には、NPOが運営する映画館、国内最大級の古本売買企業が運営するブックカフェ、福祉とアートをテーマに活動を展開するNPOの拠点があったり、不定期に複数の空き店舗でゲリラ的

(35) 一九七〇年代にチャールズ・ジェンクスらによって、近代の「計画」を乗り越えるための即興的な建築設計プロセスとして、「アドホシズム」が提唱された。スポンジ・シティ時代において、より一層アドホックな取り組みが求められている感じがする。

に市を開く集団がいたりで、まちなかのあちこちでイノベイティブな活動が展開されている。これらの活動に関わっている市民は相互につながっていて、まちのにぎわい生態系を形成しているのも興味深い。あとは空き地を畑や森にしたり、家畜もいる農場なんかもできあがったら、もう完璧だと思う(36)。

こうした社会的な活動や機能が都市の中に織り込まれている状況を、英国ではソーシャル・エンタープライズ・プレイスと呼称して、まちづくり分野の新しい潮流として注目されている(37)。上田のまちなかの状況は、それの日本での先駆的な動きと言えるかもしれない。信州では長野市の善光寺周辺での住民主体のエリア・リノベーションのまちづくりが、全国的には知られている(38)。でも、ここ上田のこれらの動きは、もっと先鋭的なんじゃないかと思う。信州のまちなかの動きには、今後も要注目だ。

おわりに

長野大学は地域協働型教育というのを標榜していて、地域に学生とともに実際に出て、地域の課題を解決するプログラムに取り組んでいる。だから、ゼミ活動でも、けっこういろんなところに出没して、地域の方々とワイワイやらせていただいている。以前別の地方大学に勤めていて、そこでも同じように、地域の方々と活動をさせていただいた。でも、何だか信州のほうがやりやすい。ほどよい距離感でおつきあいすることができる。信州あるいは上田は、そういう風土なんだろう。

(36) コミュニティ・ガーデンのような、都市と農の共生はいろんな文脈で近年また注目されている。さらに進めて、まち中にヤギやブタがいる英国のシティ・ファームのようなものがあってもいいと思う。いずれにしろ、信州のまちなかは、緑が少ないので何とかしたい。

(37) 一応研究者の端くれとして、このことについて査読なしだけど論文をまとめている。関心のある人は、ぜひ都市計画報告集「社会的企業集積によるまちづくりに関する考察」(都市計画学会、二〇二三年)をご覧ください。

(38) リノベーションされた約八〇店舗を、手描きイラストで紹介した『古き良き未来地図』という冊子が一〇〇円で販売されている。学生から教えてもらったのだが、これもなかなか良い。

また、ゼミ活動だけでなく、大学教員として地方行政の委員会メンバーとして、時折関わらせていただいている。そのなかで一番関わりの深いのが、上田市に隣接する「ものづくりのまち」の坂城町だ。ここには機械金属を中心とした工場が三〇〇社ほどあり、県内工業の一大拠点となっている。坂城町は信州で宿泊施設をもたない市町村の一つだ。にもかかわらず、近年ナビタイムで、アメリカ人による検索件数が飛躍的に伸びたことが注目されたユニークな町だ。そのことは町役場でも相当ザワついたらしいが、原因不明で調査中らしい。

坂城町では、この町の総合計画、都市計画さらには公共施設の整備計画などに少し関わったりして、まちづくりの現場について学ばせていただいている。だから結構その町に通っているんだけど、かねてから気になる建物が一軒あった。それが、実は原広司の建築作品だった。「森工房（一九八一年）」といって、上田市（旧塩田町）出身の摺師・森仁志が構えていた国内最大級の版画工房を兼ねた住宅建築だ。この建物が実に格好良い。パラディオ建築を連想させる建物で、平面がほぼ正方形で対称的なデザインである。気候のせいもあるのか、軽井沢の田崎美術館とは異なり、建物の状態もすこぶる良い。隣接する小さなブドウ畑の景観とあいまって、とても素敵なスポットになっている。森仁志の作品の多くは、現在は上田市の複合文化施設サントミューゼの美術館に所蔵されている。そういえば、坂城町役場の三階のロビーには、森の手掛けた岡本太郎の巨大リトグラフが展示されている。役場の一階のエレベーター・ホールにも、坂城町出身の現代アーティストの小松美羽のライブ・ペインティング作品がひっそりと展示されている。これは、かなりもったいない。

さて、話がだいぶ散逸してしまった。本文の冒頭で消費文化の象徴の「なんとなく、クリスタル」を批判しつつ、信州の建築やアート作品を紹介した。こうした建築やアートというものは、消費されるものなんだろうか。それとも普遍的なんだろうか。まして、その総体としてのまちづくりとは何だろう。クリストファー・アレグザンダーの『パタン・ランゲージ』では、原のいう「世界風景」を「名づけ得ぬ質（quality without a name）」とし、それらが二五五のパタンからなるセミラティス構造からなると説明している。[39]無意識に感覚的に組み立てられた調和の要素をパタン化しつつ、原はおこなわなかったが、相互の重なり合う関係性を示した。その構成要素は普遍性を維持し続けているかと問われると、危ういかもしれない。でも、アプローチ自体は普遍的なんだろう。おそらく今後、大規模言語モデルと組み合わせることで、普遍性をもちつつ、創造性のあるデザイン生成モデルが生まれるはずだ。

さいごに、この文章もセミラティス構造を意識して組み立てている。うまくはいっていないけど。もしかして、田中の『なんとなく、クリスタル』の四四二の文末注の記号も、そうした構造を見据えていたのかもしれない。だとすると、侮れない。それが、ポストモダンということだったのだろうか。

(39)「都市はツリーではない」とするアレグザンダーが提唱するシステム概念。都市の構造は樹形図のような単純な構成ではなく、複雑に交差しながら要素が構成されているという考え方。哲学者ジル・ドゥルーズの提唱する概念「リゾーム」とも通ずるものとして注目された。

〔参考文献〕
a＋u『リチャード・ロジャース1978–1988』新建築社、一九八八年
Pontus Hulten『Jean Tinguely: A Magic Stronger than Death』Bompiani、一九八七年
饗庭伸『都市をたたむ 人口減少時代をデザインする都市計画』花伝社、二〇一五年
赤瀬川原平ほか『路上観察学入門』筑摩書房、一九八六年

大森一樹（監督）『ヒポクラテスたち』ＡＴＧ、一九八〇年
クリストファー・アレグザンダー『パタン・ランゲージ』鹿島出版会、一九八四年
黒岩有希『ニキとヨーコ　下町の女将からニキ・ド・サンファルのコレクターへ』ＮＨＫ出版、二〇一五年
現代思想『いまなぜポストモダンか』Vol.49-7、青土社、二〇二一年
建築文化『特集　機能から様相へ』vol.41 No.478、一九八六年
建築文化『特集　建築が変わりつつある』vol.42 No.486、一九八七年
住宅建築『多層構造の住居3題／原広司＋アトリエΦ』建築資料研究社、一九八四年
庄司薫『赤頭巾ちゃん気をつけて』中央公論社、一九六九年
鈴木俊彦『黒川紀章のカプセル建築』丸善出版、二〇二一年
田中康夫『なんとなく、クリスタル（一九八〇）』河出書房新社、一九八一年
玉村豊男『村の酒屋を復活させる 田沢ワイン村の挑戦』集英社新書、二〇一八年
東京大学 生産技術研究所 原研究室『住居集合論Ⅰ』鹿島出版会、二〇〇六年（復刻版）
東京大学 生産技術研究所 原研究室『住居集合論Ⅱ』鹿島出版会、二〇〇六年（復刻版）
ニキ美術館『ニキ・ド・サンファル』美術出版社、一九九八年
バーナード・ルドフスキー『建築家なしの建築』鹿島出版会、一九八四年
原広司『集落への旅』岩波新書、一九八七年
原広司『空間〈機能から様相へ〉』岩波書店、一九八七年
原広司『集落の教え１００』彰国社、一九九八年
藤森照信ほか『藤森照信読本』ADA EDITA Tokyo、二〇一〇年
藤森照信『藤森照信の建築探偵放浪記』経済調査会、二〇一八年
藤森照信「新しい試みを求めて」『ジョイント』No.40、トヨタ財団、二〇二二年
松田達ほか編著『建築思想図鑑』学芸出版社、二〇二三年
山崎泰寛ほか編著『現代建築　社会を映し出す建築の１００年史』フィルムアート社、二〇二二年

松本の景観保全に取り組んだ芸術家二人の思いと観光振興への貢献

──熊谷圭介

はじめに

長野県のほぼ中央に位置する松本市は、北アルプス（中部山岳国立公園）の玄関口であり、信州観光のブランドでもある上高地等を擁し我が国随一の登山基地となっていることから「岳都」、スズキメソッド[1]発祥の地でありその後「セイジ・オザワ 松本フェスティバル」につながっていく音楽の街としての「楽都」、県下第一の小学校「旧開智学校（現在建物が国宝に指定）」創設や全国九番目の官立高校「旧制松本高等学校」招致に象徴される、教育や学問を重んじる「学都」、以上の「三ガク都」を標榜している。こうした文化的風土、気風が影響してのことであろうか、文化人、芸術家が多数輩出していることでも知られている。

本章では、安曇野に生まれ、松本で学んだ二人の芸術家を取り上げ、故郷の文化的な景観への強い思いやヨーロッパ都市景観への思索、それに基づく歴史的建造物および都市の

（1）「幼児が母語を覚えるように音楽に親しみ、音楽を通して全人教育を」という、ヴァイオリニスト鈴木鎮一により提唱され、その後広まった音楽教育の思想・方法。

記憶や履歴をとどめる景観の保存・啓蒙活動への取組が、現在の松本や安曇野の都市景観にどのような功績を残したのか、論考してみたい。また二人の芸術作品がもたらした長野県の観光振興への貢献についてもまとめてみよう。さらには、その作品を通した、観光ガイドという側面も持たせたい。その二人とは、全国的にも著名な映画監督・熊井啓氏と、「個人の幸福とは己を全うすることなり」を信条とし彫刻家として一生を燃やした上條俊介氏（以下二人とも敬称省略）である。

なおここでは、第二次世界大戦後の学制改革実施前の時代における信州の高等教育機関について簡単に触れておく。ふたりとも旧制松本中学（五年制）を卒業し、熊井は、旧制松本高校に入学している。一府県一中学制が敷かれていた明治期前半に、旧制松本中学（現在の県立松本深志高等学校）と、旧制長野中学（現在の県立長野高等学校）が創立され、この二校が県内では最も歴史が古い旧制中学となる。なお、当時は長野と松本は別の県であった[2]ための二校の設置である。その後、一府県一中学制の廃止により、旧制上田中学（現在の県立上田高等学校）や旧制飯田中学（現在の県立飯田高等学校）など各地に旧制中学ができている。また旧制松本高等学校は、いわゆる第一、第二等のナンバースクール（最後の第九高等学校）を目指して招致が進められ、その後地名がついた「松本高等学校」として一九一九（大正八）年に官立されて、学制改革で現在の信州大学に移行している。

（2）　一八七六（明治九）年に現在の概ねの長野県となる以前は、松本・飯伊等の中南信地域は岐阜県の一部とともに筑摩県を構成していた。

1　熊井啓の文化的景観保存の思い・映画による大町の観光振興への貢献

略歴と信州での青春時代

自著[3]では、一九三〇（昭和五）年、長野県南安曇郡豊科町（現在の安曇野市）に生まれ、六歳の頃から松本に移り住んだと書かれている。二〇〇七（平成一九）年に亡くなるまで、信州をこよなく愛した様子がうかがえる。さらに自著によると「職業柄、必要に迫られてさまざまな国の町や村を見て回ったが」、「今まで訪れた場所のなかで、いちばん心に残っているところはどこかと、人から尋ねられるたび、私は躊躇せず、信州と答える。」とあるように、ずっと信州に誇りと愛着をもち、その景観や地域社会の行く末に関心をもっていたようだ。

写真1　熊井啓氏（昭和32年8月、27歳。北アルプス穂高岳にて。助監督時代。『私の信州物語』〔岩波書店、2010年〕カバーより転載）

市内の田町小学校（六年間）、松本中学校（五年間）、松本高校文科に一年間学び終えた時に学制改革により松本高校から信州大学に移行したため、信州大学文理学部で四年間を学修し、教育課程を卒業している。旧制松本高校から信州大学文理学部の五年間において、親友[4]たちと「歌をうたい、文学・

（3）熊井啓著「私の信州物語」

（4）熊井啓著「私の信州物語」二一九頁によれば、後のフランス文学者で松本深志高等学校教諭を務めた神田寛の家に入り浸っていた様子が描かれている。神田寛先生は筆者の恩師で、高校のホームルームで、熊井啓氏の思い出話をよくされていた。

音楽、思想問題、女性論とありとあらゆることを口角泡を飛ばして語り合った」ようだ。その中から、映画や演劇に関する関心が、熊井に育まれていったと推察される。

一九五三（昭和二八）年に信州大学卒業後上京し、映画制作の独立プロダクションや日活で助監督として活躍する道を選ぶ。経験を積み、一九六四（昭和三九）年に「帝銀事件・死刑囚」で監督デビューし、その後「黒部の太陽」「サンダカン八番娼館望郷」「天平の甍」「海と毒薬」「千利休　本覚坊遺文」等の社会派映画を世に送り出し、このうちいくつかがベルリン映画祭やヴェネチア映画祭で受賞している。

晩年の代表作のひとつが、社会を震撼させた宗教団体による松本サリン事件と捜査を題材とした「日本の黒い夏―冤罪」である。

熊井の信州の景観・環境への思い・そして心血を注いだ文化的景観保存活動

熊井は、青春時代を過ごした松本の街の風景の魅力について、自伝のなかで再三触れている。それは、建築や通り、川といった、都市を構成する人工物や自然要素にとどまらず、むしろ人々の姿や活動とそれらの要素とが相俟った風景といえ、このような視点が後に社会派映画監督として活躍することになる目利きにつながったと考えられる。例えば、「後にセーヌ河の岸辺やクリニアンクールの古物市を散策していたとき、ふと私はこの（松本市中央に位置する）[5]縄手通りの貧しい露店を思い出したが、それは貧しくても人々の表情が生き生きとしているところが似ていたからであろう」「・・・十畳近い部屋は東と南と北に大きな窓があって、そこからくすんだ繁華街の裏手が手に取るように見えた。ちょうどパリのモンパルナスあたりのアパルトマンの一室といったムードで、濁った女鳥羽川も

（5）（　）は筆者熊谷補足

セーヌの流れに見えた」などと、表現している。

晩年になり松本を訪れた熊井夫妻は、風情のあった明治時代の赤レンガの建物がコンクリートのビルに建て替えられ、「張りつめた清らかな街の静けさ」が自動車の走音やクラクションに置き換えられていることに喪失感を感じ、「川は汚れ、緑は東京よりも減った」と嘆いている。

映像作家であった熊井は、信州の自然景観に常に関心を寄せ、行き過ぎた観光開発に対して厳しい警鐘と批判を発している。八ヶ岳中信高原国定公園の霧ヶ峰や美ヶ原を結ぶビーナスラインは、今でこそわが国屈指の山岳観光道路として多くの観光客に使われているが、その開発の是非は自然保護運動のなかで全国的な論争となり、たびたび工事が中断においこまれる等混乱した状態の末に、現在の姿になっている。熊井は、ビーナスライン開発を「信州の自然を資源として切り売りしようとした県や業者の発想に間違いがある」と断じ、反対を表明する意見を寄稿している。南アルプス核心部への観光ルートとも位置付けられる南アルプススーパー林道開発、上高地におけるマイカーによる排気ガスや騒音による自然損傷等とあわせ、一九七

写真2　重要文化財に指定され、現地保存されている旧制松本高校（筆者撮影）

○年代は、長野県の自然保護運動と観光開発政策の天王山ともいえるような事案が相次いだこと、その功罪に関して深く、そして永く考え続けていくことが重要と筆者は考えている。

　このように、熊井は美しい信州の自然環境や文化財、街の景観をずっと憂うなかで、最も危機感を感じ、自ら行動した運動が、旧制松本高校の校舎保存である。この校舎は、JR松本駅から松本のメインストリートを美ヶ原方面（東）に一キロほどいったところに位置し、本館は一九二〇（大正九）年に、また講堂はその二年後に、いずれも大正デモクラシーを代表するドイツ風木造建築物として建てられたもので[6]、学校建築史上、大変貴重な大型建造物として残されていた。ところが一九七〇年代に入って、旧制松本高校を受け継いだ信州大学がグランド整備等の目的で取り壊しを進めていたのである。

写真3　旧制松本高校校舎ファサード（筆者撮影）

　象徴的な校舎施設である講堂や本館の取り壊しが数カ月先に迫るなかで、熊井を含めた旧制松本高校・信大文理学部の同窓生や市民が取り壊し反対の声をあげ、当時の松本市長や信州大学学長などのキーマンと面会し、本校舎の価値や、松本に残す意味を説き、ついに理解を得て、保存に至っている。その緊迫した保存活動の様子は他書に詳しいが、現存する旧制松本高校講堂と本館は、明治時代末期に国宝松本城を守ってきた市民の力が、後世に残すべき文化財の保存と独自の歴史文化を拠り所と

（6）文化庁の国指定文化財等データベースによれば、本館は木造二階建、屋根桟瓦葺一部鉄板葺、建築面積一二七三平方メートル

したまちづくりに向けて再び結集されたものに間違いない。

旧制松本高校校舎は、二〇以上ある全国の旧制官立高校の中で、当時建てられた位置のまま、原形を残す数少ない建造物であるとともに、当時の木造学校建築物の特徴をよく示しているとされる。特に玄関正面ファサードは、二階部分のマンサード屋根[7]や、開放性を高める両側の窓の配置とその上部の意匠小屋根等、しゃれた意匠が印象的であり、そこを入ると重厚でありながら洋風の香りがある玄関ホールに続く。こうした建築史上の価値に基づき、二〇〇七（平成一九）年に国の重要文化財に指定されている。

なお、本館の一部は全国の旧制高等学校と旧制松本高等学校の資料を展示する旧制高等学校記念館として今も活用されている他、文化会館として再構成され、市民の学びの場として使われている。一方講堂は、松本ＭＩＣＥのユニークベニューとして重要な役割を演じ、筆者も二度ほどここで開催された講演会を聴講したことがある。

さらに周辺は、旧制松本高校建築時に植えられたヒマラヤスギの並木や、新たにつくられた広大な池、芝生園地等で構成される「あがたの森公園」が整備され、市民や観光客が憩い交流する場となっている。

（7）二段階勾配の屋根で、頂部の勾配が緩やかになっている。写真3参照。

「黒部の太陽」と立山黒部アルペンルート開通、大町の繁栄

熊井がメガホンをとった映画の代表作のひとつに「黒部の太陽」がある。北アルプスの山奥、黒部川の源流地帯に、電源開発を進めていた関西電力が、難工事の末に一九六三（昭和三八）年に完成にこぎつけた黒部第四ダム（通称黒四ダム）建設を題材にしたものである。三船敏郎と石原裕次郎の主演、三船プロダクションと石原プロモーションの共同制作によ

写真4　「黒部の太陽」の舞台となった関電トンネルは、観光道路となっている。2018年までは、全国でも珍しいトロリーバスが運行されていた（筆者撮影）

るもので、一九六八（昭和四三）年に公開されている。毎日新聞の連載小説が原作となっており、長野県側の工事拠点大町市とダム本体地点を結び資材供給路として重要だった関電トンネル（大町トンネル）の掘削工事において、開通を阻んだ破砕帯突破に関わる人間ドラマを描いた内容であることは、あまりにも有名である。熊井は、この人間ドラマを通じて、その舞台となった黒部の美しくも厳しい自然を描こうとしたと自著で回想している。

　この黒四ダムを最大の見せ場のひとつとする立山黒部アルペンルート[8]は、主要部が富山県にあるが、長野県側の玄関口となっているのが後立山連峰の麓、大町市扇沢である。黒四ダム完成後まもなくの一九六四（昭和三九）年八月に大町トンネルのトロリーバス[9]運行がスタートし、「黒部の太陽」の公開から遅れること三年後の一九七一（昭和四六）年には、立山黒部アルペンルートが全線完成・開業している。

　黒四ダムの創り出す自然と人工美は、大町市の経済に大きな影響を及ぼすことになる。大町側からの黒四ダムの年間利用者数は、開業直後の一九六五（昭和四〇）年八月に四〇万人だったが、高度経済成長期の観光・レジャーの受け皿として年々増加し、一九九一（平

（8）　長野県大町市扇沢駅と富山県立山町立山駅を、バス、ケーブルカー、ロープウェーで結ぶ。標高三〇〇〇メートル以上の立山、後立山連峰を貫通する我が国屈指の山岳観光ルート

（9）　トロリーバスは電車と同様に、上部の電線よりパンタグラフで集電して、電力で走行するバスのこと。二〇一九（令和元）年より電気バスに移行

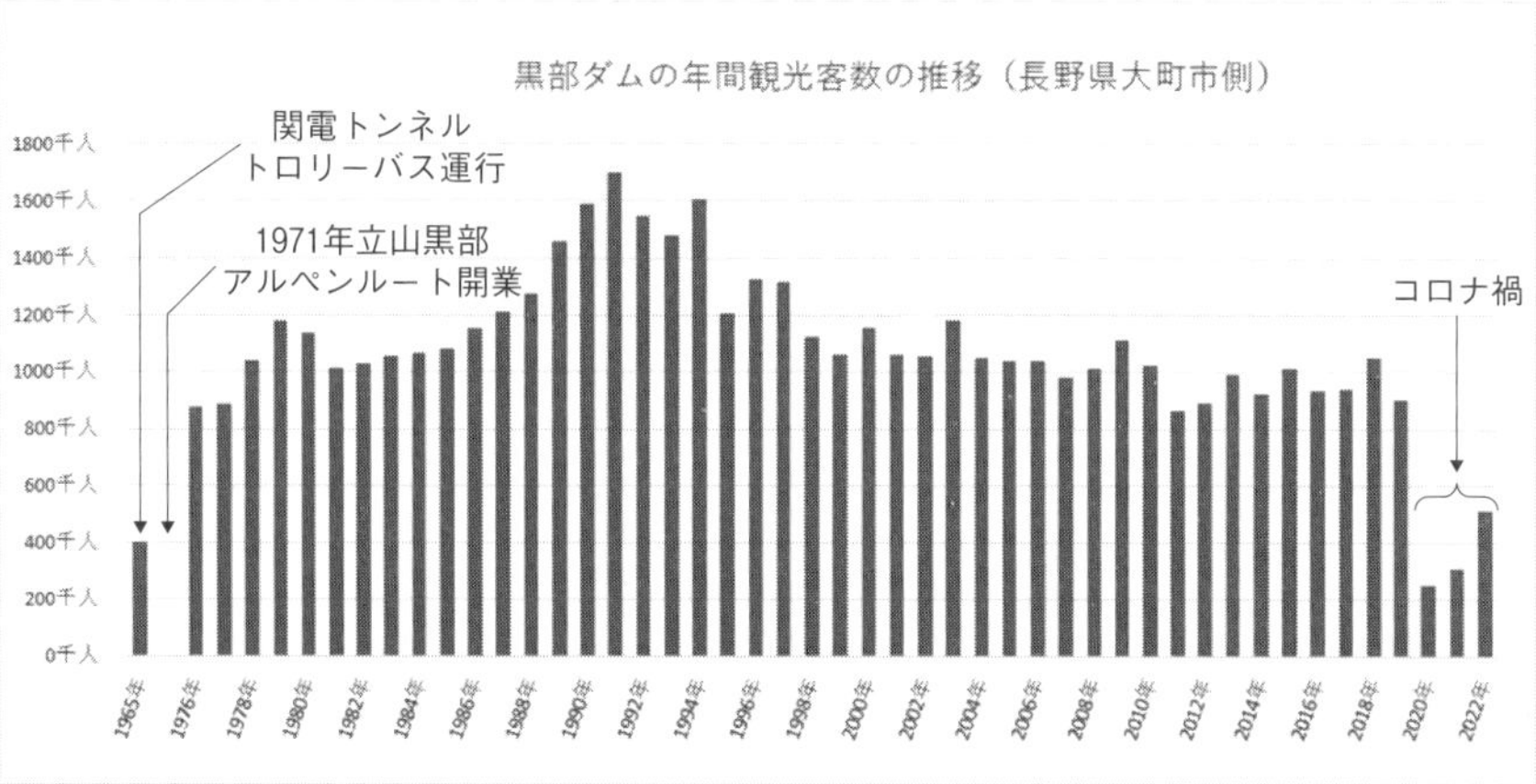

図1　長野県側からの黒四ダムの観光客数の推移（筆者作成）

写真5　当時の繁栄の面影を残す大町の町並みと、子ども流鏑馬（筆者撮影）

成三）年には一七〇万人となっている（図1）。その後、訪日外国人観光客の来訪地としても有名となっている。

黒四ダム及び電源開発工事期間中は、大町市中心部に工事事務所がおかれるなど、多くの工事関係者で商店街が潤う。こうした姿が「黒部の太陽」にも描かれていたと記憶している。また、工事が終了した後、大町トンネルの一般観光客利用開始に至っては、国鉄大糸線（現在のＪＲ）信濃大町駅に降り立った観光客の立ち寄り利用で大町市の中心部は賑わいを見せることになり、豪奢な蔵をもつ商店や洋風の建物も立ち並んだり、大規模店舗も目抜き通り近くに開業した。商店街は、大町トンネルのトロリーバス乗車券を顧客に配布するなど、大町トンネルとの共存共栄を図っていった。

この観光振興にも、大町トンネルのトロリーバス運行開始や、立山黒部アルペンルート全線開通と前後して公開され、八〇〇万人とも言われる観客動員に成功した熊井の「黒部の太陽」は、ロケ地観光の先駆けとして大きな効果を与えたと考えられる。

2　上條俊介の都市計画思想と松本への応用提案、その延長にある彫刻・レリーフ群

略歴と信州での製作

上條俊介は、一八九九（明治三二）年に長野県東筑摩郡朝日村で生まれ、「はじめに」で記したように一九一三（大正二）年松本中学校に入学し、一〇歳代を長野県中信地域で過ごしている。中学時代の俊介の関心や学問の的は、教育、政治、芸術にあてられたといわ

写真6　上條俊介氏（写真提供：ご長女伊藤喜以子様）

れている。松本中学を卒業後、早稲田大学専門部政治科で学ぶことになるが、程なく彫刻界の巨人・北村西望に出会い、大学在学中から北村に師事して彫刻家を目指して制作活動を開始している。そして早稲田大学を卒業後、信条である「己を全うすること」を大事にした俊介は本格的に製作活動にはいる。

大学卒業後の翌年には、帝国美術院展覧会に「懊悩時代」が初入選し、以後帝展に出品を続けた。一九三七（昭和一二）年からは新文展に無鑑査出品を続けるなど、戦前は東京都杉並区永福町に設けられたアトリエを制作の場とし、中央の美術展を舞台に活躍した。

終戦の年に一家で故郷信州に疎開し、その後島立村（現在の松本市）に住宅とアトリエを新築、以降このアトリエで制作を続け、八一歳で永眠されている。信州に戻ってからは、東京の権威ある展覧会を作品発表の場にすることにこだわらず、出展の場は信州美術会長野県展、中信美術会展等に求めたようで、地域を代表する作家として、県内外から制作依頼も多く、東京都内や長野県内各地に彫像やレリーフ作品が多数残されている。その作風は、ミケランジェロやロダン、師匠である北村西望への共感がうなづけるように、男性像であれば筋肉隆々で、あふれ出る力を感じるものである。ただ、筆者は俊介の彫刻の芸術的価値を論ずる能力はなく、本章では「徹底して「自然」を愛し、「風景」を賛美する自然崇拝者」であったとされる俊介の都市風景の思想と、長野県中信エリアに今も設置されている依頼彫刻やレリーフが、その場所の成り立ちや意味を顕彰し、風景に伝統や奥行きを与えていることについて論述していく。

俊介の都市美の思想・松本の都市景観の改造提案

彫刻家であった俊介は、自然と人工が作り出す造景への関心がおのずと高く、旧制松本中学時代を過ごし、終戦後はその郊外にアトリエを構えた松本市の都市景観についてたびたび考察を発表したり提言を行っている。

戦後間もない一九五〇（昭和二五）年には、松本市政ニュースに「都市美への一考察」という論考を発表している。そこではヨーロッパの都市構造が如何に人々の文化的な営みに影響を及ぼしているかという観点に基づき

・シビックセンター（都心）の拠点性
・シティクラウン（宮城・寺院・市庁舎等の高い建物が集積）の象徴性
・都市広場における賑わい・交流の形成
・公共集会場を中心としたフォーラム生活（文化的生活）の醸成
・遠近法を意識した奥行き感・立体感の景観演出
・都市の成り立ちと履歴を記憶し、継承していく装置と、それによる個性や伝統の重要性を述べている。そのうえで松本市街地の具体的な場所と対応させながら、都市計画のあるべき方向性を提言している。特に松本城や市役所エリアと、JR松本駅との中間に位置する千歳橋周辺の景観コントロールについて、看板規制等の具体的な提案を行って

写真7　上條俊介による千歳橋と背後の都市景観のスケッチ。このスケッチに基づいて、俊介の手によるレリーフが現在の橋の袂に設置されている。

いるところが興味深い。

その後、松本市市制施行五四周年を記念して公募された都市建設論文「松本市はどうあるべきか」にも「都市計画はこのように～観光・文化面への希望」と題する提案論文で応募し、最優秀賞となる地賞を受賞している。ここでは、松本市を「ローカル色豊かに、しかも文化の香り高い国際的な性格をもった都市」とその価値を評価したうえで、特に女鳥羽川の河川浄化や千歳橋の周辺の広場整備、サイン等の色彩コントロールについて、紙幅をとって提案をおこなっている。

俊介は、一九六八（昭和四三）年一一～一二月にかけての三七日間、「美術研究旅行」でエジプト・カイロからヨーロッパ諸都市を訪れているが、その時の日記には、これらの都市の構造の象徴性、壁画やレリーフ等の芸術性とそれらが醸し出す都市の個性や魅力がいかに印象的だったかを記している。自身が提案した、松本の都市美を確認し、その実現を祈るような旅であっただろう。

なお、千歳橋から眺める松本の都市景観や、縄手通りに続く一帯の空間整備についてはとりわけ思い入れが強かったようだ。残されたスケッチ付き手記においても、女鳥羽川を視軸として歴史的建造物や美ヶ原等の山並みを景観対象とするビスタ景観の重要性、それ

写真8　松本市の中枢的な場所性を尊重して整備された、千歳橋の橋上広場（筆者撮影）

を阻害する公共建築等の具体的な問題を指摘している。俊介だけでなく、松本市民の思いが結実して、千歳橋は現在歩道部分が大幅に拡幅されるなど、歩行者を主役とする橋上広場として整備され、観光客にとっても市民にとってもガク都松本を象徴する場所となっている。

なお千歳橋の右岸・東側の袂（たもと）には、俊介が自ら描き制作した、かつての千歳橋と松本の都市景観のレリーフが設置されている。こうした都市の履歴、その場所の記憶を残し、後世に伝えていく装置の必要性を、俊介は前述した「都市美への一考察」で主張してきたわけで、彼自身の作品がまさにその実現に重要な役割を演じている。

場所の成り立ちや履歴を顕彰し続ける観光地の彫刻やレリーフ

松本市中心部の千歳橋に設置されたレリーフ以外にも、松本市周辺の観光地や市民の憩いの空間で、その場所の観光地化の歩みや歴史を伝えたり、文化の香りを高めるために俊介の手により制作され、設置されている作品は数多い。

その代表的な作品は、晩年の俊介が、着想から完成まで一〇年あまりをかけたと言われる播隆上人像である。播隆は、苦労の末に北アルプスの盟主・槍ヶ岳の開山に成功した僧

写真9　JR松本駅前 播隆上人彫像（筆者撮影）

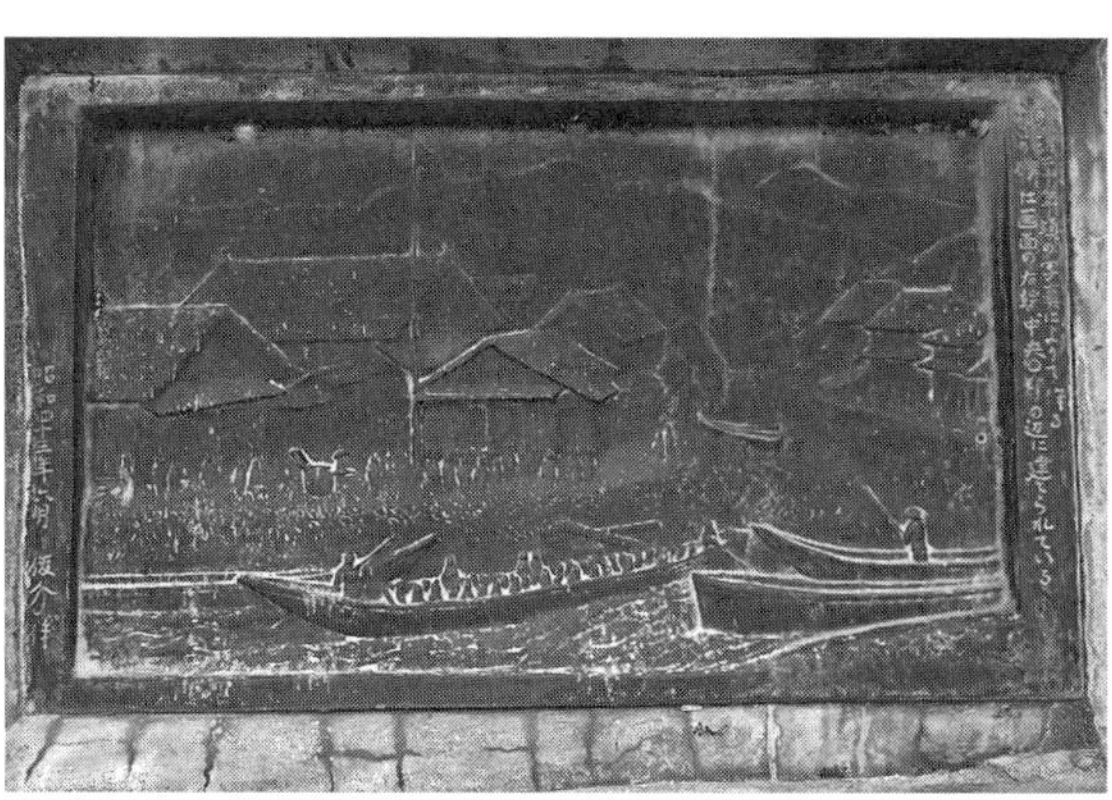

写真11　犀川通船記念碑レリーフ（筆者撮影）

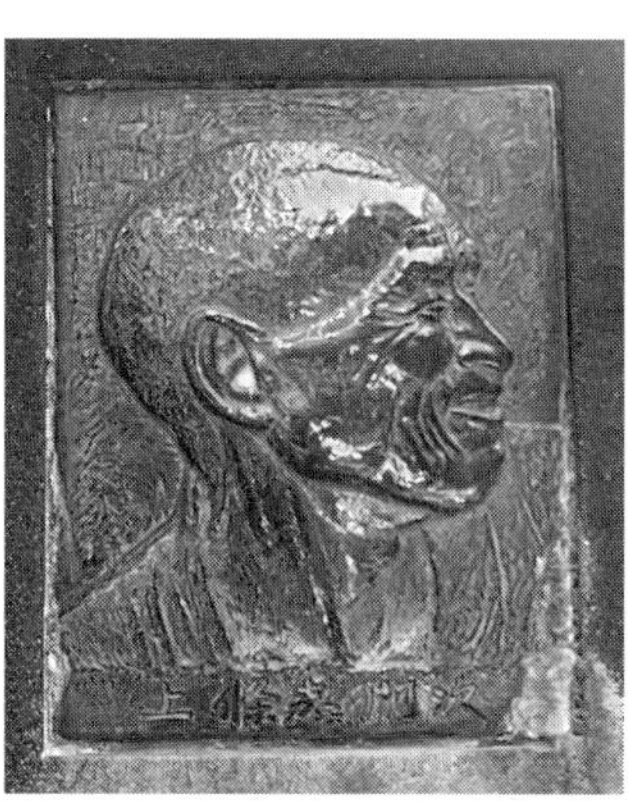

写真10　上高地明神池　上條嘉門次記念碑写真（筆者撮影）

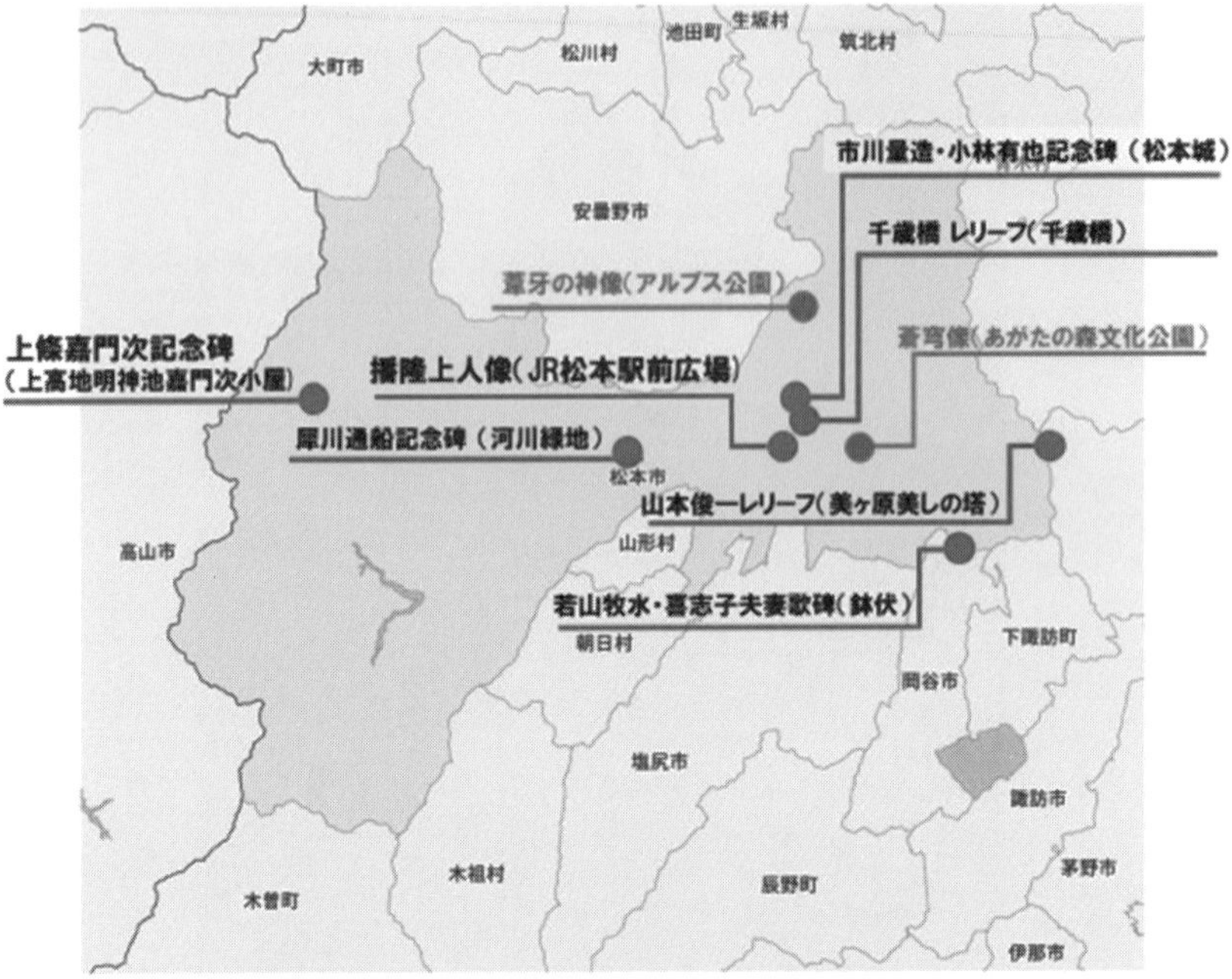

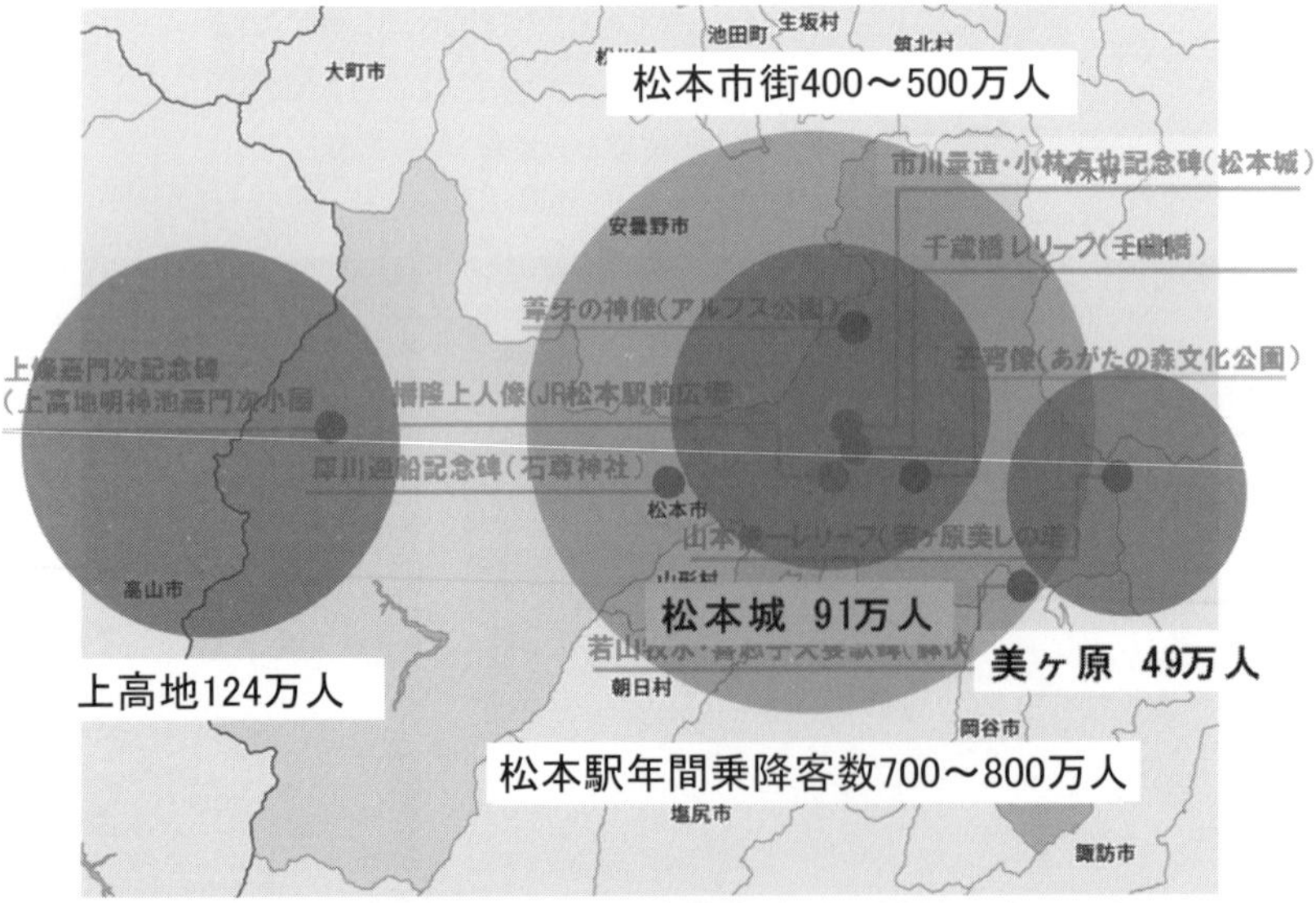

年間観光客数は、長野県観光地利用者統計データ（令和元年2019年）
松本駅の年間乗降客数は、2022年の１日当たり乗降客数2.2万人より推計

図2　松本の観光地・憩いの場における俊介作品とその観光客数（筆者作成）

であるが、その像は現在、松本駅の駅前広場にある。ここを起点に北アルプスに赴く登山客を優しく見送っているが、そのまなざしは俊介本人をうつしたように、自然や永遠に向けられているようだ。

その他、観光地や風景の履歴を顕彰し、文化的な場所としての価値づけに一役も二役もかっている主な作品をあげると次のようになる。驚くことに松本の主要な観光対象に必ずと言っていいほど登場しているのである。

・松本城公園　市川量造・小林有也記念碑：明治期に破却、破損の危機から松本城を救い、貴重な文化財として保存する基礎をつくった両名を顕彰し、保存活動の履歴を伝える。

・上高地明神池畔　上條嘉門次記念碑：北アルプスの杣人で、日本アルプスの魅力を海外に伝えたW・ウェストンの道案内を行うなど、初期の山ガイドとして活躍した上條嘉門次を顕彰する。北アルプス開山の履歴を伝える。

・美ヶ原美しの塔　山本俊一レリーフ：美ヶ原の登山道整備や山小屋の開業を行う等、その観光化に尽力した山本を顕彰し、開発の履歴を伝える。

・女鳥羽川緑地　犀川通船記念碑：江戸時代～明治時代の輸送を支えた、犀川の水運の歴史を伝える。

・その他、アルプス公園やあがたの森公園には、俊介の手による彫像が設置されている。あがたの森公園には、熊井が保存に尽力した旧制松本高校校舎が活用保存されていることは前述したとおりで、その功績を讃えるかのように「蒼穹像」が天をついている。

写真12　朝日村にある上條俊介記念館
（写真提供：長野県朝日村）

俊介の生まれた東筑摩郡朝日村には、俊介の作品を納め、研究する朝日美術館（上條俊介記念館）がある。前述した作品とともに、是非訪れてほしい場所である。

〔参考文献〕

熊井啓『私の信州物語』岩波現代文庫、二〇一〇年
熊井啓『映画を愛する』近代文芸社、一九九七年
赤羽康男・編集市民タイムス『熊井啓への旅』郷土出版社、二〇一〇年
長野県観光部「長野県観光地利用者統計調査結果昭和五〇年版～最新版」
石沢清『北アルプス大町ものがたり』信濃路、一九七五年
熊谷圭介他ラック計画研究所「安曇野北部地域振興計画策定調査報告書」中部産業活性化センター、二〇〇四年
上條俊介「都市美への一考察」松本市政ニュースNO五一、一九五〇年
上條俊介「都市計画はこのように～観光・文化面への希望～」松本市市制記念論文、一九六一年
朝日村教育委員会・朝日美術館『線と彫刻 上條俊介の生涯』朝日村、二〇〇八年
仁科惇「深志人物誌Ⅱ（三九九～四一五頁）上條俊介」深志同窓会、一九九六年
熊谷圭介「上條俊介の松本の都市景観像と関連作品群」朝日村美術館開館二十周年記念講演資料
郷土出版社編集部『長野県美術全集第九巻　近代彫刻一〇〇年の系譜』郷土出版社、一九九三年
郷土出版社刊行委員会編『松本の美術十三人集』郷土出版社、一九八二年
グレイトメッセージ郷土の礎を築いた人々・上條俊介、テレビ松本、二〇一七年九月放映
上條耿之介氏（俊介長男）が整理・まとめられた上條俊介の手記等に関する資料集

第6部

テクノロジーと文化
——大学的長野の文化ガイド

コンピュータグラフィックスと文化財復元——田中法博

はじめに

長野県は、日本の歴史や文化において非常に重要な役割を果たしてきた。この地域には、多くの歴史的な文化財が点在しており、それらは長野県の地域文化や歴史と深く結びついている。例えば、松本城や善光寺などの歴史的建造物は、日本の戦国時代や江戸時代の生活や信仰を感じさせるものである。また、縄文時代からの遺跡や伝統工芸品も豊富で、これらは長野県の人々の暮らしや技術の進化を示している。

こうした地域の歴史や文化を理解し、次世代に伝えていくことは非常に重要である。文化財は単なる過去の遺物ではなく、現代の我々に多くの教訓や感動を与えてくれるものである。地域に存在するそれぞれの文化財には、作られた背景や時代の人々の思いが込められている。それを知ることで、我々は歴史の一部となり、過去と現在をつなぐ架け橋となることができる。

また、文化財を保護し、その価値を認識することで、地域のアイデンティティを強化し、観光資源としても活用することができる。これにより、地域経済の活性化や、地域コミュニティの絆を深めることにもつながる。

したがって、長野県の豊かな歴史的文化財を広く知らせ、理解を深めることは、地域の文化的遺産を守り、次世代へと引き継ぐために欠かせない活動である。そしてその活動を通じて、我々は過去から学び、未来に向けて新たな価値を創造することができるのである。

1　地域文化の時代の証人としての日本の城とその課題

地域には独特の文化があり、その地域に存在する文化財は、学術的に重要というだけでなく、その地域のアイデンティティのルーツを示すシンボリックな存在となっていることが多い。たとえば、その地域に存在していた城は、歴史上の人物や関連するできごとなどとも結びつくことからも重要な位置づけになっている。ここで「存在していた」と過去形で記載したのは、多くの日本の古い城は既に現存しない場合が多いからである[1][2]。

歴史的に日本の各地の城は非常に厳しい状況におかれていた。戦国時代には各地の大名や国衆が戦や自身の権威を示すために多くの築城を行った。しかし、戦国時代が終わり江戸時代に入ったとき、徳川幕府は地方の大名が幕府に謀反を起こさないように様々な手立てを行った。その中で、地方の大名などが住む城は厳しく監視され、城が破損した場合でも幕府の許可なく城を修理することができなかった。そのため、火事や災害等で城郭が破損しても幕府からの制約によって修復ができない状態のままになることが多かった。さらには明治期に入ったときには、明治政府は、城を維持するための財政的な理由や各地で反乱が起きたときに城が要塞となることを恐れ、一八七三（明治六）年一月一四日に「全国城郭存廃ノ処分並兵営地等撰定方」（廃城令と呼ばれる）を通達した[3]。このため日本の城の多くは取り壊され、城郭が既に現存しておらず当時の姿を留めていないことが多い。

また、日本の多くの城は、当時の資料が十分に残っていないことが多いことも問題とされており、城の当時の状況について誰も詳細を知る者がいないという状況になっている。最近になって、これらの課題を解決する上で、デジタルアーカイブと復元技術が重要な役割を果たしている。

2　文化財のデジタルアーカイブと既に失われた文化財のデジタル復元

古城に限らず歴史的な文化財の多くは災害、戦争、事故、犯罪などで失われ続けていることが大きな課題となっており、それらをデジタルデータとして記録して後世に残すためにデジタルアーカイブしていく取り組みが行われている[4]。しかしながら、そもそもデジタルアーカイブは、現存する文化財の現状を記録することが目的であるが、既に失われてしまった文化財のデジタルアーカイブは極めて困難である[1]。

その中でデジタルアーカイブをさらに発展させ、既に失われた文化財を三次元コンピュータグラフィックス（3DCG）などの最新のデジタル技術を用いて、デジタル復元しようとする取り組みが行われている[6]。そういった背景から日本の古い城を3DCGで復元しようという取り組みが全国各地で行われている。

しかしながら、先ほど述べたように日本の城は当時の資料が残っていないことが多いことから、正確な城郭の3DCG復元が極めて困難な状況にある。

3　長野県小諸市の小諸城の3DCG復元

小諸城とは

長野県には歴史的に有名な城が多く存在する。上田市にある歴史小説やテレビドラマなどで有名になった真田幸村（信繁）や真田正幸らの上田城は有名であるが、長野市の松代城、松本市にある松本城、そして、小諸市にある小諸城などがある。長野県の城についても、上田城、松本城、小諸城等の3DCG復元の取り組みが行われている。

この中で筆者らは、長野県小諸市の小諸城に着目して城郭の3DCG復元に取り組んでいる。小諸城は多くの特徴を持つ城である。歴史的に最も有名なところでは、第二次上田合戦において、徳川秀忠が真田攻めのための拠点にした城として知られている。

小諸城は一五五四年に築城されたとされているが、現在では、その姿が失われた文化財の一つとなっている。小諸城は現在では石垣と一部の門のみを残し、その城郭のほとんどが失われている。たとえば、天守閣は落雷による火事で焼失しており、また、三之門は現在では修復されているが一七〇〇年代に洪水で流された経緯等がある。この中で、大手門や三之門は重要文化財指定されており、明治以降何度か実物が復元されている。これらの門は復元されたものではあるが、建材自体はほとんどが当時のものが用いられている。

小諸城の3DCG復元に向けた「地域」と「若者」との取り組み

小諸城の文化財としての最大の特徴の一つは、膨大な量の古文書や絵図が残っている全国的に珍しい城であることである[1][2][5]。他の日本の古城の映像復元が難しい理由は、実物が残っていないことに加えて、当時の詳細な資料が消失しており、当時の状況を知るすべがないことである。

そのため、現在多くの地域の古城を3DCGで復元する取り組みがなされているが、失われた古い城を映像復元する場合には詳細な資料等が残っていないため、詳細がわからないまま想像図として表現するしかないという問題がある。つまり、厳密にいえば、それらの3DCG復元された城郭の映像は史実に基づいていない可能性がある。

しかしながら、小諸城の場合は多くの詳細な古文書や絵図などの歴史資料があり、また、一般財団法人小諸城址懐古園の代表理事である牧野和人氏を中心に小諸藩士の末裔の人々が、地域の宝として小諸城の歴史や文化を研究し、様々な活動を通して後世に残していこうと努力する取り組みをしている。また、自治体である小諸市は、小諸市教育委員会を中心に小諸城の歴史的な情報を保存し、小諸城の保全に取り組んでいる。

長野大学の企業情報学部は、筆者と同学部の望月宏祐准教授でユニットを組み、この二つの研究室でこの小諸城の城郭の3DCG復元の取り組みを行っている。これまでの全国の多くの城の3DCG復元の取り組みの多くは継続性がなく、一回限りの取り組みで終わってしまうことが課題であった。それに対して、二〇一七年から二〇一九年には、小諸フィルムコミッション、小諸市、長野大学の三者が包括連携協定を結び小諸城の3DCG復元の活動などを中心に産学官連携で小諸城に関する研究が進められた。

このとき、地域の文化に関わる取り組みは、成果物としての城郭の復元3DCGだけでなく、活動自体が重要であることを認識する必要がある。地域の文化の維持は、それに関わっている人々の生きた活動自体に価値がある点を忘れてはならない。小諸城の歴史を維持していこうと頑張っている人々の活動は、後世につなげていかなければならないが、その活動が途絶えてしまっては意味がない。従来の城の3DCG復元に関する活動は一回限りの取り組みになることが多く、その継続性に課題があった[1]。

長野大学企業情報学部の取り組みは、学生が地域の人々と関わりながら、常に小諸城の歴史文化に関する調査研究を続け、そして、自分たちが開発するソフトウェアや復元CGをアップデートし続けていくことで、生きた形で小諸城の3DCG復元が継続していくのである。

4　全国的に珍しい特徴を持つ小諸城

小諸城が持つ大きな特徴としては、先にも述べた通り、膨大な量の古文書や絵図が残っていることである。このことで史実に基づいた城郭の精密な3DCG復元が可能である。それに加えて、小諸城は、他の城にはない多くの興味深い点がある。たとえば、小諸城は「穴城」と呼ばれる珍しい形になっている。穴城というのは、通常、城では城主がいる本丸が地形的に一番高いところにあり、正門が一番下にある。現在の小諸城址（懐古園）や小諸市街地の地形や構造からもわかる通り、武家や一般民衆は地形上、城よりも高いところに住んでいた。

小諸城が、このような「穴城」のスタイルを採用したのは、小諸城の位置する千曲川の断崖が天然の要塞となり、敵の侵入を防ぐ上で効果的な地形をしていたからである。

5　小諸城の3DCG復元

筆者らは、小諸城の城郭を古文書と計測データに基づいてデジタルアーカイブしてきた［1］［5］。ここでは3DCG技術に基づいたデジタルアーカイブデータでは、貴重な重要文化財を自由な時に自由な視点で鑑賞できるようになった［5］。このデジタルアーカイブ技術では、建造物の外観を自由に鑑賞できるだけでなく、歴史上の当事者の視点から没入空間として、その建造物内部を鑑賞することが可能となる［5］。

筆者らの取り組みでは城郭のCG化と同時に古文書や絵図といった歴史資料のデジタルアーカイブも同時に行った。このことによって小諸城の3DCG復元は、歴史資料である古文書・絵図をセットでデジタルアーカイブすることで、高精度な復元CGに加えて、歴史資料によるエビデンスを併せて記録することが可能となった。また、古文書のような歴史資料のみでは城郭の姿を直感的に認識することが難しいが、3DCG復元することで誰もが視覚的にわかりやすい形で当時の城郭の姿を直接的に視認することができる。また、古文書や絵図が同時に記録されることで、後の歴史文化研究の素材としても、城郭の復元CGや資料に基づいて、史実に基づいた検証が可能である。

このように城を3DCGで復元することで、当時の小諸城の様子や歴史資料で言及されている知見を視覚的にわかりやすく示すことが可能となる。実際に復元したCGを活用して、その城の中での生活の様子を鑑賞者自身が仮想体験できる。このことから当時の城内の生活が臨場感を持って体験できるのである。特に、現在では、単にディスプレイ上にCGを表示するだけでなく、仮想現実（VR）や複合現実（MR）というCG空間内に没入できる技術が登場してきており、3Dヘッドマウントディスプレイ（HMD）などのデバイスを使用して鑑賞者が、復元されたCG空間内に入り込んで（没入して）鑑賞できるシステムが登場してきている。当時の人々の生活を追体験するためには、このような没入空間での体験も有効となる。

6　古文書や絵図のアーカイブ

小諸城の3DCG復元と言えば、ITを用いた目新しい3DCG技術ばかりに目が行きがちになるが、筆者らの活動は、学生たちの力で当時の詳細な歴史資料に基づいて地道に城郭の様々な情報を獲得していることが特徴的な点である[6]。本プロジェクトでは、牧野氏らの支援に加えて、小諸市や小諸市教育委員会の協力の下に進められている。特に小諸市教育委員会が保管する小諸城や城下町に関する膨大な量の古文書・絵図が活用できる点は、小諸城の3DCG復元の取り組みの特徴的な点である。このように小諸城の絵図には、城郭の見取り図や立面図が膨大かつ詳細に記されているため、当時の建造物の寸法や構造などの詳細が把握できる。また、建造物の各所に使われている材質などの情報も併せて細かく記されている。このような小諸城の古文書や絵図は、小諸市教育委員会で一一〇点以上が良い状態で保管されている。これらの絵図は、一七五三（宝暦三）年に甲羅門葉大匠棟梁石倉芳隣《いしくらほうりん》によって作成された小諸城の図面である（山東二〇一七）。山東によれば、この絵図では小諸城の城郭の立面図が正確な寸法で記載されている。これらの絵図は現在の印刷物のような規格に基づいた用紙ではなく、様々な大きさ、形状になっている。図1は小諸城本丸とその周辺の間取りの全体図である。この全体図は、その大きさが四四五一×三九一二㎜となっており、かつ、記された紙の形が本丸の地形の形となっている。この他にも図2のように複数の紙が建造物の構造がわかりやすくなるように、立体的に重ねて貼られていて、その紙をめくっていくことで城郭の外観から内部に向けて切り替えながら表現できるようになっている。

さらに古文書では、城の見取り図のみではなく石倉芳隣によって城郭の建築をする大工への工法に関する技術指導書も残されていた（図3）。

こういった古文書や絵図は別途画像計測によりデジタルアーカイブする。古文書や絵図を高精細な画像情報として撮影し、記録した。記録された古文書は、高精細な画像データとして記載されているので、目視できないほどの微細な情報もコンピュータによって読み取り分析することができる。このとき高解像度のカメラを用いるだけでなく、古文書を部

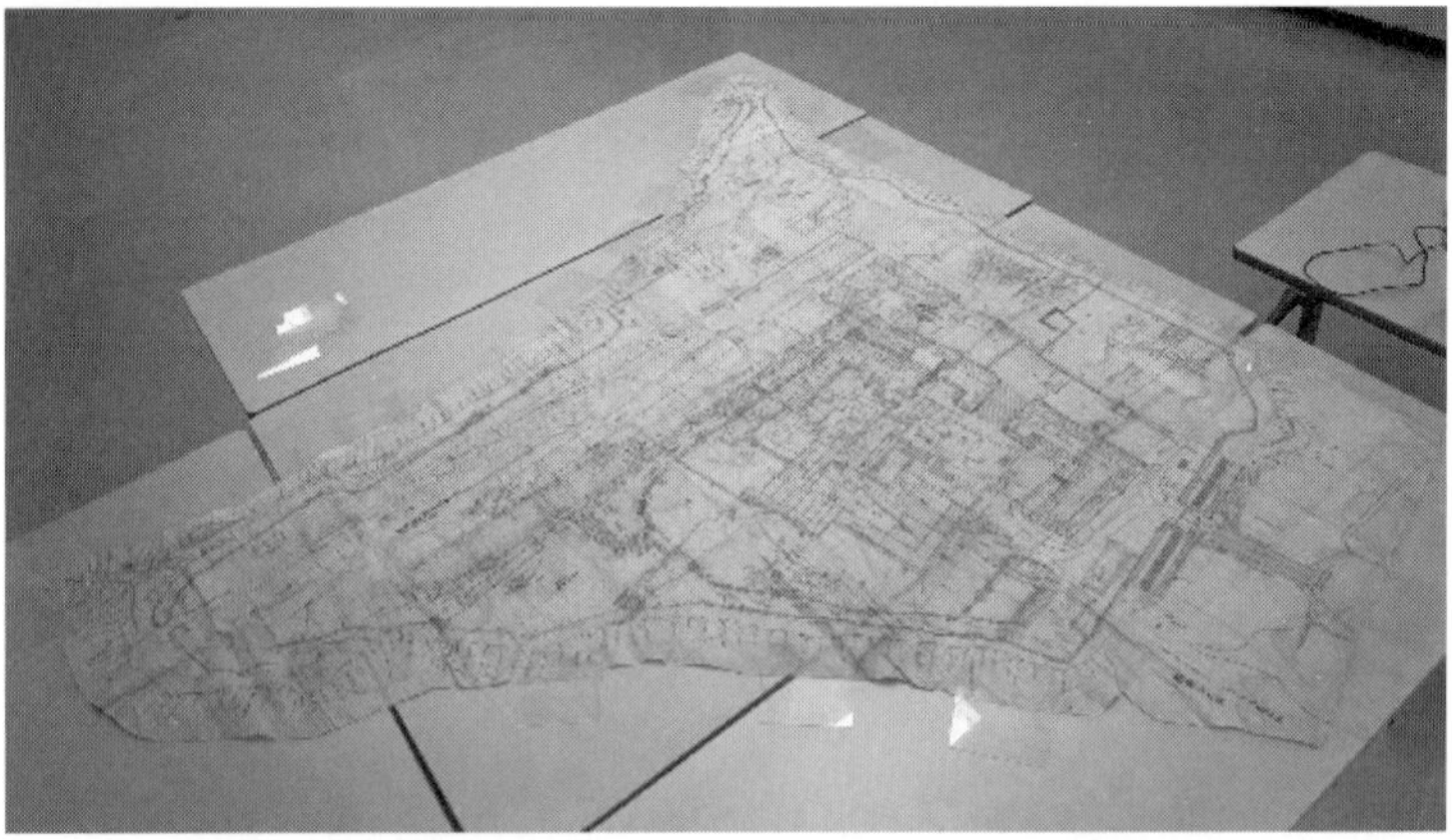

図1　小諸城郭絵図　本丸（資料提供：小諸市教育委員会）

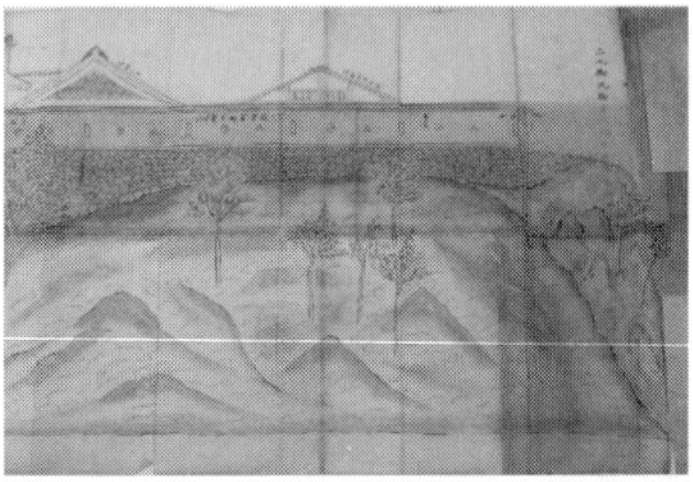

図2　立体的に工夫をして構成された絵図　重なって貼り付けている紙を捲ることで外部と内部の構造がわかるようになっている（資料提供：小諸市教育委員会）

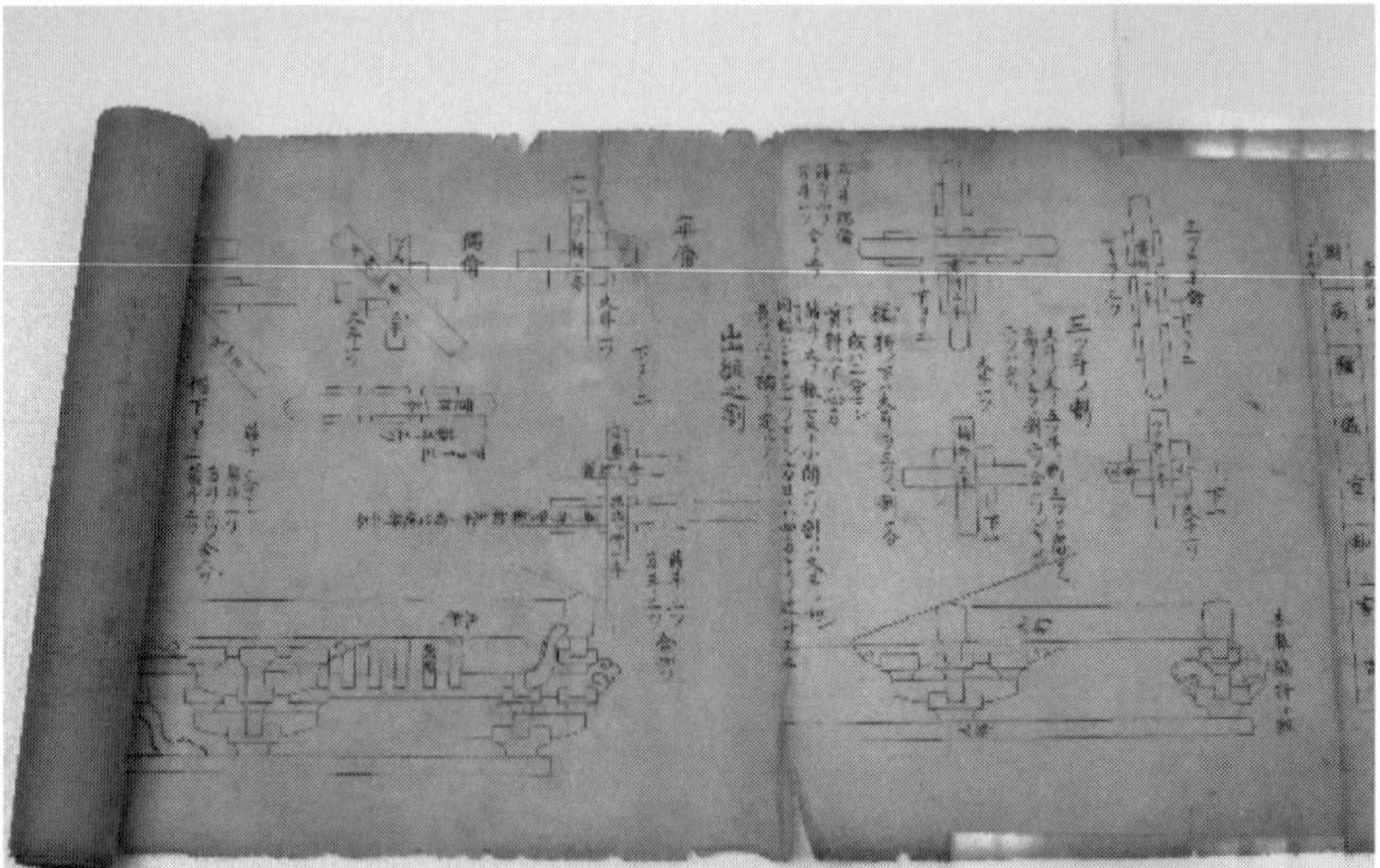

図3　江戸期に石倉芳隣によって作成された技術指導書（資料提供：小諸市教育委員会）

分ごとに拡大して撮影し複数の画像を合成することで、カメラの持つ解像度以上の画素数で計測を行った。このように記録された古文書の情報からは、寸法や形状に加えて材質情報も獲得できた。

古文書から城郭の三次元モデルの作成

古文書や絵図は、小諸城の城郭について詳細が記載されている。特に建造物の間取り、寸法、形状が、それぞれ詳細に分けて記載されている。この絵図からは間取り情報により、建造物そのものの形状や部屋内外の配置（間取り）の情報を獲得する。そして、立面図からは詳細な寸法や形状を獲得して、建造物の三次元モデルを構築する。

図4（左）は、絵図の情報をデジタル化し、そこから三次元形状情報を取得している過程を示し、図4（右）は、そこから得られた情報に対して、材質情報や形状情報との対応を確認している[5]。これらの情報を統合して、小諸城の城郭全体の3DCGを完成させていく（図5）。この図のように、小諸城のベースとなる地形上に小諸城の三次元モデルを配置しながら、小諸城全体を復元する。

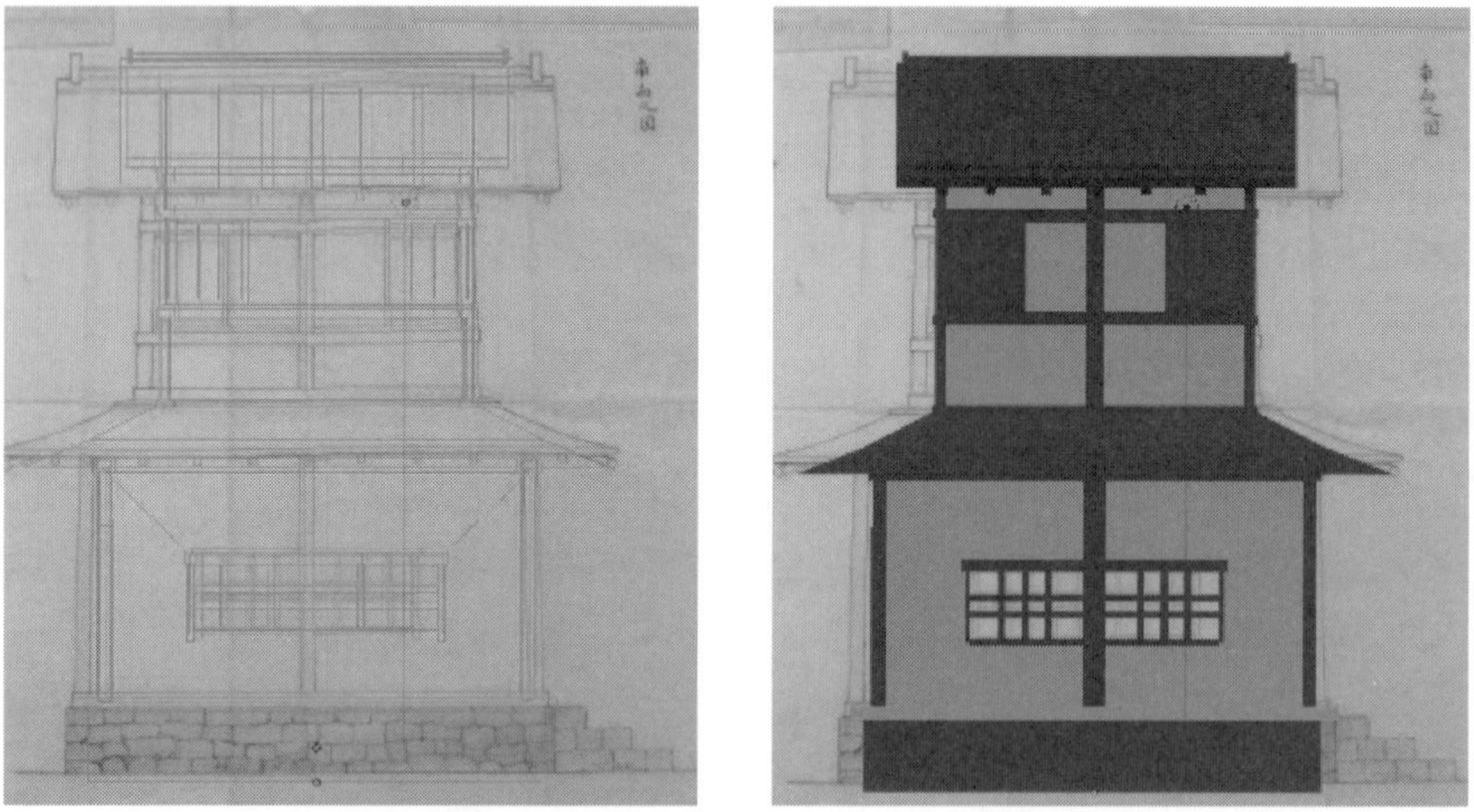

図4　絵図録から形状情報を獲得し、3次元データ化（左：ワイヤーフレーム、右：色情報、小諸市教育委員会から提供された資料に筆者らが作成したデジタルデータを合成）

図5　情報を統合して、小諸城の城郭全体の3DCGを構築（文献［5］より引用）

7　小諸城の建材の質感再現

城郭を構成する材質の計測

まず、小諸城の城郭を構成する材質は、石倉芳隣が作成した技術指導書（図3）などに基づいて材質設定する。しかしながら、資料のみからは城郭の細部の色や質感の情報を知ることができない。城郭の3DCG復元においては、現存する建材などを現地で直接計測する方法をとった[7]。小諸市には、「北国街道ほんまち町屋館」といった小諸城の城郭を構成していた建材が保管されているところが至る所にある。これらの建材を地道に調査し、当時の城郭を構成する建材を直接計測することで、当時の小諸城の城郭の質感を3DCG再現する。特に、現存する小諸城の大手門や三之門は明治期以降何度か修復されて現在に至っているが、修復時には過去の建材の多くが再利用されたものである。これらの建材を画像計測に基づいて計測している。

図6は、長野大学の望月宏祐准教授らによって3DCG再現された小諸城の大手門である[1]。さらに、図7と図8は、同様に長野大学の望月らによって3DCG再現された小諸城二の丸である[1]。小諸城の二の丸は、徳川秀忠が第二次上田合戦で真田攻めをしたときに陣を張った場所として歴史的にも重要な城郭である。この二の丸は既に現存していないため、小諸城の古文書と絵図の情報から再現している。ここでは城の間取りも含めて、3DCG再現できていることがわかる。このことから、当時の小諸城の外観だけでなく、

図6　小諸城の大手門の3DCG再現結果（文献［1］）

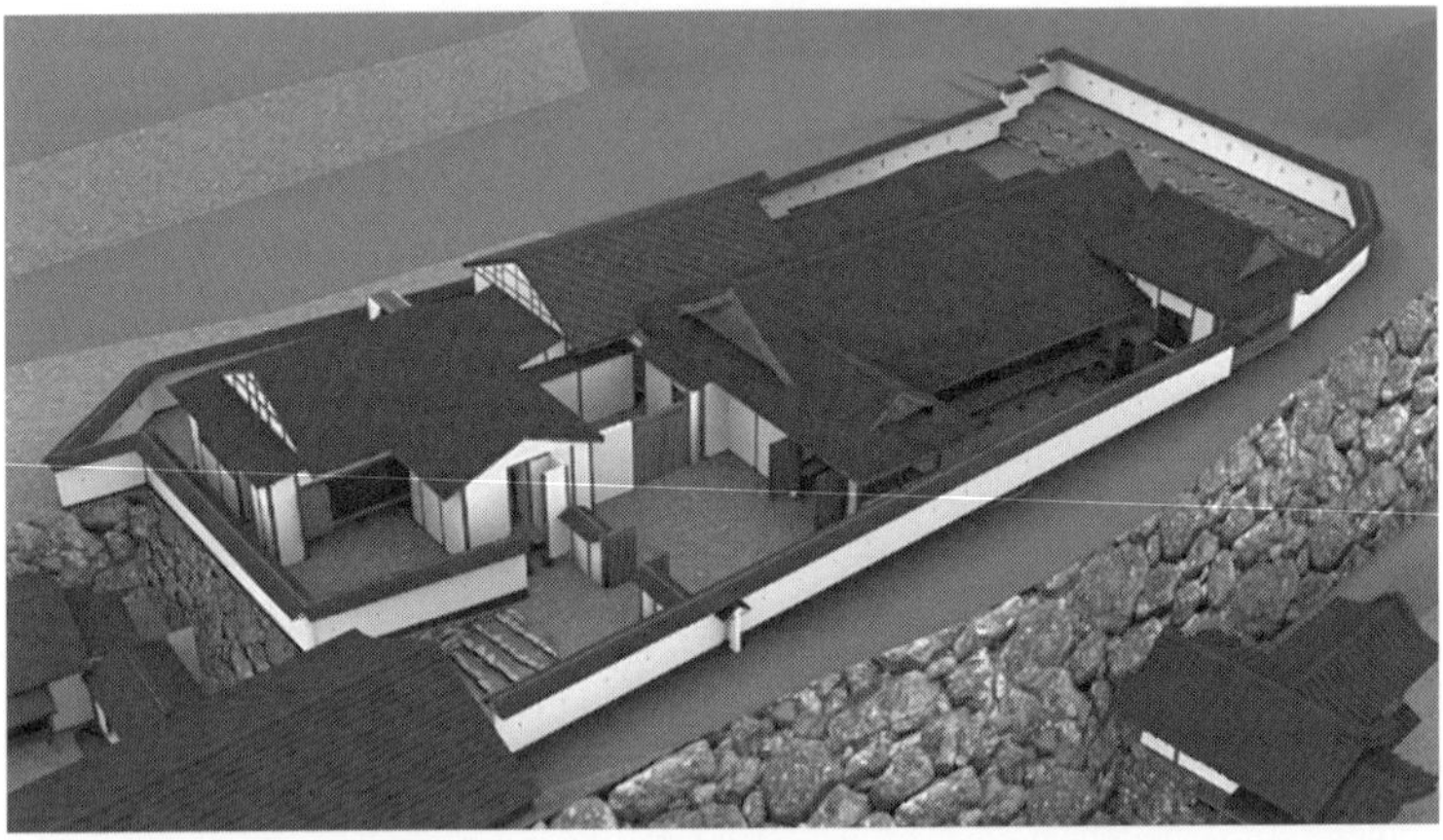

図7　小諸城　二の丸の外観の3DCG再現結果（文献［1］）

図8　小諸城　二の丸の間取りの再現結果（文献［1］）

図9　3Dヘッドマウントディスプレイで CG を鑑賞している様子（文献[5]）

場内の部屋の様子なども三次元的に見ることが可能となる。

VRやMR技術を用いた小諸城の3DCG映像の生成

小諸城の当時の様子は、VRシステムといった没入空間システムで鑑賞できるようにした。このことから、実際に当時の小諸城内に当事者として入り込んで小諸城を見ることができる。つまり、当時の人と同じ視点で場内を歩き回ったり、城の内部を見て回ったりすることが可能である。

VRシステムは、図9に示すようにヘッドマウントディスプレイ（HMD）を装着し、自分の顔の動きに合わせて表示される映像の向きや位置が変化する。このことから、あたかも自分自身が小諸城内にいて、周囲を見渡している状況を体験することができる。

MR技術については、現在研究を進めているところで、将来的には小諸城址懐古園の実写映像に復元した3DCGを合成することが可能となる。

おわりに

本章では、長野県小諸市にある小諸城に焦点をあて、地域には独特の文化があり、その地域に存在する文化財が、その地域のアイデンティティのルーツを示すシンボリックな存在となっていることを示した。

その地域に存在していた城は重要な位置づけになっている。歴史的に日本の各地の城は、過去から現在において非常に厳しい状況におかれており、そのデジタル復元の重要性を示した。

特に日本の多くの城は、当時の資料が十分に残っていないことが多いことも問題とされており、城の当時の状況について誰も詳細を知る者がいないという状況になっている。その中で、小諸城は、その歴史的資料が豊富に残っている全国的にも珍しい城である。筆者らは、その資料を有効に活用し、小諸城を3DCG復元することができた。筆者らの活動は、単に過去の文化財を3DCG復元することに留まらず、地域との息の長い連携活動のよりどころとなっていることも示すことができた。この活動は、長野県の地域の文化を守るという活動と最先端のITを融合させた取り組みとして、今後も継続していきたい。

〔謝辞〕
本稿で使用した小諸城のCGデータなどは、共同研究をしている長野大学望月宏祐研究室から提供を受けたものです。また、小諸城のＣＧ作成において一般財団法人小諸城址懐古園の牧野和人代表理事をはじめ小諸市の方々から全面的な協力をいただきました。小諸城の古文書や絵図は小諸市教育委員会が所蔵しているものを計測させていただきました。ここに深謝いたします。

〔参考文献〕

［1］望月宏祐、田中法博：歴史調査に基づく歴史文化財の３ＤＣＧ再現、色彩学特集「色彩科学と情報技術の融合による文化財研究」Vol.3、No.1、二一—二六頁、二〇二四年

［2］山東丈洋：地域に残る古文書・古記録について、日本デザイン学会誌「デザイン学研究特集号」Vol.24-3、No.96、二〇一七年

［3］太政類典・第二編・明治四年～明治十年・第二百十四巻・兵制十三・鎮台及諸庁制置四、国立公文書館、一八七一（明治四）年—一八七七（明治一〇）年

［4］池内克史、倉爪亮、西野恒、佐川立昌、大石岳史、高瀬裕：The Great Buddha Project —大規模文化遺産のデジタルコンテンツ化—、「日本バーチャルリアリティ学会論文誌」Vol.7、No.1、一〇三—一一三頁、二〇〇二年

［5］田中法博、櫻井千寛：古文書と計測データに基づいた小諸城のＣＧ復元、日本デザイン学会誌「デザイン学研究特集号」Vol.24-3、三〇—三七頁、二〇一七年

［6］櫻井千寛、田中法博、望月宏祐：地域の若者による小諸城ＣＧ復元プロジェクト、日本デザイン学会誌「デザイン学研究特集号」Vol.24-3、二四—二九頁、二〇一七年

［7］田中法博、望月宏祐、禹在勇：物体表面の反射特性と分光反射モデルに基づいたリアルタイムレンダリング手法、「日本感性工学会論文誌」Vol.9、No.2、三一一—三二一頁、二〇一〇年

地域デジタルコモンズによる地域づくり・地域学習支援

前川道博

はじめに

社会のデジタル化が進展し、インターネット上の諸サービスは著しく向上しつつある。誰もが参加できるサービスも数多い。とりわけＳＮＳや動画配信サービスなどを使って日頃から情報を発信している人が数多いことは今さらここで言及するまでもない。

その一方、それぞれの地域の情報がどこにあるのか、誰が発信しているのか、どこまでふり返れるのか、いつまで残せるのか、などの疑問が直ちに浮かぶ。より重要なことは、私たちが地域づくり活動や学習活動、さらには趣味活動などの個人的探究（生涯学習）に本当に役立っているのだろうかという疑問である。

お互いの情報共有がアクティブな地域の活動や情報共有サイトは数多く存在していても、それらは仲間内に閉じていたり、ことローカルな地域、例えば小学校区の地域などに対象を限定すると、地元に関する情報リソースは未だにネット上にほぼ存在していないケースが依然として多い状況にも気づく。

現代においては知識消費型社会（マスコミュニケーション型社会）から知識循環型社会への大きなパラダイムシフトが起きつつあり、そうした現象や疑問が起きることは、今まさにその転換期にあるからであるとも言える。私たちは生まれた時からマスコミュニケーション型の一方的な情報授受、講義などのような一方的な知識の授受を当たり前のものとして受容してきた。教育とは教科書で教え学ぶもの、という規範が、インターネットが普及した今日においてもなお社会では堅牢である。知識＝書籍、情報＝文書という信仰も根強い。未だに文書館（アーカイブズ）は紙媒体の史資料が主な保存対象である。同様に博物館、図書館等の施設、大学等の学術教育機関、学校、行政、企業などは物理的な施設として存在している。私たちはそれらの施設を利用しようとすれば、そこまで物理的な距離を越え、また時間をかけて足を運び、開館時間のような厳しい時間的制約を受けて利用しなければならなかった。二〇二〇年初頭から世界中にコロナ禍が蔓延し、学校や会社が閉鎖されて通学・通勤ができなくなっただけでなく、図書館・博物館等も閉鎖されて全く入館することができなかったこと、それにより学ぶことが阻まれたことは記憶に新しい。

1　知識循環型社会へのシフト

そうした社会の物理的環境、マスコミュニケーション型メディアは社会に深く根付いていたために、私たちの社会や人々の意識は否応なしにその影響を強く受けてきた。その限界を超克する切り札がまさにデジタルメディア、インターネットである。

「地域デジタルコモンズ」は、デジタル化が一層進行するこれからの社会において、人それぞれが地域づくりや学習活動などを包摂的に支援し、それまで実現には限界があった学習、知識授受の課題を解決に導く参加型・協働型のメディア環境である。

「デジタルコモンズ」をここでは「デジタルな知の共有地」と定義しておく。日本社会では入会地がコモンズの概念に近い。が、インターネットに代表されるデジタルなメディア環境、またメディア環境を介してリアルな社会と社会、人と人がつながるバーチャルな機能空間が新たなコモンズとなる可能性が現実に開かれてきた。社会の諸活動、諸機関・施設、人々の織りなす多様な知識・情報資源を共有できる場所、時空を超えて活動・思考を共有できる時空間はまさにネットを介して形成される人類にとっての新たなコモンズである。そしておそらくはこれまで以上にリアルなコモンズを柔軟に、包摂できる自由度の高いコモンズである。

これまでの社会において、知識とは学術研究の成果として捉えられるものであった。自然科学や人文科学など数多くの学問分野があり、その分野が精緻化・細分化されてきた。学術研究はそれぞれに専門化が進み、知識の創造・再編は枝分かれした形で深化が進んだ。その結果として、知識は細分化・深化したものの、それらの総合化、再編はしにくいものとなった。加えて社会情勢の変化が著しい現代社会においては解決ができない問題が多くなり、社会が機能不全状態に陥っている印象は拭えない。

全国に共通する大きな地域課題の一つは少子高齢化に対応した社会の最適化、社会のデジタル化に対応した社会の最適化である。これらの課題をどのように解決するか。先人たちがつくりあげてきた知識・知見をどう活用するか。そもそも私は何を考えるのか、何を使って考えればよいのか。

根本的に横たわっている課題の一つは、私自身が考える人、実践者であるという極めてシンプルな前提を踏まえることから事を始めることである。学習する面白さ、その探究を深められる学習環境の充実、自身の探究成果をアウトプットし、それを新たな知見として社会に提供もできる学び方ができるようになるとよい。

2 自律分散型地域としての信州

縁あって長野県上田市にある長野大学が私の職場になり、信州（＝長野県）に長く住まうことになったのが二〇〇五年のことである。地域社会が広域に分散し、全体は河川の流域でつながり、山岳で隔てられつつ、それぞれの地域が自律分散的な文化圏を形成しているのが信州の最も顕著な特徴である。信州を“United States of SHINSHU”と呼ぶ人もいる。そのことには全く違和感がない。むしろ「まさにそうだね！」と共感する。
そこでふと思いついたフレーズがある。
Narrow Area, Global Area, Networking each One.
頭文字を繋げるとＮＡＧＡＮＯになる。山岳に囲まれて隔てられ、細長い川筋ごとに小さな社会が形成された著しく自律分散的な社会。グローバル化の時代、デジタルに地域をつなぐ自律分散した小さな社会の包摂こそが信州の特性である。

各地域に「偏在」する知や営みを「遍在」に変える。偏在型社会を遍在型社会に変える。前者は言い換えると言葉は悪いが「タコツボ社会」である。社会は内側に閉じ、お互いに外の地域を知らない関係である。「遍在型社会」はそれぞれが自律分散でありつつ緩く開かれた社会である。まさにこれが「地域デジタルコモンズ」の意味するところと重なる社会構造である。

自律分散型の社会はインターネットの世界とは近似的である。長野県を「長野県」と呼ぶことを好まず、「信州」と呼ぶ人が多いことも信州に来てから知った県民意識の傾向である。県歌は『信濃の国』、国立大学は信州大学、長野県ホームページは『ウェブ信州』。あれあれ？　という感じである。終戦直後、分県論が沸き起こったことも県史に刻まれている。

平成の大合併が進んだのは二〇〇五～二〇〇六年のことであった。長野県内では一二五あった市町村はその後七七市町村に再編された。三〇万人を超える規模の長野市がある一方で、総人口が数百人の村がいくつもある。実は市町村の大小に関わらず、その中でも地域社会は小規模な地域に自律分散している。一つ一つの地域社会が大小を問わず、それぞれの地域が個性、相互独立性を持ち、それぞれにグッドネス（善きもの）を持っていることの尊さは、長野県に住んで至れた認識である。ＮＡＧＡＮＯは決して長野県に限定されるものではなく、全国全ての地域が大同小異の構造をなしている点に着目していただきたい。

3　知識消費型社会を知識循環型に変える

わが国が一八七二年に学制を施行してから一五〇年近くが経過した。教科書による画一的な教育はそれ以来、日本社会に定着し、民主化された戦後社会においても画一的教育は継承されてきた。国民の受動的に学ぶ姿勢、社会や知識に対する価値観などに大きく影響したことは言うまでもない。デジタルメディアが普及し、学習者の一人一人がパソコンやスマートフォン等を持ち、いつでもどこでもインターネットを通して知りたいことを調べたり、自ら探究した学習成果をネットに公開することが可能になった現代においてこれまで体制的に形成された「受動的学習」から「主体的学習」への転換、デジタルの恩恵を受けられるメディア環境の活用は望まれても急には変われない（変えようのない）現実の壁がある。

知識消費型社会において教科書や書籍や新聞・テレビ等のマスメディアを通して情報や知識や指示がウォーターフォール（滝）のように上から下へ落ちてくる社会構造にどっぷり浸かっていると私たちの社会がそのような様態であることを全く意識化できない。知識は常にその上流にあり、学問の権威が下に降ろす知識体系が機能していたのが、これまでの社会のありようである。またマスメディアを通して報道されたことを正しいものとして情報を消費してきた。まさに「知識消費型社会」である。

本来的に知識とは、人それぞれが形成する個別的なものである。実際には人類の先人たちが営々と築いてきた知識体系を消費しつつ、個々人が新たな知識形成を図り、それらの知識を他者も参照できるものとしていくものである。多くの人々から生産される新たな知識・知見もまたお互いに参照しあうことにより、自身の活動や学習に活かすことができる。このような多軸的で循環的に知識を受発信できる社会を「知識循環型社会」と呼ぶ。吉見俊哉は「今日のデジタル革命は、五世紀前のグーテンベルク革命になぞらえられる人類史的な変化である」と述べている。

デジタルがもたらすパラダイムやシステムの特性はおよそ次のように整理できる。

①　知識・情報を内包するデータがデジタルであることの可塑性

②　情報授受のインタラクティビティ

③　社会や人々の活動をシミュレートできるメタメディアとしての特性

ＧＩＧＡスクール政策において児童生徒の一人一人にタブレットが支給されたことは、単に情報機器が貸与されたという事象ではない。児童生徒一人一人が主体で学ぶ手段・環境を手にすることにより、学びの中心が、教科書や学校から、学習者それぞれに移るドラスティックな「主体」の変移である。教科書や学校、インターネットも含めた多様な学習環境の中で、自分の興味・関心を育み、それぞれの主体性を活かした学び、他の人々や社会とインタラクティブに学べる協働的な学びに発展していく変容を想起されたい。

「地域デジタルコモンズ」は、知識循環型社会における人々の活動を包摂的に支援できるメディア環境、社会のモデルとして提起したものである。それぞれの人や社会の中で「地域づくり活動」「学習活動」がどのように行われ、その発信・記録・蓄積、インタラクションをデータフロー化できるかを考えると、その諸活動を包摂的に支援できるサービスをデ

図1　地域デジタルコモンズの概念

ザインし、具体的に実装することが肝要である。

「地域デジタルコモンズ」の概念を図1に示す。地域社会や学校や職場や家庭などリアルな社会に身を置く私たちそれぞれが地域活動をしたり、学校で学んだりしながら獲得・生産した「知識・データ」をネット上の「デジタルコモンズ」に棚上げすると、それを他の人々が自由に参照し取り出せるようになる。そうしたデータの循環を支援する「ネット上の本棚」と見立てていただきたい。

知識循環を支援するデジタルコモンズの概念提起は、社会の変容、とりわけデジタルメディア、インターネットの普及がもたらす社会の変容を念頭に置いたものである。筆者はウェブの草創期から「市民参加型ネット」の実現を支援するクラウドサービスPopCorn/PushCornを開発して、地域情報の発信、地域資料のデジタル化、学校での学習支援、生涯学習支援などに役立ててきた。デジタルコモンズはDX（Digital Transformation）に対応し、知識循環が容易に実現できるプラットフォームの概念でもある。操作が一段と優しくなることに留意し、新たなクラウドサービスd-commons.netを実装した。

4　デジタルコモンズのメディア特性

こうした誰でも参加できるオープンなサービスは、現代においてはSNSによりごく一般化しているものの、SNSでは補いきれないほどに異なるものである。

第一のメディア特性は、一人一人のデータの蓄積とふり返りが常にできる「eポートフォリオ」の機能を持つことである。子どもから始まり生涯にわたる文字通りの生涯学習がそれにより支援できる。日記に日々のことを記録したり、考えたことをノートに書き留めたり、日々の様子を写真に撮ったりといったことは行ってきていても、私たちは未だ人生の数十年にわたるマイポートフォリオを作ったことはない。

第二は地域を知る情報源の蓄積と共有が行えることである。まさにこれが「地域デジタルアーカイブ」である。それぞれの地域にとってその支援は切実な課題であるはずであるが、現実にはほとんど問題視されることがなかった。知識消費型社会において、地域の歴史や知とは、地域の研究者が担うものである。また、紙媒体で冊子等にまとめる形で知識が外在化されるのが通例であった。一度冊子化された資料は自宅の棚などに埋もれる運命をたどる。一〇年、二〇年経つと、過去に地元で冊子が作られたことすら忘れ去られたものになる。その継承や更新が行われることはまずない。インターネットが普及した現代においては、学校で地元の地域を学習しようとすると地元、特に学校区の小さな地域社会については参照すべき情報源は皆無と言ってよいほどないことに気づく。全ては過去において紙媒体としてアウトプットされたものの、それらは学校の中でも知られることなく、校長室のロッカーの片隅にしまわれたままとなっている。時折り学校を訪問し校長室で話をすると、その脇のロッカーの中に豊富な地域資料が隠れていて、校長先生がそれを知らないということはごく普通の状況である。

第三は地域や博物館・図書館・学校等でみんなが協働しても使えるオープンな地域メディアとしての運用を可能とすることである。住民自治組織、市民団体、博物館、図書館、文書館、学校、大学、企業等だけでなく、もっと小さなコミュニティの単位でも運用できると、地域資料のデジタルアーカイブ化、地域づくり活動、学習活動の促進に役立てられる。

知識循環型社会の実現、デジタルコモンズによる地域づくり活動・学習活動の支援は大それたことのように思われるかもしれない。しかし、根本的な問題はそれぞれの地域に偏在しており、その状況・原因・構造を突き詰めると大方は大同小異の問題に直面していることに気づく。自分たちが抱えている課題に着目し、その解決策を導くことが、全国に偏在する課題の解決に直結する。一つ一つの局所的な課題と対峙し、その課題と解決策をより普遍的な形で導くモデルとなる。d-commons.netはまさにそうした「スモールスタート」アプローチにより導出した地域デジタルコモンズクラウドサービスの実装モデルである。

メディア特性はあくまで手段であって、活動への適用で効果をあげるわけではない。本来の目的は地域づくりや地域学習などの諸活動に役立てることである。個々人の主体的な情報発信などを後押しすること、出し合った情報をみんなで見合ったりすることで、ツールなしでは実現しにくかった活動がエンパワーされる。

5　地域デジタルコモンズクラウドサービスd-commons.netによる支援

『みんなでつくる下諏訪町デジタルアルバム』【URL】https://d-commons.net/shimosuwa/

長野県下諏訪町立図書館から、長野大学にいる私に写真のデジタル化公開の依頼を受けたのは二〇一九年の初めのことであった。廃業する地元の写真館から図書館が大量の古い写真の寄贈を受けたことが事の発端である。図書館ではそれまで写真のデジタル化と目録（メタデータ）作成を進めており、それをインターネットに公開するアーカイブサイトを開設することが次の目標であった。加えて、そのサイトを図書館職員も町民もみんなが参加してつくれる地域デジタルアーカイブサイトとして開設し、これからの町民の生涯学習活動となるように運営していきたいという希望であった。

その要請を受け、図書館職員、私、開発担当者、学生とミーティングを重ね、どのようなサイトにしていくのが参加型のアーカイブサイトとするとよいか、永続的に運営ができるものになるかアイデアを出し合い、基本設計からサービス実装までに反映させていった（図2）。そして開設したのが『みんなでつくる下諏訪町デジタルアルバム』（図3）である。

要点を整理すると次のようになる。

図2　『下諏訪町デジタルアルバム』のデザインミーティング

図3　『みんなでつくる下諏訪町デジタルアルバム』

① 施設（図書館）の社会教育的事業を踏まえ、その実現を図ったサービスである。

② 図書館職員だけでなく、町民が任意に参加できる参加型サービスである。そのためユーザー登録機構を備え、それぞれの町民は永続的に運営ができるマイサイトを作成できる。

③ 地域デジタルアーカイブサービスとしての運営が実現できている。

通常、地域のデジタルアーカイブサイトは、博物館、図書館、教育委員会等が所管して構築運営することとなるが、アーカイブサイトの開設を目的として業者に委託するケースが多い。アーカイブサイトは作ることが目的ではない。開設は継続的に運営し発展させていくことのスタートである。開設よりもその後どう運営していくか、発展させていくかに重点が置かれることは看過されがちな要点である。

『下諏訪町デジタルアルバム』は二〇二〇年三月の開設から早くも約四年が経過し、二〇〇〇件を超える記事数になり、運用が続いている。野鳥を記録している人、町内の名所旧跡や史跡を記録している人など、それぞれの町民の生涯学習を発表する場（コモンズ）となっている。d-commons.net の援用により、地域デジタルアーカイブの構築ができ、さらに図書館での町民参加による生涯学習活動が持続的に行われるようになった。

『みんなでつくる西部地域デジタルマップ』【URL】https://d-commons.net/seibu/

西部地域まちづくりの会は、上田市の西部地区の十二自治会、塩尻地区の三自治会を包摂して新たに発足した住民自治組織である。二〇一八年にスタートした後、自然・生活環境部会では、それぞれの自治会の地域をお互いに知らないことから、各地域の情報をみんなで出し合い、どんなスポットや歴史的背景があるかなど、地元住民が地域のよさや特色がわかるマップを作っていくことになった。活動が柔軟に、かつ持続的なものとなるようマップ作成にはスマホなどを使い、住民が参加して、誰もが手軽に、かつ継続的に投稿しあえるデジタルマップをネット上に開設することとなった。

『西部地域デジタルマップ』活動の当初は、部会メンバーで数回に渡り、それぞれの地域をまちあるきした（図4）。まちあるきした後、撮影した写真を投稿して記事を作成した。現在、学生による支援は必要としなくなった。

部会には、地元の小学校で児童の地域学習を支援しているメンバーもいる。地域学習に取り組んでいるクラスでは、児童が探究した学習成果をまとめ発表する場として『西部地域デジタルマップ』を使った。児童は各自が自分のユーザーＩＤを持ち、自分のマイサイトに自分のニックネームで投稿することができる。児童が投稿した記事（例：図5）はデジタルマップを通して、世代間を超えた情報交換に役立っている。

図4　『西部地域デジタルマップ』まちあるき活動の様子

図5　児童が投稿した地元の紹介記事

『みんなでつくる信州上田デジタルマップ』【URL】https://d-commons.net/uedagaku/

『みんなでつくる信州上田デジタルマップ』（図６）は、世界中がコロナ禍で機能停止状態に陥った二〇二〇年度の初頭、上田市との連携による長野大学の地域学講座「信州上田学」をオンライン運用する形で運用を始めた地域学のデジタルコモンズである。

二〇二〇年度、コロナ禍の直撃を受け、長野大学の市民開放講座は「信州上田学」を除き全てに対して市民開放が中止された。「信州上田学」は、その危機的状況に対応してオンライン型の市民開放講座とし、かつ、デジタルコモンズサイト『みんなでつくる信州上田デジタルマップ』を開設することにより、学生も市民もその学習成果を発表し共有しあえるeラーニング型の地域学習講座として運営した。デジタルコモンズサイトを共有し、かつ、リアルタイムオンラインサービス併用により、学生と市民が共に学びあう地域学習、さらに学習者それぞれが地域探究のアウトカム（成果）をマイサイトに投稿する形でキュレーション型学習を支援した。学生や市民それぞれが思い思いの探究に沿って地域に出向き「上田探検隊」も行っている。さらに各自の探究テーマに沿い探究した内容を『信州上田デジタルマップ』にネット展示すると共に発表しあう協働学習とした。学習成果はその後の年度の分も含め全てデジタルマップ上に蓄積されている。

コロナ禍という災いから転じ、逆にその制約から大学が地域に開かれた学びの場となること、それがデジタルコモンズ型の学習環境・方式により、大学を超えて学生・市民が交流しあう学びが実現できたことは大きな手ごたえである。

『みんなでつくる信州上田デジタルマップ』はサイト開設から早くも四年が経過した。同サイトは、信州上田学の基礎資料・一次資料となる地域資料のデジタルアーカイブとし

図6　『みんなでつくる信州上田デジタルマップ』

ても併用している。『上田市史』（一九四〇年）、『信濃蚕糸業史』（一九三七年）、『上田老舗図鑑』（二〇〇四年）、『日本博覧図』（一八九七年、上田小県関係の図版）、『西塩田時報』（一九二三〜一九五六年）、旧村会書類等である。地域資料のデジタルアーカイブ、学生・市民による学習アウトカムを掲載する個々のマイサイトが同一のプラットフォーム上に蓄積されている。

同サイトは、インターネットに公開しており、その新たな循環も生まれている。ある時、上田藩士山口毅の貴重な写真がその子孫の方から投稿された。明治初期、最後の上田藩主であった松平忠礼とその弟忠厚が米国に留学した際、同行した方であることが貴重な写真と共に紹介された。
サイト運営の目的の一つは「信州上田学」の学習支援であるが、言うまでもなく、誰もが投稿し誰もが参照できる多目的的で多様な情報源としての価値を派生させつつある。

学生は、「信州上田学」以外の授業科目でも利用している。それと共に、学生目線で捉えた上田市を中心とした地域のさまざまなスポットや話題などが満載である。ありきたりの観光情報サイトや地域情報発信サイトにはない着眼での局所的なモノ・コトの発見につながる面白さを引き出している。

『西塩田時報』は一〇〇年ほど前の西塩田村（上田市手塚周辺の地域）をフィールドに当時の青年などが情報を発信し共有し合ったミニコミ紙である。『西塩田時報』復刻版は一九八一年に発行されたものであるが、図書館では禁帯出扱いとなって書架に鎮座したままになっている。市民の自宅にも埋もれているものと思われる。私の講義「情報通信文化論」では毎年、同資料から「面白記事」をピックアップする課題に取り組んでもらっている。学生各自の思いもかけないような着眼から記事がピックアップされていて面白い。

d-commons.netによる地域デジタルコモンズの支援ケースは先述のケース以外にも二〇二三年末現在で約二〇ケースに及んでいる。既に多くの知見を得、実用化に向けた検証も行ってきた。他の具体的事例は実際にそれぞれのサイトをご参照いただきたい。

おわりに――地域社会の知識循環型シフトに向けた解決の方向性

知識消費型社会から知識循環型社会へのシフトがこれからの社会の大きな課題である。地域デジタルコモンズがデジタル化の進展するこれからの社会において、地域社会の知識循環に役立つことを述べてきた。その壁となって大きく立ちはだかっているのは知識消費型社会のレジームであろう。社会のあらゆる事象が前例に慣れ過ぎており、社会の変化に適合した形での変容に至れない。

地域社会においては少子高齢化の状況もあり、また、価値観の変化により若い世代がかつてほど地元へのアイデンティティを持たず、参加する機会もないなど、地域社会のコミュニティが維持しにくくなっている。地域デジタルコモンズとその実装サービスはコミュニティのオルタナティブ、あるいは既存コミュニティの支援メディア環境となる可能性を秘めている。どうすれば社会が知識循環型に移行しやすくなるか、本章をその参考に、地域の課題解決に役立てていただければ幸いである。

〔参考文献〕
吉見俊哉「知識循環型社会とアーカイブ―知のデジタルターンとは何か―」二〇一五年、https://www.jstage.jst.go.jp/article/jsr/65/4/65_557/_pdf（最終閲覧日二〇二三年一二月二九日）
前川道博「前川道博ホームページ」、https://mmdb.net/maekawa/（最終閲覧日二〇二三年一二月二九日）
前川道博「分散型デジタルコモンズサービスd-commons.netによる包摂的地域学習支援」二〇二二年、

https://d-commons.net/uedagaku/maekawa2?c=&p=9601（最終閲覧日二〇二三年一二月二九日）
前川道博「これからの社会教育：知識循環型生涯学習へのチェンジ」『社会教育』二〇二三年一一月号

第7部

地元とあゆむ——大学的長野の定位ガイド

映画のまち、上田

小林一博

はじめに

上田は「映画のまち」である。[1] 毎年、二〇〇本前後の「撮影」が行われている。これは、TVドラマ、MVやCMも含めての数だが、近年だけでも『きさらぎ駅』（二〇二二年）『浅草キッド』（二〇二一年）『さよならまでの30分』（二〇二〇年）『最初の晩餐』（二〇一九年）などの映画が市内各所で撮影され、現在でも何本かの撮影が行われている。このように映画や各種映像の撮影がほぼ常時何らかのかたちで行われているのにはいくつか理由がある。⑴東京からの距離が近い⑵晴天率が高い⑶撮影したい風景がある⑷市民や市が撮影に協力的であるなどがそれだ。仕事のあとに「温泉に入れる」ことが魅力だという映画人も少なくない。『ミッドナイトスワン』（二〇二〇年）で日本アカデミー賞六冠を果たしたプロデューサーの森谷雄には、上田ロケの監督作『サムライフ』（二〇一五年）があるが、森谷は上田について「誰の心にもあるような故郷の原風景がある」[2] と語り、撮影の協力体制

（1）上田市は「広報うえだ」No.339（二〇二一年）などでも「映画のまちうえだ」を自ら名乗っている。

（2）森谷へのインタヴューは長野大学小林ゼミナール「上田magaZINE」第七号（二〇二二年）による。

の良好さについても語っている。[3]

1　屋根のない松竹撮影所

上田と「映画」との良好な関係は今に始まったことではない。まずはその歴史を振り返っておこう。信州上田フィルムコミッションなどの資料によると、その歴史は大正時代まで遡る。上田は自らを「蚕都」とも名乗っているが、「養蚕」の恩恵を受けて、経済的に発展した。江戸時代から昭和初期まで、養蚕は日本全国津々浦々、広く行われていたこの国の主要産業だったわけだが、上田は、明治から大正にかけて、蚕種と製糸の生産と製造で日本一の実績を残した（蚕種製造にも上田の気候が適していたのだ）[4]。そうした経済的な繁栄を背景として、娯楽としての「映画」が早くからこの地に導入された。一九一七（大正六）年には「上田劇場」（現「上田映劇」）、一九一九（同八）年に「上田演芸館」、一九二一（同一〇）年に「上田電気館」（現「トラゥム・ライゼ」：「上田映劇」別館）がそれぞれ、当時としては最先端の洋式映画常設劇場として営業を開始している。

蚕による経済的な繁栄をバックグラウンドとして、上田の経済界の人びとと、田中絹代ら当時のトップスターたちとの交流が昭和初期から行われ、映画会社との関係も深まってゆく。だが実は、上田での撮影の歴史はさらに古く、上田市観光課などの資料によれば、一九二三（大正一二）年公開の『乃木大将・幼年時代』（監督：島津保次郎）まで遡ることができる。『乃木大将伝』（一九二五年、監督：牛原虚彦）、『孤児』（一九二六年、監督：野村芳亭）

（3）　こうしたことがあって、上田に居を構えるようになった監督には『およう』（二〇〇二年）の関本郁夫、『ラストゲーム　最後の早慶戦』（二〇〇八年）の神山征二郎がいる。

（4）　上田蚕種株式会社（URL: https://ueda-sanshu.com/history/）ほか。

と撮影は続き、うえだ城下町映画祭実行委員の上原正裕によれば、上田は「屋根のない松竹撮影所[5]」とまで呼ばれるようになった。

初期の上田ロケの中心人物は五所平之助で、五所は『絹代物語』（一九三〇年、昭和五年）を皮切りに四本の作品を上田で撮影している。『絹代物語』の撮影地は別所と丸子、『不如帰』（一九三二年）は菅平、『恋の花咲く　伊豆の踊子』（一九三三年）は西塩田と菅平、『愛撫（ラムール）』（同）は高橋といった具合に、街中から郊外までいたるところで撮影が行われたことがわかる。『恋の花咲く　伊豆の踊子』は、川端康成の同名小説の映画化の最初のもので（現在までに六作つくられている）「山場のない、淡々としたストーリーの純文学作品は、興行的価値が稀薄だとして映画化が敬遠されていたが、五所平之助監督の強い希望により実現した[6]」という。五所組の上田撮影との縁は主に、五所と同年代の上田の人びとが紡いだらしい。上原は以下のように言う。

（写真は）上田市内の料亭で撮影されたもの。松竹映画『絹代物語』のロケが行われ、監督の五所平之助、主演の田中絹代をはじめとするスタッフ、キャスト一行や、歓迎する地元の有志たちが写っています。実は、この映画をきっかけに、上田の人々と映画人との交流が始まったことがわかってきました。

雑誌「蚕糸」編集長の馬場直二郎、上田商工会議所理事の岡田賢治、上田電気館社長の森田勝太郎、同館支配人の上原善二郎、さらには柏屋別荘館主の斎藤三雄などが「上田ロケ・サポートに立ち上がった」最初の人びとだった（写真1）。現在では、フィルムコミッ

（5）　松尾町商店街『フリーペーパー　真田坂』第一九号（二〇一一年一〇月）。最近では週刊紙『信州民報』の北川鉄平「シネマ・プラス・1」に「上田は屋根のない映画撮影所」（七回連載：二〇二一年七月〜九月）として当時のことが書かれている。

（6）　松田映画社(URL: https://www.matsudafilm.com/matsuda/c_pages/c_e_26j.html)

写真1　上田毎日新聞社主催の『絹代物語』ロケ歓迎会。田中絹代を囲んで市内の撮影サポーターたちがずらり（写真提供：上原正裕）

ションの担う仕事を、こうした有志たちが始めて、「映画のまち」上田の礎を築いたのである。ほぼ一世紀も前に数人の同好の士から始まった撮影誘致の活動は、信州上田フィルムコミッション「上田市ロケ作品」[7]のページでも明らかなように、その後、戦後の中断を経て、今日まで連綿と続き、コミッション設立（二〇〇一年）以降だけでも一〇〇本を超える。日本を代表する映画監督たちが、上田での撮影を敢行し、作品を残している。

（7）　信州上田フィルムコミッション「上田市ロケ作品」（URL: https://ueda-kanko.or.jp/fc/loca.html）「映画のまち」の散策には「ロケ地マップ」がおすすめ。細田守『サマーウォーズ』（二〇〇九年）の聖地巡礼マップをはじめ、興味関心と時間に応じた散策コースが提案されている。PDF版はフィルムコミッションのサイトからダウンロードできる。

2　うえだ城下町映画祭

「映画のまち、うえだ」を語るうえで、欠かせないイベントがある。「うえだ城下町映画祭」である。映画祭は二〇二三年で二七回を数える。全国の数多ある映画祭には、さまざまなかたちがあって、歴史もさまざまだが、市民の有志が手弁当で実行委員となり、毎年の上映作品を検討、決定している点、上田市が運営のための資金を提供している点で、他にはあまり例を見ない民と官が協働する映画祭となっている。上映作品を日本映画に絞っている点も特徴のひとつだ。またここ数年は「市民が選んだ映画」[8]として、市内外の映画好きたちにその年観た映画や観たい映画のなかから一本を推薦してもらい、実行委員会で議論を重ねて上映作品を決めるという取り組みを行なっている。市民参加型で、幅広い視点から作品を取りあげて、他人事ではなく、自分たちの映画祭として、市民が主体となって進めてゆく映画祭でありたい、との願いが込められていると思う。

長年、実行委員長を務めてきた山﨑憲一によれば、意外にも、この映画祭のきっかけは一本のラジオ番組からだという。一九八二年に始まった信越放送『ウィークエンド・シアター』がそれで、パーソナリティを映画評論家の品田雄吉とアナウンサーの岩崎信子が務めた。番組の立ち上げにも携わった山﨑の発案で、番組のファンクラブ「ムービークラブ」[9]もできた。ムービークラブに参加していた長野大学映画研究会の粂川典子[10]らが山﨑と浅野之宏との出会いを生み出し、それが発端となって「シネマ&フォーラム'95」が開催された。映画好きの浅野は当時、上田市役所商工部商工課に勤務して、街中への集客方法を摸索していたのだった。上田でロケされた鈴木清順の『けんかえれじい』（一九六六年）の上映

写真2　うえだ城下町映画祭：映画祭は実行委員以外の市民や市役所職員、大学生もスタッフとして参加（写真撮影：小林一博）

（8）　市内の多くの映画館がなくなったあと、一九九〇年代の上田では市民による上映会が盛んに行われていた。シネマ21やミントクラブハウス（増田芳希）の上映会がその例である。こうした流れがあって「市民が選んだ映画」がある。

（9）　山﨑によれば、番組とファンクラブ立ち上げは「台頭してきたレンタルビデオへの対抗手段として、東信地区の映画館の結束を図り、ラジオ放送とクラブの活動で、映画と映画館を応援すること」だったという（本人へのインタビューによる）。

（10）　長野大学や信州大学の学生たちは毎晩のように市内の福島裕治の家に集まって映画談義をし（弟、福島浩治の話）、自主制作映画にも手を染めた。一九九〇年には「Film Rally」と称して自主制作映画の上映も実施。このイベントでは大林宣彦の『いつか見たドラキュラ』も上映した。「自主制作映画コンテスト」前史である。

写真3　『けんかえれじぃ』にちなんで、上田城の前でポーズをとる品田雄吉（左）と鈴木清順（右）（写真提供：シネマ&フォーラム'95）

と監督を招いてのトーク（品田との対談）が行われ、一九九七年三月にも「シネマ&フォーラム'97」が開催された。「金田一が歩いた街、上田」と銘打たれた一九九七年の催しでは、市川崑監督の『犬神家の一族』（七六年、上田ロケ作品）の上映と作家田沼雄一による講演が行われた。一九九五年の回では上田城跡を背景にした品田と鈴木の写真（写真3）が残されている。『けんかえれじい』も『犬神家の一族』も映画のいたるところに現存する通りや建築が現れるので、二回のフォーラムの参加者たちも映画と上田の街の景色を楽しみ、トークや講演に熱心に耳を傾けたことだろう。これらのフォーラム開催が大きな契機となって、一九九七年一二月の第一回「うえだ城下町映画祭」へと進んでゆく。(11) 信越放送から上田市長竹下悦男に対して「日映協フィルムフェスティバル」で上映された作品のなかから数本を上田で上映しないかという提案があったのだ。こうして上田市主催、実行委員会と広報は信越放送が請け負うかたちで第一回映画祭が開催された。ムービークラブ、商工会議所、21世紀会の面々が実際の運営に力を尽くしたのはいうまでもない。毎年多数の観客を集める「うえだ城下町映画祭」は「市民のお祭り」としても定着をしており、映画を鑑賞するだけでなく、監督、スタッフ、キャ

（11）　うえだ城下町映画祭パンフレット「うえだ城下町映画祭・25年の歩み」

ストなどの多彩なゲストを迎えて、映画にまつわる興味深い話が聞ける場ともなっている。

そしてもう一つ。うえだ城下町映画祭で忘れてはならないのが「自主制作映画コンテスト」である。「映画文化の振興とプロ、アマを問わずに映画制作に関わる者が集う拠点になることを願い、優れた自主制作映画を発掘し、次代に続く制作者を支援[12]」するという目的で、二〇〇三年から始まったコンテストは、二〇二三年で二一回を数える。一五分以上の映像作品であれば誰でも応募できるという自由さもあってか、最近では毎年一〇〇本以上（第二一回は一三四本）の作品の応募がある。すでにプロの映像制作者だったり、卒業制作の学生だったり、高校生もいれば、長年自主制作映画を制作してきた方もいる。応募者の幅も広く、作品も一五分の短編から二時間を超える長編まで多彩。ジャンルもアニメーション、ドキュメンタリー、フィクション（ホラー、コメディ、ドラマ）など多岐にわたる。作品の質は総じて高く、のちに劇場公開を果たす作品も少なくない。『部屋の片隅で、愛をつねる』で第二回大賞を受賞した入江悠はその後、自主制作から商業映画へと活動の場を移し「ＳＲサイタマノラッパー」（二〇〇九年〜）シリーズや『ＡＩ崩壊』（二〇二〇年）などの作品を発表し続けている。入江の他にも、過去のコンテスト応募者には、金子雅和、山岸謙太郎、上田慎一郎、上西雄大、葛里華、西川達郎など注目すべき監督の名前がある。上田市出身で審査員賞を受賞した小宮山みゆきも今後の活躍が期待される監督のひとりである。コンテストは大賞、審査員賞（大林千茱萸・柘植靖司・古厩智之）、実行委員会特別賞が毎年選出され、ノミネート作品とともに、映画祭の時期に一般に無料公開されている。なかなか観る機会のない自主制作映画を一気に何作も観ることができ、世の中に知られていない新しい才能を見つけることができるかもしれない「自主制作映画コンテス

（12）うえだ城下町映画祭「自主制作映画コンテスト」（URL: https://www.umic.jp/eigact/index.html）

写真4　うえだ城下町映画祭：自主制作映画コンテスト表彰式の様子（2023年度）（写真撮影：小林一博）

ト」受賞作およびノミネート作の上映は、映画好きにとっては映画祭本体と同様の魅力的な機会となっている（写真4）。「うえだ城下町映画祭」と「自主制作映画コンテスト」は毎年一一月に前夜祭も含めて三日間にわたって実施されている。

上田映劇

「映画のまち、うえだ」を語るうえでやはり欠かせないのが「上田映劇」（写真5と6）の存在だろう。映画が娯楽の花形だった時代、日本の映画館数がピークを迎えた一九六〇年には、市内に七つの映画館(13)があった。だが、現在残るのは、大手のシネマコンプレックスTOHOシネマズ上田（二〇一一年〜）と、この上田映劇だけだ。前述のとおり、一九一七年に「上田劇場」として開館したこの映画館は、上越高田の「世界館」（一九一一年〜）、長野市の「相生座」（旧千歳座、一八九七年〜）などと並んで、現在でも上映を続けている日本最古の映画館のひとつである。施設には関東大震災で消失してしまった帝国劇場と同じ「格天井」と呼ばれる天井があり、古き良き時代と歴史を感じさせる。そんな場所だが、注目すべきはNPO法人設立以降のコミュニティシネマとしての歩みと現在の「映劇」が行なっている活動だ。

(13)「消えた映画館の記憶」「上田市」(URL: https://hekikaicinema.memo.wiki/d/%BE%E5%C5%C4%BB%D4%A4%CE%B1%C7%B2%E8%B4%DB)

写真5　劇団ひとり『青天の霹靂』ロケ風景（上田映劇）（写真提供：信州上田フィルムコミッション）

写真6　上田映劇：館内（内装）。こちらも『青天の霹靂』で貼られた床材などがそのまま残っている（写真撮影：小林一博）

二〇一一年に一旦定期上映を停止した映劇は、その後も特別上映やイベントを実施して存続していたが、周到な準備と周囲の熱意によって、一〇〇周年の二〇一七年にいよいよ定期上映を再開した。二〇一八年には「特定非営利法人　上田映劇」として生まれ変わり、プログラムもそれまでの大手配給のものから、アートハウス系（ミニシアター系）のものに変更、監督やテーマにもこだわり、年間一〇〇本以上の作品を上映している。[14]

「その仕事が好きというのが心の根底にあることがとても重要」[15]と語る支配人の長岡俊平は再始動した映劇の役割について、常々、この上田映劇をただ単に映画を上映する場所ではなくて、地域の人たちが気軽に立ち寄れる場所にしたいと語り「人と人とのつながり

（14）　上田映劇「上田映劇の歴史」（URL: http://www.uedaeigeki.com/history/）

（15）　同右「上田 magaZINE」第四号（二〇一九年）

写真7　うえだ子どもシネマクラブ：月2回4本の上映会を主宰する直井恵。手には映劇ハンコが（写真撮影：小林一博）

が仕事をするうえで大切」と言う。そんな支配人やスタッフの気持ちの表れが館内の喫茶スペースの設置（ハンドドリップのコーヒーを提供する重澤珈琲）であり、「映劇ハンコ」なのだろう。作品ごとに、消しゴム版画家高橋さとみが作成する、映画のハンコを「映劇手帳」に押すというサービスは他に例をみないユニークなものだ。

そして、なんといっても、この映劇のオリジナルでもっともユニークな活動は「うえだ子どもシネマクラブ[16]」だろう。「そうだ、今日は映画館に行こう」「学校に行きずらい日は映画館に行こう」を掲げるこの「クラブ」は、NPOの中間支援を行う特定非営利活動法人アイダオ、若者の自立支援を行う特定非営利法人侍学園スクオーラ・今人との協働事業であり、困難を抱えた子供たちにとって、映画を通した「学び」の場であり、心地のよい「居場所」となっている。月二回（各二作品）の上映会は子供たちだけではなく、父兄や教育関係者などにも開かれており、さまざまな人たちが行き交う交流の場ともなっている。アイダオの事務局長で上田映劇のスタッフでもある直井恵はこう語る。

学校が苦手だったり卒業後に悩んだりしている人が、映画でいろんな人生や価値観に

（16）うえだ子どもシネマクラブ（URL:https://uedakodomocinema.localinfo.jp/posts/categories/3470015/page/）

触れて、なにか感じてもらえれば。映画館に来れば人と話す機会もあるし、細かい作業をしてくれるのは私たちも大助かりです。[17]

上映会は映画を鑑賞するだけではなく、やってきた仲間たちと雑談をしたり、ゲームをしたり、絵を描いたり、毎回なんらかのかたちで開かれている来場者向けのイベントに参加したりと自由な雰囲気に満ちている。侍学園の生徒たちの手による「サムカフェ」では飲み物とポップコーンのお振舞いをしている。「これ、しなさい！」はどこにもない。平日の映画館の仕事（館内外の掃き掃除やポスターの貼り替え、チラシの折り込みなど）にふらりと集まってくる参加者もいて、このクラブが彼らにとっての、学校や家庭以外の、確かな居場所になっていることがわかる。番組編成担当で元フィルムコミッション担当の原悟が取り組みに加えた「映画の学校」も始まった。自分たちで映画をつくったり、考えたり、文字通り「映画」を教材にして学ぶ取り組みだ。

信州上田フィルムコミッション

「大学的長野ガイド」の最後に紹介したいのは「映画のまち、うえだ」の縁の下の力持ちともいうべき「信州上田フィルムコミッション」である。

まずはその前史から。二回のシネマフォーラムと第一回のうえだ城下町映画祭を経て、有志たちの発案により、一九九三年三月に「日本初のロケ地ガイド」「YES UEDA」[18]が発行された。そして「送る先のあてがない状態だったので、映画祭のメンバーがそれぞれ思いつく相手に送った」のだったが、そのひとりが大林宣彦だった。大林組の反応は早く、

（17）朝日新聞デジタル「学校が苦手なら映画館へ来てみない？　ふらっと雑談だけでも大丈夫」（URL: https://www.asahi.com/articles/ASQ8L3DBJQ8BUTIL014.html）

（18）「YES UEDA」について付言すると、山田洋次『たそがれ清兵衛』（二〇〇二年）の「高橋」での「決闘シーン」の撮影は、この冊子の第二号を山田がみたことがきっかけになった。

写真8　信州上田フィルムコミッション：ロケ支援キャラクター「えふし〜か」と山岸咲恵。えふし〜かはフィルムコミッションの設立20周年を記念してつくられた。真田家の「六文銭」兜をかぶっている（写真提供：信州上田フィルムコミッション）

冊子を送って三日後にはスタッフが上田にやってきた。このようにして、日本にフィルムコミッションがなかった時代に、上田でのロケ対応が始まった。大林の最初の上田ロケ作品『淀川長治物語 神戸篇　サイナラ』（一九九九年）がそれだ。以降、大林は合計四作を上田で撮ることになり、上田との縁を深めてゆく。九九年一二月には第三回うえだ城下町映画祭が実施され、オープニングとして大林が「映画づくり 街づくり」と題する講演を行なった。映画祭に併せて「日本におけるフィルムコミッション設立研究会（準備会）」も開かれた。信州上田フィルムコミッションは二〇〇一年六月に設立され、全国で一〇番目のフィルムコミッションとなったが、これまで述べてきた経緯を考えると、実質的には「日本で最初の立ち上げ」といってもよいかもしれない。

　すでに述べたように、上田は映画の撮影のための諸条件の整った場所だが、日本でも有数の撮影数を維持している理由はそれだけではない。フィルムコミッション歴代担当（小林純行・原悟・山岸咲恵）が上田を訪れる映像関係者と良好な関係を築き、訪れる人びとを大事にしているからこそ、こうした結果が生まれているのだろう。彼らは撮影の「下請け」

を唯々諾々とこなしているわけではない。「自分たちの地域を守るために」、よい意味で「戦う」ことを厭わず、いい加減なスタンスの撮影で「地域を荒らされてはならない」から「譲れない点は強く言う」[19]。逆に言えば、だからこそ多くの撮影隊からの信頼を得ているのだ。現担当の山岸には大事にしていることが他にもある。「エキストラを大切にすること」「なるべく楽しんで帰ってもらうこと」[20]だ。細かい気配りが「県内で一番エキストラに手厚い」と言われる所以だろう。上田はよく「市民や組織が協力的だ」と言われるが、それはフィルムコミッションの市民や組織に対するこうした思いがあるからに違いない。登録されているエキストラ[21]は二〇二三年九月現在で七〇〇名を超えている。

(19)「上田magaZINE」第七号(二〇二二年)。

(20)「山岸咲恵インタヴュー 地元を盛り上げて、守りたい」丸子中央病院フリーペーパー『MARUKO』(二〇二二年)(URL: https://maruko-hp.jp/wp-content/uploads/2020/07/marukko_12.pdf)

(21) 長年市長を務めた母袋創一もサポーターのひとり。母袋は映画の誘致だけでなく『およう』などでエキストラも務めている(自主上映なども手がけた増田芳希の話による)。

おわりに

上田は大正時代から今日まで「映画のまち」としての歩みを続けてきた。一〇〇年を超えるその歴史は、数多くの映画人たちと市民たちが、「映画」を通して縁を結び、大切にしてきた証でもある。小津安二郎は西塩田や笠原工業で『一人息子』(一九三六年)を撮り、黒澤明は本陽寺で『姿三四郎』(一九四三年)を撮った。山田洋次の「フーテンの寅さん」は三作の『男はつらいよ』(一九七六、八五、八八年)で上田市内のあちこちを訪れ、市川崑は『犬神家の一族』(一九七六年)で「金田一耕助」に柳町を歩かせた。台湾のホウ・シャオシェン、韓国のユン・ジョンチャンも二〇〇四年と〇五年にそれぞれこの地での撮影に挑んでいる。北野武、今村昌平、岡本喜八、吉田喜重、豊田四朗、清水宏、成瀬巳喜男、溝口健二……「上田」を作品に刻んだ監督たちの名前をあげ始めたらキリがない。「銀幕」を飾ったスターたちの数も夜空に輝く星の如くに数えきれない。そして、キャメラマンと監督の背後には、撮影隊のスタッフたちとともに、「映画」を支えた無数の市民たちがいる。彼らは「観客」としても「映画」という「非日常」を楽しみ、それぞれの「日常」に帰ってゆく。非日常によって得た何かを「かたち」にしたり「思い」にしながら日々を送る。そのささやかな「何か」がやがて、映画祭になったり、ＮＰＯやフィルムコミッションの活動になったりするのだろう。スクリーンのこちら側と向こう側で「映画」が人と人とを結ぶ。長い年月の蓄積のうえに、日々新たな試みが加わる。非日常と日常の間（あわい）を紡いで「まち」がつくられてゆく。上田が「映画のまち」たる所以である。

column

上田市の「農民美術」のデザイン

石川義宗

長野県上田市には「農民美術」という伝統的工芸品がある。その始まりは一九一九年にさかのぼる。版画家として知られていた山本鼎（一八八二～一九四六）は長野県小県郡旧神川村（現・上田市国分）で『農民美術建業之趣意書』を配布し、「農民美術」の運動を始めた。この運動は農閑期を利用して農民たちが工芸品を製作し、それを副業とすることを意図したものであった。当時、農家が副業を行うことは国策でもあったため、工芸品の製作は日本各地で始められていたが、農民美術はデザインを重視し、商品としての価値を高めようとしたという点において際立っていた。山本は講師として著名な芸術家を招いたり雑誌を刊行して情報発信したり、三越（東京）で即売会を開催したりし、外交的な取り組みに積極的であった。それも農民美術のイメージアップに寄与したと言える。

ただし、農民美術の核心はあくまで工芸品であり、その魅力的なデザインを探求することは運動の継続、発展にとって本質的なことであった。この実現のために取り組まれたことが、農民美術と同時に始まった「児童自由画」という運動である。当時の小学校で行われていた美術教育は「臨画（りんが）」と呼ばれたもので、生徒は教室で手本の絵を模写していた。しかし、山本は小学校と交渉し、生徒が屋外に出かけ、草花や風景を直感的に描けるようにした。この取り組みの現場となった神川小学校は今も上田市にあり、校庭には山本の言葉を刻んだ碑が建っている。山本は自由な想像力を育んだ子供達がやがて農民美術を担っていくと考えており、これによって農民美術は絶えず新しい世代によって発展し続け、多様であり続けることが構想されたのであった。

図1　木彫の人形（上田市立美術館蔵）

図2　木皿（上田市立美術館蔵）

「こっぱ人形」の特徴

農民美術の工芸品は木彫の人形（図1）や木皿（図2）、織物などであった。いずれの表現にも特定の様式は存在せず、まるで大正デモクラシーの自由闊達な世相を反映するようにどこか愛嬌があり、農民たちのユーモアが感じられるものも少なくない。例えば、木彫の人形は「こっぱ人形」と呼ばれ、のみや彫刻刀などを使って彫られた多面的な木彫であり、小さいもので高さ三センチ程度、大きいもので高さ一〇センチ程度のものである。必ずしも技巧を凝らしたものではないが、当時の村民や植物の姿をモチーフとしているため、総じて写実的だと言える。杖を持って山を登っている人形もあれば、マフラーを着けてスケートを楽しんでいる人形もある。それらは村のありふれた日常を写し取った表現であろう。また、かつて村を含めた一帯は「蚕都（さんと）」と呼ばれるほどに蚕種製造や製糸で栄えた。そのため、繭を育てている人形も見られる。こっぱ人形の服装に注目すると、洋装のものもあれば、和装のものもあり、当時の和洋折衷の趣も感じられる。この運動は日本各地で講習会を開催したため、北は北海道、南は鹿児島にも農民たちの団体が作られた。北海道には熊を表現した人形があったり、鹿児島には桜島大根を運んでいる人形があったりする。

現在も上田市内では農民美術が製作されている。かつては山本とともに農民たちが始めた運動であったが、今は数名の作家がこっぱ人形などを製作している。例えば、尾澤敏春氏は彫刻家として活動しながら、父親の代から続く農民美術の作家である。人形を作るときは、あぐらを組んで座り、両足で木片（こっぱ）を固定し、左手にのみを持ち、右手に金槌を持ち、勢いよく彫っていく。リズミカルな音に熟練を感じる。敏春氏はこっぱ人形のコレクターでもある。日本中のこっぱ人形に加え、世界中を旅して小型の木彫人形を収集してきた。そのコレクションを陳列するために尾澤木彫美術館を建て、運営している。同館の建物は敏春氏が古民家を移築し、擬洋風建築に改修したものである。玄関ホールのステンドグラスの光が床を照らし、膨大な数の人形が展示されているその空間は幻想的でもある。

尾澤氏を含めた農民美術の作家たちは頻繁にワークショップを開催している。そこには多くの市民が参加する。かつては農民たちによって進められた農民美術が、現在では市民によって受け継がれている。二〇二二年一一月から一二月まで、上田市立美術館は農民美術の新たな可能性を模索するために「Re：のうび」を開催した。市民が同館学芸員（山極佳子氏）から山本の取り組みについて学び、地元の長野大学の教員（筆者）から大正時代に製作されたデザインを学んだあと、作家（徳武忠造氏）の指導のもとでスケッチから木彫り、着色まで行った。「Re：のうび」は今後も続けられる予定であるが、このような企画が可能な理由は何よりも農民美術そのものがアマチュアの参加を想定した運動であったためであり、魅力的なデザインを生み出すことに積極的だったためであろう。コロナウイルス感染症予防の観点から参加者は四名であったが、筆者は冒頭で「一〇〇年前、山本が農民美術を始めたとき、最初の参加者は一名だけだった。今回はその四倍である」と話した。これは、半分は冗談であったが、半分は本気であった。ここから農民美術の第二章が始まるという気持ちである。

column

上田は社会福祉の聖地
——小《お》河《がわ》滋《しげ》次《じ》郎《ろう》と民生委員——

宮本秀樹

小河滋次郎（公益財団法人矯正協会矯正図書館所蔵）

上田市生まれで、民生委員の源流を作った人がいる。一八六四（文久三）年、上田藩の医師金子宗元の次男として生まれた「小河滋次郎」という人である（後に小諸藩士・小河家の養子となり小河姓となる）。

民生委員とは、民生委員法（一九四八（昭和二三）年）第一条（任務）の中で「民生委員は、社会奉仕の精神をもって、常に住民の立場に立って相談に応じ及び必要な援助を行い、社会福祉の増進に努めるものとする」立場の人で、一言でいうと地域での身近な相談役という位置づけになるであろう。厚生労働大臣から委嘱されて活動するので、きわめて社会的に価値の高い仕事である。現在、全国に約二三万人余りの人達が日夜、地域のソーシャルワーカー（※個人や環境等に働きかけて、個人的・社会的な課題に取り組む支援者）として活躍されている。なお、民生とは、国民の生活、生計という意味である。

民生委員の沿革・歴史として、一つは一九一七（大正六）年、岡山県の笠井信一知事が作った「済世顧問制度」があり、もう一つは、一九一八（大正七）年、大阪府の林市蔵知事と小河滋次郎博士が作った「方面委員制度」の二つの源流がある。なお、方面とは地域のことを指す。

方面委員制度ができた頃は、第一次世界大戦（一九一四―一九一八年）、ロシア革命（一九一七年）とそれに伴ってのシベリア出兵（一九一八年）、国内では富山をスタートとして全国に広がっていった、米価の高騰を背景とした米騒動（一九一八年）など国内外で深刻な社会問題・不安が蔓延していた時代であった。

小河自身は、維新三傑の一人大久保利通の三男である大久保利知事の招きにより、一九一三年に大阪府の救済事業指導嘱託として赴任している。そこで救済事業研究会を立ち上げ、お布施やお恵みなど慈善的救済に関して一定の限界があることを指摘しつつ、科学的な研究をベースに社会課題（貧困など）にあたることの必要性を説いている。

小河のこういった思想的背景として、学校卒業後、内務省に就職して、監獄行政官として更生保護の道を歩むことになっていったことと、方面委員制度における現代にも通じる福祉的な考え方とは極めて密接な関係があると思われる。

名古屋刑務所の刑務官による受刑者に対する暴行事件（二〇二二年）を契機に刑務所改革が進められ、受刑者は二〇二四年四月から「名字＋さん」で呼ばれることになった。現代から一〇〇年以上も前に生きた小河は刑務所の中で、看守が受刑者に対して、体罰をしない、教育で更生させる、名前で呼ぶなどといった改善に力を尽くしてきた。また、非行を行った少年少女に対しては、懲罰ではなく、暖かい愛情と教育の力（家庭主義、協同主義、学校主義）によって立ち直らせることの重要性を主張した。犯罪と貧困との関係の中で、犯罪予防の観点も持ち合わせながら、罪を犯した大人や少年少女に対して、更生保護にかかる社会的責任について説いている。また、小河は出獄人保護事業の中で、〈国家は公共（国民のこと）の健康と福祉を保護・伸長させるべきである〉という「社会公共の責務」という考え方を示している。しかし、更生行政にかかる社会的な流れとして、イソップ物語の「北風と太陽」の北風と歩調を合わせる方向となり、明治維新元勲の山縣有朋らの規律主義・懲戒主義の流れに押される形で小河は監獄行政から離れることとなった。なお、内務省勤務のときに、小河は当時監獄局長であった大久保と一緒に仕事をしており、大久保は小河の人となりに触れていたことが、大久保府知事の招きにつながっていると思われる。

あらためて小河が制度設計した方面委員制度に戻る。

方面委員は、市町村小学校通学区を担当区域として持ち、区域内の世帯の生活状態の把握をもとに生活改善等課題解決に当たることを主たる職務としている。方面委員は知事の委嘱による無給の名誉職の扱いとなっている。これらのことは現行の民生委員活動と基本線は一緒である。方面委員の行動指針となっているのは、小河の「社会測量」という考え方である。医療行為にかかる医者の診断と治療との関係に照らし、〈民衆生活の真相を詳査すべし（査験）〉の中で、「社会事業の根本となり先駆となるべきは、社会測量すわなち民衆の社会的生活状態の真相を調査判明することである」と述べている。

小河の生涯を通じて貫いていたものは、受刑者の更生する可能性を信じるとともに、教育的配慮への必要性を説いたり、貧困救済として個別に地域に働きかけた社会的活動は、「弱き者の友たれ」という信念である。まさに上田市を発祥の地として、地域福祉、更生福祉の芽が出たといえる。上田城跡公園には、小河の石碑と胸像がある。上田城跡公園は、長野刑務所上田支所の監獄があったところであり、小河の功績になにやら因縁が感じられる。

最後に上田では「小河滋次郎博士顕彰会」という任意の団体があり、小河の功績等を後世に残すための地道な活動を行っている。また、長野大学では学部横断型の授業「信州上田学」において、小河の功績等に特化した教育内容を学生達に提供している。

〔参考文献〕

小河滋次郎博士顕彰会著・編『弱き者の友たれ―小河滋次郎・その信念と足跡―』上田市、二〇一九年大手町自治会石碑・胸像冊子作成委員会著・編『上田城跡公園の石碑と胸像~歩いて知る・読んで知る~』大手町自治会、二〇一三年
上田市誌編さん委員会編集『明日を開いた上田の人びと』上田市、二〇〇三年
朝日新聞『天声人語』二〇二四年二月一七日
清水教恵・朴光駿編著『よくわかる社会福祉の歴史』ミネルヴァ書房、二〇一一年
小野坂弘監修・解説『小河滋次郎監獄学優勢集成1 復刻 監獄学(一)』五山堂書店、一九八九年
小野坂弘監修・解説『小河滋次郎監獄学優勢集成3 未成年者ニ対スル刑事制度ノ改良ニ就イテ』五山堂書店、一九八九年
小河滋次郎著『社会福祉古典叢書2 小河滋次郎集』鳳書院、一九八〇年
倉持史朗著『監獄のなかの子どもたち ~児童福祉史としての特別幼年監、感化教育、そして「携帯乳児」』六花出版、二〇一六年

column

上田市の生涯学習と地域協働活動

片岡通有

人生一〇〇年時代といわれる。ある海外の研究では、二〇〇七年に日本で生まれた子供の半数が一〇七歳より長く生きると推計されているという。今まさに日本は健康寿命が世界一の長寿社会を迎えており、一〇〇年という長い期間をより充実したものにするためには幼児教育から小・中・高等学校教育、大学教育、更には社会人の学び直しに至るまで、生涯にわたる学習が重要である。(1)

この生涯にわたる学習（以下、生涯学習）であるが、一般には人々が生涯に行うあらゆる学習、すなわち、学校教育、家庭教育、社会教育、文化活動、スポーツ活動、レクリエーション活動、ボランティア活動、企業内教育、趣味など様々な場や機会において行う学習の意味で用いられている。また、人々が生涯の中で、いつでも自由に学習機会を選択し学ぶことができ、その成果が適切に評価される社会を「生涯学習社会」という。(2)

生涯学習の理念は「国民一人一人が、自己の人格を磨き、豊かな人生を送ることができるよう、その生涯にわたって、あらゆる機会に、あらゆる場所において学習することができ、その成果を適切に生かすことのできる社会の実現が図られなければならない。」と規定されている。(3)

そこで、長野県では「一人ひとりの『好き』や『楽しい』、『なぜ』をとことん追求できる『探究県』長野の学び」を推進しており、「個人と社会のウェルビーイングの実現」を目指している。(4) 上田市も「生涯を通じて学び豊かな心を育むまちづくり」を掲げ生涯学習を推進している。(5)

さて、前置きが長くなったが、生涯学習の実際を上田市の例から紹介しよう。

上田市と大学の連携――まちなかキャンパスうえだ

まちなかキャンパスうえだは、上田市内の五大学等（筑波大学山岳科学センター、上田女子短期大学、信州大学（繊維学部）、長野県工科短期大学校、長野大学）と、上田市が共同で運営する「学園都市・上田」実現のための地域と大学の連携拠点である（図1）。

図2のように、地域と大学をつなぐ「連携の窓口」、大学研究・教育資源を市民の学びに活かす「学びの場」、地域と大学が連携して地域課題等の解決を図る「連携活動の場」であり、市民と大学との協働活動を通じて地域の賑わいを創出するまちづくりの拠点となっている。

図1　まちなかキャンパスうえだ

図2　まちなかキャンパスうえだの機能

役割	まちなかキャンパスうえだの機能
【連携窓口】	・学生ボランティア受付窓口 ・地域連携活動、教育・入試等各種相談窓口 ・大学と連携した地域情報の発信　・市内五大学等の情報発信
【学びの場】	・市民向け講座の開催 ・地域で活躍する人材を講師に迎えた地域志向キャリア教育の場 ・まちなかをフィールドとした教育の場、研究の場
【連携活動の場】	・市民、NPO、企業、行政など地域と大学との協働活動の場 ・まちなかの学生の集い・活動の場 ・地域コミュニティの憩いの場としての市民交流サロン ・「地域のおしごと祭り」など、地域企業・団体等のPR拠点

図3　デザインの発創展（2023年）

近年長野大学により開設された市民講座としては「ヤングケアラーに関するワークショップ」「コンパッション・フォーカスト・セラピー基礎講座」「すいみんカフェ入門編」「街かど読書会」「働く人のメンタルヘルスケア研修」などがあり、大学のもつ豊富な知的資源・人的資源を活かした多様な学びを誰もが享受できる場となっている。

また、多様な市民・企業との協働活動を通して地域活力の創出などに資する地方創生の拠点として活用されている。一例として、増成ゼミナールの「デザインの発創展」（図3）を紹介したい。大学通年科目「プロジェクト研究」での『デザインの分解展』を踏まえて、デザイン制作の成果発表会として『デザインの発創展』が開催されている。ここでは、ゼミ生による信州上田銘菓「みすゞ飴」の新しいかたち、信州ご当地「グリコ」のおもちゃとともに、それぞれのパッケージ、広告デザインなどが展示されていた。当日は「キーホルダーづくりワークショップ」もあり、参加した子どもたちはオリジナルキーホルダーを作り笑顔を見せていた。

地域の拠点である公民館の取組――子どもわいわい会議

公民館は地域の生涯学習の拠点として、地域住民の学習ニーズに対応した講座、講演会、展示会等を実施し、趣味教養としてのさまざまな知識、技能を高めるとともに、グループ活動や同好会等を通し、学び、教え合う場所である。(6)

ここでは上田市城南公民館での取組「城南地区子どもわいわい会議」を紹介しよう。

図５　子どもわいわい会議——大学生の朗読

図４　城南公民館

この会議は、地域の子どもと大人が集い、異世代・異年齢の交流を深める機会として「子ども・若者育成支援強化月間」（一一月）に合わせて実施しているものだ。会場である体育館には、地区内の小学校・中学校・上田千曲高校の生徒・教員、長野大学社会福祉学部のゼミ生、自治会役員・公民館分館役員・ＰＴＡ関係者・公民館運営審議会委員など総勢一〇〇人が参加した。小中高大の児童生徒学生と地域の大人が一堂に集い、小グループ単位でテーマに基づき意見交換する場なのである。近年のテーマはＳＮＳや本当の友情、規律と自己責任などであり小学校の道徳教材や創作カルタをもとに世代を超えた議論が展開されている。

世代間の断絶が指摘される時代にあって、城南公民館の取組は世代を超えた交流から地域の融合を推し進めるという当たり前でありながらも難しい取組を続けている好例といえよう。

人生一〇〇年という生涯学習社会では、豊かで一人一人の個性に合った生き方を享受するための学びや機会の保障がとても大事である。今回、上田市の取組を紹介したが、ここでは世代を超えた学びが意識されている。さらには大学や関係機関との協働的な取組が展開されている。なぜなら生涯学習が世代間で隔絶された孤立した学びではなく、地域というつながりの中で展開される学びだから。生涯学習が個別最適でありながら協働的な学びでもあることを切に期待している。

〔参考文献〕
（1）人生100年時代構想推進室「人生100年構想会議中間報告」平成二九年一二月
（2）文部科学省「文部科学白書」『第3章　生涯学習社会の実現』平成三〇年
（3）教育基本法第三条「生涯学習の理念」平成一八年一二月二二日公布
（4）長野県教育委員会「第4次長野県教育振興基本計画」令和五年三月
（5）第二次上田市総合計画「後期まちづくり計画」『第5編教育　生涯を通じて学び豊かな心を育むまちづくり』（令和三～七年度）
（6）社会教育法第二十条「第五章公民館（目的）」平成二〇年六月一一日公布

第8部

世界とつながる
——大学的長野の定位ガイド

三つの大日向村
――佐久穂町、吉林省舒蘭市、軽井沢町――

塚瀬　進

はじめに

佐久穂町（二〇〇五年に佐久町と八千穂村が合併して佐久穂町になる）には、かつて大日向村《おおひなた》という村があった。大日向村は江戸時代から続く村であったが、一九五六年九月に佐久町へ編入され消滅した。

大日向村の歴史をひもとくと、そこには長野県が固有に持つ地域の特徴を知ることができる。養蚕や炭焼きにより大日向村は繁栄を謳歌したが、昭和恐慌の打撃を受け、村として立ち行かなくなった。そこで、満洲国への移民を選択して、一九三八年に農業移民を吉林省舒蘭市へ送り込んだ。しかし、敗戦により引き上げを余儀なくされる。大日向村に帰還した人々を待っていた現実は厳しかった。戦前と同様に大日向村で生きていくことは難しく、今度は軽井沢町への移住を余儀なくされた。大日向村は時代の流れの中で移民を送り出し続けていたのである。

この章は、三か所に存在した大日向村の歴史をたどり、そうした経緯の中から長野県の持つ特徴について指摘することを目的にしている。

1 現佐久穂町にあった大日向村

大日向村は千曲川の支流である抜井川沿いに形成された山間村である。山がちのため日がさす時間は短く、「冬など朝は九時にならねば太陽を仰ぐことができず、午後は三時には」日は沈むので、「俗に半日村」と呼ばれており、「大日向村とは名ばかりの暗い日陰の村である」と小説『大日向村』は記述している（図1）。

大日向村は江戸時代には存在しており、一六二九年（三代将軍徳川家光の治世）には一六戸が暮らしていた。その後人口は増え、約三〇年後の寛文年間（一六六一～一六七三年）には一一〇戸に、享保年間（一七一六～一七三六年）には三〇〇戸になっていた。しかしながら、一七四二年の大水害、一八三六年の「天保の大飢饉」の影響を受けて荒廃してしまう。明治年間に入ると、一八八〇年には二四一戸が暮らす村落になっていた。[1] そして、一八九九年四月に町村制が施行されたことにより、佐久郡大日向村ができる。

大日向村は平地に乏しいことから、農業だけで生計を維持することはできなかった。そのため、農業以外の産業を興していた。大日向村は十石峠を通り、群馬県方面に米を運ぶ物流の要衝に位置する。それゆえ、物資の運搬にかかわって収入を得る、運送業に従事する人がいた。しかし、一八九三年に碓氷《うすい》トンネルが完成して、横川（群馬県）～軽井沢（長

（1）「大日向村分村計画の解説」山田昭次編『近代民衆の記録6 満州移民』新人物往来社、一九七八年

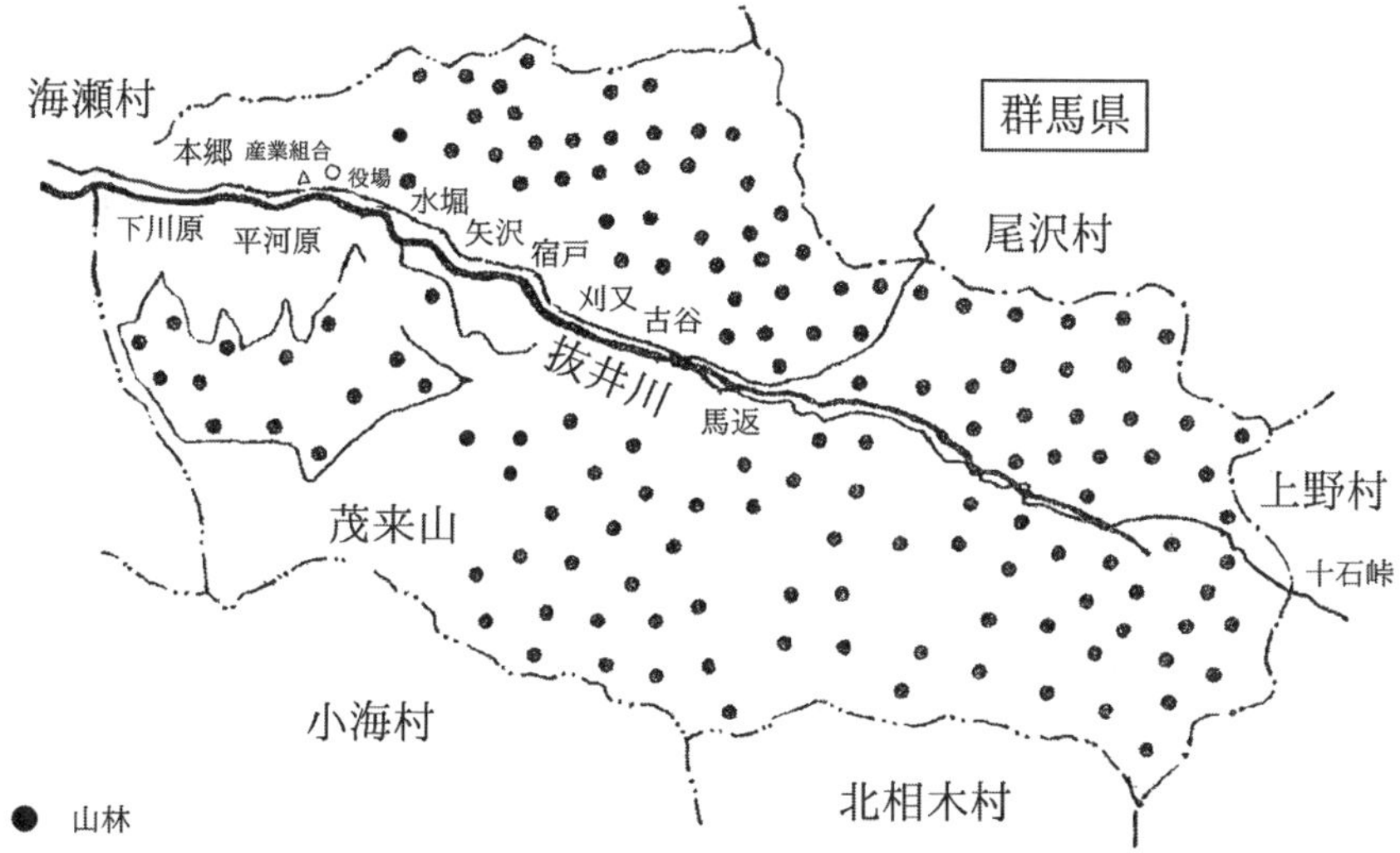

図1　大日向村の略図（出典：池上甲一「満州」分村移民の論理と背景『村落社会研究』第1巻第2号、1995年の図1を参考に改図）

野県）間の鉄道が開通すると十石峠を通る物資は減少する。そして、一九一九年に私鉄佐久鉄道（現小海線）が小海駅まで開通した。小海駅まで鉄道が敷設されたことにより、十石峠経由の物流は大きく減少し、大正期に運送業は衰退してしまう。

運送業の他に鉱業が指摘できる。大日向村の山々では鉄、クロム、銅などが産出した。とくに鉄の採掘は江戸時代からおこなわれていた。採掘された鉄鉱石から鉄を作る施設も存在し、一九世紀中ごろでは年間五○○○貫前後の鉄が生産されていた。(2) 明治、大正年間も鉄鉱石の採掘はおこなわれ、ピーク時の一九一八年には鉄鋼石の総産出量は六一六九トンに達した。(3) 採掘労働者は外来者がほとんどであったことから、採掘労働者の消費行為が大日向村に利

（2）　南佐久郡誌編纂委員会『南佐久郡誌　近世編』南佐久郡誌刊行会、二〇〇二年

（3）　長野県編『長野県史　近代史料編第五巻（四）』長野県史刊行会、一九八六年

写真1　旧大日向村を流れる抜井川（筆者撮影）

益をもたらしていた。しかし、昭和年間になると鉱業は衰退してしまう。

運送業、鉱業は大正期後半に衰退したが、その代わりに養蚕業が盛んになった。一九一九年における大日向村の養蚕戸数は二五〇戸、一戸あたりの年間生産額は六〇五円であった。これが、ピーク時の一九二五年には戸数二七六、一戸あたりの年間生産額は七〇六円に達した。だが、以後昭和恐慌の影響を受けて生産額は減少する。一九二七年の一戸あたりの年間生産額は三〇三円に、一九三四年には一一〇円にまで減少してしまう。

大日向村は山林が豊富なため、炭焼きが盛んにおこなわれていた。抜井川《ぬくいがわ》の上流地区は水田耕作が難しいため、炭焼きに依存して生計を立てる人が多く、専業でおこなう人もいた。昭和恐慌により炭価も大きく値下がり、恐慌以前の収入を得るにはこれまでの倍以上の炭を生産しなければならなくなった。このため山林の伐採がかつてないスピードですすめられ、原木の枯渇が深刻化した。

以上から、大日向村は耕地が狭隘なため農業で生計を立てることは難しかったので、明治・大正前半は運送業、鉱業が、大正後半以降は炭焼き、養蚕業に依存する度合いが高い村であったと指摘できる。それがゆえに、昭和恐慌の影響を強く受けてしまった。

昭和恐慌以前は「繭と炭」により栄えた大日向村ではあったが、恐慌は村の状況を一変させた。「昭和五年以来繭値はガタ落ち、木炭価格又暴落」したため農家収入は急激に減少した。「繭や木炭の値段が下ったからと言って、肥料の価格や村税の賦課額がその割合で下ってはくれない」。桑畑の拡張は困難なため、多くの村民は製炭業へと参入した。その結果、山林は過伐され、原木の採取が難しくなり、製炭業を営む村民は「遠く群馬県境を越えて原木をあさり、朝は四時頃に起き出で、三里の道を上り、夕は星を戴いて帰らねばならない。父は子供の通学の姿を知らず、子供は父の山行き姿を知らないと云ふ様な、惨めな生活に追い込まれて」しまった。(4) こうした状況下で満洲分村移民の計画が浮上したのである。

(4) 註1に同じ

2 満洲分村としての大日向村

昭和恐慌による繭価格と木炭価格の下落は、大日向村の人々の生活に大きな打撃を与えた。農家の負債はふくらみ、村税の滞納が相次ぎ、村政の運営は立ち行かなくなった。恐慌対策としておこなわれた経済更生指定村に、大日向村は一九三二(昭和七)年九月に指定され村政の再興をはじめる。一九三五年には村政刷新をはかるため、浅川武磨を東京から呼び戻して村長にすえるなど、新たな動きを起こしていた。

大日向村が経済再建に取り組む最中、一九三六年二月には「二・二六事件」が起こり、日本は軍国主義化へと傾斜していく。こうした中で、満洲国への農業移民送出が国策へと浮上する。一九三六年七月に広田内閣は「満洲農業移民百万戸移住計画」を「七大国策」の一つとした。満洲国への農業移民は一九三二年以降おこなわれていたが、推進主体は関東軍や拓務省であった。しかし、一九三六年以後は国策として推進されたので、送出者の人数も大きく増えていく。

村長に就任した浅川武麿は満洲国への移民送出に積極的な姿勢を示した。また、産業組合専務理事の堀川清躬《きよみ》も自ら満洲国へ行くことを表明して、満洲国への移民の必要性を村内で喧伝した。そして、村役場、農会、産業組合、小学校教員からなる「四本柱会議」は一九三七年三月に大日向分村移民計画を承認した。その内容は、現在の戸数四〇六戸の内、一五〇戸と分家五〇戸の合計二〇〇戸を移民として送り出して大日向分村を満洲国につくり、母村は二五〇戸、人口一二五〇人以内として、一戸当たりの経営規模を拡大するというものであった。満洲国に分村をつくるという分村移民は、大日向村が最初である。

一九三八年一月には入植地が吉林省舒蘭県四家房に決まった。入植地は鉄道沿線に近く、水田、用水路が存在する好条件の場所であった（図2）。一般的に満洲国への移民は「満洲開拓移民」と称されることもあるが、大日向分村の場合は農地の開拓はおこなっていない。中国人が拓いた既耕地に入植したのである。同年二月以降先遣隊が派遣されて入植の準備がはじまり、分村村長は堀川清躬に決まった。同年七月と一〇月には家族の入植がおこなわれ、三〇〇名以上の女性や子供が満洲国に渡った。一九三九年一二月時点での移民戸数一九一戸、移民者数五八六人であった。(5)

大日向村分村は最初の分村であったこともあり、模範的な満洲国への移民の事例として宣伝された。映画や書籍になり、とくに和田傳『大日向村』（朝日新聞、一九三九年）はベストセラーになった。しかし、問題点も指摘できる。第一に、先住民との関係である。入植地には中国人約三〇〇〇人、朝鮮人約一〇〇〇人が暮らしていたが、彼らは日本人の入植後には他郷に行くか、日本人農家の小作人として働くかのどちらかを選択せざるを得な

（5）長野県開拓自興会満州開拓史刊行会『長野県満州開拓史　各団編』一九八四年

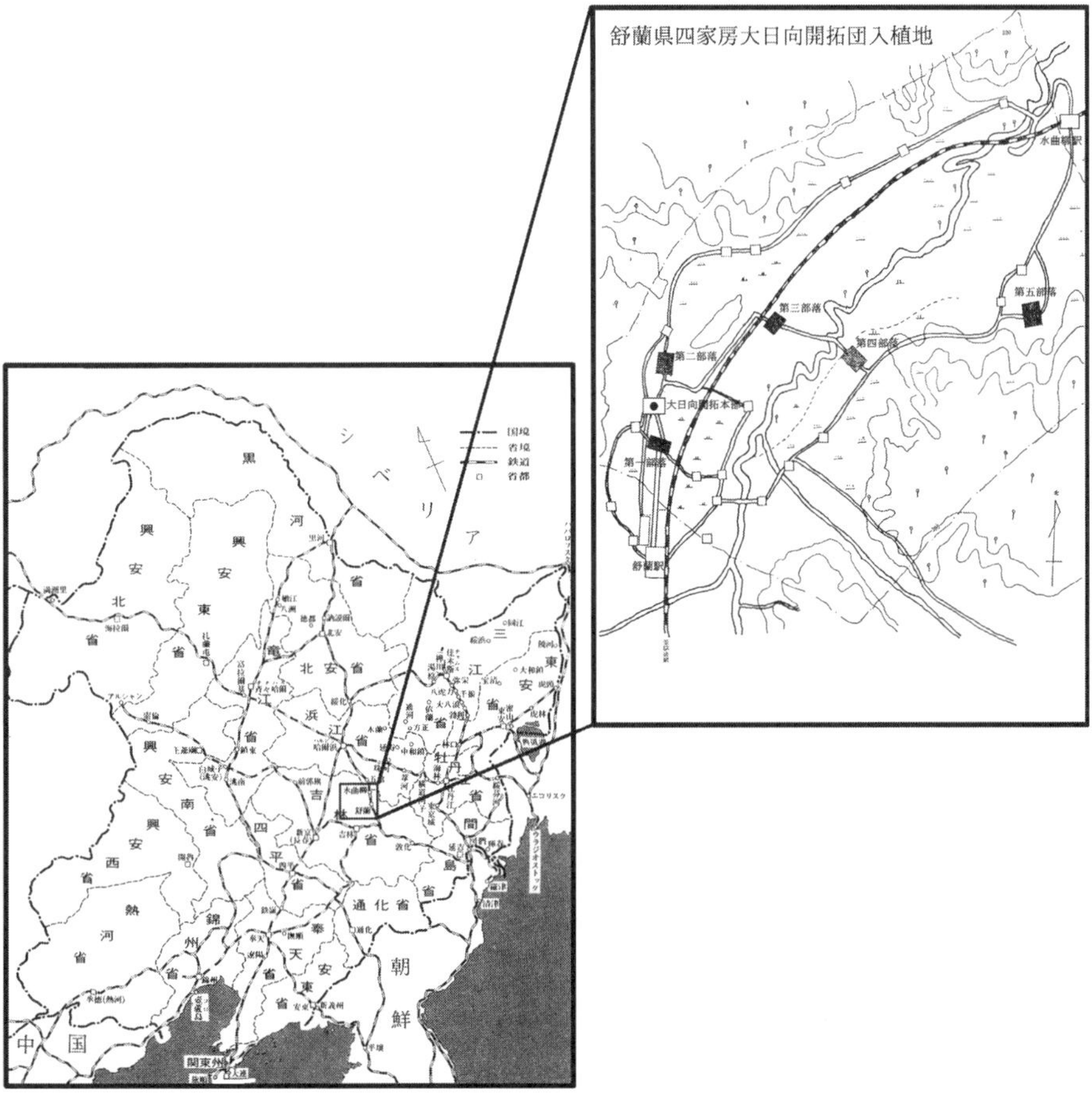

図2　満洲国の大日向開拓団入植地（出典：『満州・浅間開拓の記』銀河書房、1983年、39頁などを参考に作成）

写真2　大日向公民館（軽井沢）にある開拓碑（筆者撮影）

かった点である。分村長の堀川清躬は中国人、朝鮮人との関係性を重視して、民族融和を声高に主張していたそうである。しかし、「国の威光をかさにきて」行動する日本人も多かったという証言もある。[6] 第二に、入植した一九一戸の内、六二戸は大日向村以外の人であり、分村と称していたが、実際には村内だけで移住者を集めることはできなかった点である。第三に、移住者の土地を配分して母村の農業状況を改善するという目的は十分には達成されなかった。その理由として二点指摘されている。一つには、移住者の所有耕地は零細か、または無所有者が多かった点である。移住者の多くは次男、三男または炭焼労働者であり、再分配された耕地は大きなものではなかった。二つ目として、移住者の家族の一員が母村に残り、農地、山林、墓地を管理したり、または「マケ」（墓地を共有する同族集団）の家に土地の管理を任せたため、再分配に供される土地は多くなかった点である。これらの理由から、分村移民により耕地の移動は生じたが、農業構造の変化におよぼした影響は軽微であったと評価されている。[7]

　敗戦時の一九四五年八月では、大日向分村の戸数は二一六戸、人口は七九六人であった。敗戦以降、中国人や朝鮮人からなる「暴民」の襲撃を受け、村民の財産を略奪された。村民の大半は九月二四日に分村を退去して長春への移動を強いられる。難民生活を送るなか、飢え、発疹チフスなどの伝染病により多数が死亡し、分村長の堀川清躬も死去した。

（6）「大日向村満州移民聞き書き」山田昭次編『近代民衆の記録6　満州移民』新人物往来社、一九七八年

（7）池上甲一「満州分村移民の論理と背景―長野県大日向村の事例研究―」『村落社会研究』一巻二号、一九九五年

一九四六年九月に約二〇〇名が佐世保に上陸し、その後大日向村に帰還して、大日向村の満洲国への移民は終わりを迎えた。

3 軽井沢への入植とその後の大日向村

移住者は帰村したといえ、土地・家屋を処分して渡満したので生活基盤は失われており、母村にとどまれる状況はなかった。一九四七年に六五戸、一六五名が軽井沢町長倉(現在、通称軽井沢町大日向)へ移住した(図3)。入植者は開拓に邁進し、一年後には三〇町歩が、二年後には五〇町歩の農地が開かれた。これに軽井沢町の人々は驚き、「このままでは、大日向の開拓団に浅間山は全部とられてちまう」という危機感を持った意見も出された。こうした事態に開拓団側は、「普通一家族二町歩で生計がたつなら、わしらは二倍、四町歩の土地がなけりゃやってゆけない。火山灰土じゃ一毛作がせいぜい。収穫は普通の土地の半分しかできねえ」と反論した。開拓地は火山灰土のため稲作はできなかったので、稲作ではない方法で収益をあげることが求められた。一九四八年に役牛七頭、乳牛一三頭の飼育をおこない、酪農をも取り入れた農家経営へと移行の試みをはじめた。

一九五一年に集団での開墾作業は終了したとして、開墾地は抽選により農家に分配された。農家は土地の分配を受けたが、土地の所有権を得るにはもう一つハードルを越える必要があった。一九五〇年に農家は政府との間に土地売渡予約書を交わしていた。その内容は、五年後に検査がおこなわれ、適正な農家経営がおこなわれていると評価されれば、土

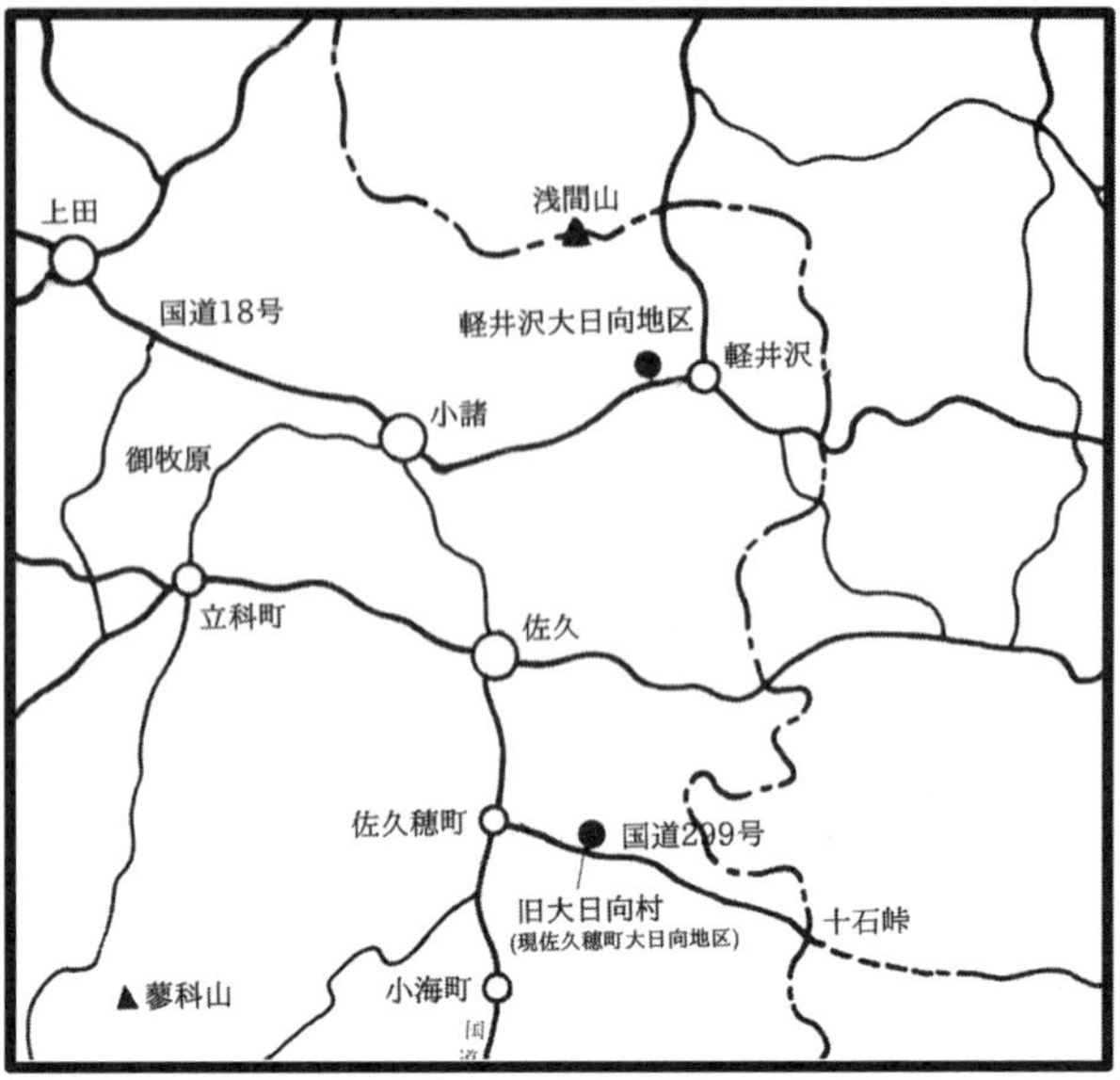

図3　長野県にあった大日向村（筆者作成）

地売渡予約書に記載された価格で所有権を得ることができるというものであった。農家は検査に合格できなければ開墾した土地を入手できず、これまでの苦労が無駄になってしまう。それゆえ、検査に合格できるよう、自分たちの食料を削り、無理をして現金収入を得るために農産物を売却するなど、必死の努力をした。こうした努力の結果、一九五五年の検査では六五戸が合格し、一戸平均二・五ヘクタールの農地を入手した。

一九六〇年代に日本経済は高度成長期に入り、軽井沢は避暑地としての開発がすすめられた。そのため、大日向地区の土地価格は上昇し、土地を売却して大金を入手する人も出た。一九六四年に農業以外の産業を発展させる目的から、開拓組合長を務めた横井今朝一を社長にした大日建設が創設された。以後、農業から商店、旅館、建設業に転身する人が増える。そして、一九七三年に大日向開拓組合は解散し、開拓の歴史は幕を閉じた。(8)

(8)　大日向分村開拓団開拓史編纂委員会編著『満州・浅間開拓の記』銀河書房、一九八三年

大日向村は戦後にどのようになったのか見てみたい。

一九五〇年代前半ではまだ戦前の状況が色濃く残っていた。しかし、五〇年代後半に水田の造成がおこなわれ、稲作を主とする農業へと転換した。稲作中心による農業がしばらく続いたが、一九九〇年代に入ると花卉《かき》栽培（菊、カーネーションなどの栽培）への転換がおこなわれ、稲作は縮小した。

一方、戦前に栄えた養蚕と炭焼きは衰退した。一九七〇年から一九八〇年にかけて桑園の面積は五〇haから二一haになり、大きく減少した（表1）。そして、一九九〇年代になると桑園は消滅した。炭焼きは、家庭燃料がプロパンガスに転換したことから衰退し、一九九〇年には一～二戸が細々とおこなっているにすぎなくなった(9)。つまり、一九五〇年代後半から産業構造の変化が生じ、一九九〇年代には戦前に存在した「繭と炭」に依存した産業構造は消滅したと指摘できる。

一九五六年に佐久町に編入され大日向村は廃止となった。二〇〇五年には佐久町と八千穂村が合併して佐久穂町になり、かつての大日向村は

表1　耕地面積の推移（ha）

年	耕地総面積	田	畑	樹園地
1929	262	47	22	192
1950	186	50	68	68
1960	181	97	33	51
1970	170	91	27	52
1980	139	84	32	23
1990	133	76	35	3
2000	77	55	18	4
2010	35	23	8	2
2020	15	10	4	1

出典：大迫輝通「日本の養蚕村の推移と現状（3）―過疎の進む千曲川上流大日向村―」『地域経済』第13集、1993年、および農林水産省「農林業センサス」より作成。

（9）大迫輝通「日本の養蚕村の推移と現状（3）―過疎の進む千曲川上流大日向村―」『地域経済』一三号、一九九三年

現在では佐久穂町の行政下にある。

おわりに

耕地が狭隘であることから、農業以外に収入を求める必要性が大日向村では高かった。大正期前半までは運送業、鉱業が、大正期後半以降は養蚕と炭焼きが農業以外の産業としておこなわれていた。昭和恐慌により養蚕と炭焼きは収入源にはなり得ない状況となった。そこで満洲国への移民がおこなわれた。敗戦後では軽井沢への移民がおこなわれ、大日向村内だけでは多くの人口を養えない状況が存在した。

自然条件により多数の人々を養うことが難しいという状況は、長野県の他の村落にも共通する点である。大日向村は他の長野県の村落に比べて、苦境を脱する解決策を必死に村をあげておこない、その解決策の一つとして満洲国への移民がおこなわれたと指摘したい。

現在の佐久穂町大日向地区は人口減少に苦しんでおり、二〇二〇年の人口は五七四人、二三八世帯である。一九八七年では人口一〇六〇人、世帯数三一〇世帯であったので、人口、世帯数ともに大きく減少している。以前の移民を出さなければならなかった状況はまったく失われ、過疎地区として今後の存続が危ぶまれている。

信州におけるイスラーム文化

——入安ビラール

はじめに

今日では世界のムスリム人口がおよそ二〇億人になり、世界人口の二五％を占めるといわれている（店田二〇二二）。国際化が進んでいる今日では、国家間の政治・経済だけではなく、地域社会に直接関わっている異文化理解・多文化共生などの文化領域でもイスラーム社会の存在が顕著になり、その重要性が高まりつつある。信州にもイスラーム文化を背景にもつ人々が数多くいる。故に、ここでイスラームとはどんな宗教なのか、我々日本人が考えている宗教との違いは何なのかなどを述べると同時に、日本とイスラームの関わり、信州のイスラーム文化事情、ムスリムの飲食文化、などについて簡潔に紹介していく。

1　社会・文化・宗教

本題は文化絡みのことなので、ここでまず社会と文化と宗教の間の関連性について少し触れておきたい。

日常生活では、我々は社会・文化・宗教三者間の関連性をほとんど考えずに日々を過ごしている。だが、実際、社会は一定の文化をベースに成り立っているもので、文化の根源に宗教が絡んでくる。西洋文化はキリスト教の教えをベースに、イスラーム文化はイスラームの教えをベースに、東洋文化は儒教、仏教や神道などの教えに沿って、長い歴史の中で発展してきた。その中でも、「世界宗教」といわれるキリスト教、イスラーム教、仏教の三大宗教は民族、地域、国を超え世界中に広がり、それぞれの定着地域で文化・社会の基盤になり、地域住民の風俗習慣や行動規範の基礎となってきた。つまり、簡潔にいうと、一つの社会を正しく理解するには、その社会の文化基盤を理解しておく必要があるということである。そうでなければ、その社会への認識が一方的・偏ったものになり、それが誤解や偏見につながる原因になる。日本社会は日本文化を中心とするものであり、日本社会を理解するには日本文化を知ることが必要不可欠である。同様に、イスラーム社会はイスラーム文化を軸に動いているので、イスラーム社会を知るにはイスラーム文化に関する基礎知識を知っておく必要がある。

2　イスラームに関する基礎知識

イスラーム文化はイスラームをベースに成り立っている文化であり、今日の世界三大主流文化（西洋文化、イスラーム文化、東洋文化）の一つである。今では、世界人口の四人に一人はイスラーム教徒であるといわれている。日本では「イスラーム教」という表記がよく使われているが、実は「イスラーム」という語自体が宗教を指す言葉であるので、本章では「イスラーム」という表現を使うことにする。因みに、イスラーム教徒を「ムスリム」という。

日本では、「イスラーム」というと、大抵アラビアやアラビア文字圏、アラビア語圏をイメージし、イスラーム文化はアラビア文化と考える人は多い。確かに、イスラーム圏の中ではアラビア文字を使われる国や地域は多いのだが、しかし、イスラーム圏は必ずしもアラビア文化圏、アラビア語圏、アラビア文字圏であるとは限らない。例えば、イラン、トルコ、インドネシアなどの国々は、国民のほとんどがムスリムであり、イスラーム圏に属する。が、イランはペルシャ文化圏に、トルコはトルコ文化圏に、インドネシアはマレー文化圏に属し、アラビア文化圏と異なる。言語学の角度から見ても、イランの公用語がペルシャ語、トルコの公用語はトルコ語、インドネシア語はオーストロネシア語族マレー・ポリネシア語派に属する言語であり、これらの言語はアラビア語と全く異なる別ものである。表1のとおり、イスラーム文化は世界のさまざまな地域に広がった多様性に富んだ文化である。イスラーム文化圏には様々な民族、人種、文化、言語が混在している。ムスリムはアラブ民族や中東に限った存在ではなく、世界各地でイスラームの教えを守って日常生活を送っている人々を指す。

「イスラーム」という言葉は「神に帰依」、「神に従う」という意味を表す言葉と解釈されている（大塚他二〇〇二）。イスラームは唯一絶対の神「アッラー」を信仰し、アッラーが最後の預言者たるムハンマドを通じて人々に下したとされるコーランの教えを信じ、従う一神教である。

表1　ムスリム人口の多い上位5カ国

順位	国名	ムスリム人口
1	インドネシア	2億3100万人
2	パキスタン	2億1230万人
3	インド	2億人
4	バングラデシュ	1億5370万人
5	ナイジェリア	1億300万人

出所：『東南アジアのイスラームを知るための64章』（明石書店）

イスラーム教理の基本

イスラームの教理の基本は「イーマーン」と「イーバーダット」である。「イーマーン」とはムスリムが信じなければならない六つの信仰箇条を指し、いわば信仰の理論的な部分に当たる。「イーバーダット」は信仰の証である義務上の五つの崇拝行為である。日本では「イーマーン」と「イーバーダット」を意訳して「六信五行」という。

イスラームは世界中に広がっている宗教であるため、地域や宗派による多様性があるが、大きく分けると「スンニ派」と「シーア派」の二つに分かれる。他宗教では、宗派によって信仰箇条に相違があるケースがよく見られるが、イスラームでは、この信仰箇条は不動であり、地域や宗派によって変わることはない。この信仰箇条に少しでも疑いを抱いたり、反する言動を取ったりすることはタブーとされ、イスラーム教徒ではなくなると危惧される。

イスラームの六信とは次の諸信仰箇条を信じることである。

①唯一全能の神アッラー、②天使、③啓典、④預言者、⑤来世、⑥定命

イスラームの信仰箇条①〜⑥を簡潔に解くと次のようになる。

ムスリムは、アッラーはこの世の創造者、すべての支配者であり、アッラー以外の神はいないことを信じる。天使たちが存在し、アッラーの命令の下で働きを行うことを信じる。コーランはアッラーの言葉で、人間に下した最後の啓示であることを信じる。コーラン以前の啓典は皆人が手を加えたものと認識する。アッラーから多くの預言者が派遣されていたことを信じるが、最後の啓典コーランを人間にもたらしたムハンマドを大事にする。来世の存在、復活の日、死後の生を信じる。現世は来世のためにあり、来世こそが永遠の世界であり、この世での行いによって、来世は天国か地獄に分けられることを信じる。定命、つまり、この世のすべてのことはアッラーの意によるものであり、アッラーの定めた天命であることを信じる。

イスラームへの信仰は内心的な信念だけでは成り立たず、内心信仰の証として実践行為「イーバーダット」が義務付けられている。イーバーダットとはムスリムがアッラーへの敬意を明らかにするために義務としてなすべき「崇拝行為」である。具体的には①信仰告白、②礼拝、③断食、④喜捨、⑤巡礼の五つの行いを指す。信仰告白とは、「私はアッラーが唯一の神で、ムハンマドが最後の預言者であることを証言します」という句をアラビア語で唱えることを指す。礼拝とは、一日五回（夜明け、正午、午後、日没、夜）、定められた

動作や言葉、コーランの章句を唱え、礼拝をすることを指す。通常の礼拝はどこで行っても良いとされるが、金曜日の正午の礼拝だけはモスクに行き、集団で行うべきとされる。断食はヒジュラ暦（イスラーム暦）のラマダン月（九月）に一か月間、日の出前から日没までの間、一切の飲食を断つことである。断食の期間中、喫煙や性的な営みなどの欲望も禁止となる。喜捨とは、貧しい人のために自分の富を分け与える行為を指し、義務の「ザカート」と任意の「サディカ」の二種類に分かれる。巡礼とは、身体的・経済的に可能な限り、一生に一度メッカへ巡礼に出かけることをいう。巡礼はヒジュラ暦第一二月の八日から一〇日の時期を中心に行う大巡礼と、それ以外の期間で行う小巡礼の二種類ある。

3　日本とイスラーム

イスラームは古くからアジア、アフリカ、ヨーロッパ、北アメリカを中心にほぼ全世界にひろがった宗教であるが、日本がイスラームを知るようになったのは一九世紀末の明治時代からになる。その主な原因は、東アジアに古くから中国の儒教思想体系が根強く定着していて、一神教を受け入れる社会土壌はなかったと考えられる。さらに、江戸時代になると、江戸幕府がキリスト教を禁じる法令を出し、外部の宗教に対して排他的政策を実施したことに加えて、一九世紀半ばまで幕府が鎖国政策を取り続けた。この一連の政策の下で、イスラームの日本への伝入ルートが完全に断たれ、イスラームが日本人にとって遠い宗教となった。

日本のイスラームとの新たな関わりは明治時代に入ってからである。明治に入って、日本の開国が進められると、日本人初のイスラーム教徒、メッカ巡礼者、イスラームを学ぶ人たちが出始める。そんな中、イスラームが日本に広く知れ渡るきっかけとなったのは和歌山県串本町で起こったオスマン帝国海軍艦船エルトゥールル号の海難事故である。この海難事故は後に日本とトルコの友情の絆を築く歴史的な出来事となる。この出来事の粗筋に触れておこう。

一九世紀末、ヨーロッパ列強とロシアの南下政策がオスマン帝国に脅威となってくる。そこで、オスマン帝国は、同じくロシアの南下に苦戦しているアジアの強国日本に興味を持ち、六五六名からなる親善使節団を派遣する。使節団一行を乗せたエルトゥールル号は、帰路の途中、和歌山県串本町大島樫野崎沖で台風に遭遇、遭難する。一八九〇年九月一六日夜九時頃の出来事である。村民たちの夜の悪天候下での決死の救出により、六九名の生存者が救われる。この事故のことを各新聞社が取りあげ、日本全国に知れ渡る。後に、日本政府が海軍の軍艦二隻を派遣し、生存者六九名をトルコに送り届ける。生存者を送り届ける軍艦がトルコに到着後、現地の新聞社は日本政府および日本国民の対応を大々的に報じ、トルコで大きな反響を呼ぶ。この海難事故は、トルコで小学校の歴史教科書に載せられ、後世に伝えてきたといわれている。

それから一世紀後の一九八五年三月、イラン・イラク戦争に巻き込まれ、テヘランの空港で足止めされた日本人二一五名をトルコ政府が救援機二機を派遣し、救出する。

映画『海難1890』はこの二つの史実を基に作られたものである。

日本がイスラームの研究やイスラームの宣伝活動に本格的に取り組み始めたのは一九三

〇年代から一九四五年の終戦までの期間である。満州事変後、日本政府が反漢、反共勢力として中国東北・西北部のムスリムに注目し「回教政策」(「回教」とはイスラームを指す中国語である)を実施し、イスラーム社会と連携を取り始める。この国策の後押しもあり、この時期日本でイスラーム研究が盛んに行われ、日本人ムスリムも一気に増え、モスクの建築も始まる。一九三五(昭和一〇)年、ロシア革命後に日本に亡命したタタール人や在日インド人によって日本最初のマスジット「神戸モスク」が建てられる。その翌年の一九三六(昭和一一)年名古屋モスク、一九三八年に今の「東京ジャーミィ」の前身である「東京回教礼拝堂」が建てられる。この時期にイスラーム研究も急ピッチで進められ、アラビア語、トルコ語、インドネシア語を学ぶ教室や教材もつぎつぎ現れ、日本のイスラームブームがピークとなった時期である。昨今では、イスラームインバウンドやハラール認証など研究活動が盛んである。

4 信州のイスラーム文化

信州のムスリム

冒頭にも言及したように、長野県にも数多くのムスリムが住んでいる。長野県の公式サイトの「長野県の外国人住民統計」によると、およそ一二〇の国や地域からの外国籍住民が県内に在住していることが分かる。トップ五は中国、ベトナム、フィリピン、ブラジル、韓国・朝鮮の順になっている。一見、このトップ五の国はイスラームとの関係性がないように見えるが、実際上田市だけでもウイグル族、回族等中国出身のムスリム文化を背景に持っている人たちがいる。筆者もその中の一人で、中国新疆ウイグル自治区出身のウイグル族である。二〇〇七年、京都から今の職場に移って来て、家族で信州に住んで一〇数年になる。

県内のムスリムの大多数をインドネシア、パキスタン、マレーシア、バングラディシュからの外国籍住民が占めているが、その他にも、ウズベキスタン、キルギス、エジプト、シリア、アフガニスタン、サウジアラビア、イラク、モロッコ、トルコ、ナイジェリアなどの国々からの県内在住者も多くいることがこの統計データから見て取れる。これらの国々からの住民のほとんどが、敬虔の念に差異が見られるものの、ムスリムである。彼らの在留資格や従事している職業はさまざまである。日本人の配偶者や日系二世、三世の人も多くいる。

信州在住のムスリムたちは外国籍住民だけに限らない。日本人ムスリムも数多くいる。日本人ムスリムの多くを占めるのはムスリムと結婚してイスラームに改宗した者やその子供たちである。長野県坂城町にあるモスク「一般社団法人ビラールモスクナガノ」（英名：Bilal Masjid Nagano）（二〇〇四年設立。以下ビラールモスクという）での取材では、日本人配偶者がいる人は数十人に上ることが分かった。

因みに、日本全国では、日本人ムスリムや結婚などで永住権を持っている人およびその子供たちを合わせるとおよそ四万五〇〇〇人以上いるといわれている。

特記すべきことだが、ビラールモスクでの取材の際に、「矢野」、「山口」、「宮沢」、「中川」などを名乗るインドネシアからの日系二世、三世の人たちが結構多いことが分かった。彼らの歴史背景に「欧米の植民地支配から、亜細亜を解放し、日本を中心とした共存共栄の大東亜共栄圏を建設する」という日本の当時の国策がある。このインドネシアの日系二世、三世の多くは、当時の「日本残留兵」たちの子孫である。敗戦後、日本軍がインドネシアから撤退した後に、オランダが植民地化を狙って、インドネシアに再び進攻してくる。その際、日本占領期に組織された防衛義勇軍と共に、現地に残留した日本兵二〇〇〇人が四年の長期に及んでオランダ軍と戦い、インドネシアの独立に大きく貢献したことが史実として語られている。「残留日本兵たちの言葉」として、彼らが残した名言「大東亜戦争というのは、大東亜を解放するための戦争で、それならずして日本が負けた。でもインドネシアが独立しようとしている。だから日本ができなかったことを、我々は小さな力だけれど、彼らに示そうではないかと戦った。」があることをテレビ番組「映像の世紀　大東亜共栄圏の三年八か月」で知った。今、彼たちの子孫が信州で暮らしていることは、実に興味深い。県内にムスリムが多く在住し始めたのは一九八〇年代のノービザ時代からといわれている。

県内のイスラーム関連施設

長野県内には、モスクが二つある。一つは上記の「ビラールモスク」（写真1）であり、もう一つは塩尻にある「塩尻モスク」（英名：Masjid Jamia Al Iman）である（写真2）。モスクには、普段近辺在住のムスリムたちが礼拝しに来るが、金曜の集団礼拝時には結構多くの人が集まる。モスクに人が一番多く集まるのはイスラームの二大祭りである「断食明け祭り」と「儀生祭」の集団礼拝の時である。この時、ビラールモスクだけで数百人に上る

写真2　塩尻モスクの外観

写真1　ビラールモスクナガノ（英名：Bilal Masjid Nagano）の外観

写真4　ビラールモスク内の清め（ウドゥー）を行う場所

写真3　ビラールモスクナガノ（英名：Bilal Masjid Nagano）の内部

ので、これらの祭りの際の礼拝は二回に分けて行っている。

「モスク」という表現は欧米由来の表現であり、イスラームではモスクを「マスジット」（Masjid）という。日本では「マスジット」を「イスラーム寺院」という場合が多いのだが、これは間違った用語である。マスジットにはご本尊や祭壇もない。もちろん聖職者に当たる者もいない。あるのは「ミフラーブ」（祈りの方向を示す壁の窪み）、「ミンバル」（ミフラーブの横にある説教台）と信徒たちが横に並んで礼拝するスペース（ムサッラー）（写真3）の三つだけである。ムスリムは礼拝の前に流れる水で体を清め（ウドゥー）、それから礼拝にはいるため、モスクにはウドゥーを行える場を設けるのが一般的である。写真4は、ビラールモスクのウドゥーを行うところである。

モスクの主な役割は皆が集まって一緒に祈る場所を提供することである。

ビラールモスクの「ビラール」はイスラームの歴史上最初にアザーン（礼拝時刻が来たことを告げる）を唱えたムアッジン（アザーンを唱える人）の名前である。彼は奴隷から預言者ムハンマドの側近に上りあがった黒人である。彼の存在はイスラームの多様性と包括性の象徴となり、イスラームが人種的な差異を超える宗教であることの証となっている。これが「ビラールモスク」の名前の由来であり、同名である筆者の名前で命名されているわけではないことを断っておきたい。

因みに、二〇二一年の時点で、日本全国にあるモスクの数は一一〇を超えている。

モスク以外にも、上田市にある「インド料理ジャイプール」（写真5）のようなハラールレストランや坂城町にある「ワルン北スマテラ」（写真6）のようなハラールショップなどがある。これらのイスラーム関連施設の存在は、これからのイスラームインバ

写真5　インド料理ジャイプールの外観

写真6　ハラールショップ　ワルン北スマテラの外観

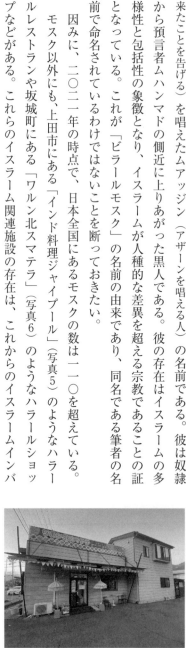

ウンド、ムスリム旅行者の増加に大きな役割を果たす存在となるだろう。

5　イスラームの風俗習慣と食文化

まず、イスラームの食文化について簡潔に紹介しておきたい。

イスラーム文化は多様であるが、食文化には共通点がある。ムスリムは「ハラール食品」しか食さない。本来、「ハラール」とは食品に限ったものではなく、「シャリア（イスラーム法）によって許された事物」を意味する言葉である。シャリアとは聖典コーランおよび預言者ムハンマドの慣行（スンナ）や言行録（ハディース）に基づいた法制度をさす。ムスリムはシャリアに反する事物をタブーとし、避ける。シャリアによって禁じられた事物を「ハラーム」という。ハラールかどうかは分からない疑わしい事物を「シュブハ」という。ムスリムは一般的に、罪になるかもしれないと疑い、シュブハな事物から避ける行動をとる。

上記の「ハラール食品」とは、イスラームの教えに則った食品のことをさす。非ハラール食品を「ハラーム食品」といい、食することを禁じる。ハラーム食品として、コーランでは「死肉、血、豚肉、およびアッラー以外（の名）で供えられたもの」とある。豚、肉食動物、爬虫類、昆虫類およびこれらからの副産物、アルコール類はハラームであり、ムスリムは口に入れない。日常生活で、ムスリムたちが加工食品を購入する際、食品パッケージに「加工油脂」、「ショートニング」など、含まれている食材が明確ではない食品を豚脂などのハラーム食材が含まれる可能性がある疑わしい食品とし、購入を拒む。

日本で日常的によく食される豚やその副産物をムスリムたちが口にしないことを不思議に思う日本人が多い。しかし、このことは外国人から見れば、ごく自然なことであり、当たり前である。なぜならば、世界には食すことに関しての文化的・習慣的な禁忌が数多くあるからである。多民族多文化国家や地域では、食文化には民族や宗教による差異があるのは一般的であり、慣習による禁忌を避けるのは言うまでもないごく自然なことである。

豚肉を食べないことはムスリムやユダヤ教徒の食文化である。実は、食に拘る慣習はベジタリアンやビーガンなど、世の中に数多くあり、世界の食文化は実に多様である。よって、食に関して他者の慣習に拘泥することなく、尊重することで対応することは今日では一般常識となっている。言うまでもないことだが、ムスリムにとって、豚肉を食べなくても困ることは何もない。今では、ハラール食材は何処にもある。もちろん、信州も例外ではない。

以下では、まず信州におけるハラール食品について簡潔に触れておきたい。

信州は、ハラール産業を興す自然環境や資源に富んでいる。イスラームの観点から見ると、植物性の食材や果物、卵、ミルクなどの乳製品はそもそもハラールである。また、牛、羊、ヤギなどをイスラームの教えに則って飼育・処理すればハラール肉になる。信州はもともと果物や野菜、肉や乳製品などの産地として知られ、ブランド食品も多い。これらのブランド品のほとんどをハラール食品として転用できる。一般の加工食品でも、ムスリムがハラール食材をイスラームの教えに則って加工すれば、ハラールになる。

日本では、一般的に「ハラール認証」を取得しない限り、「ハラール」を名乗ってはいけないと思いがちだが、実際「ハラール」は「ハラール認証」よりはるかに広い概念であり、必ずしも「ハラール認証」を必要とするものではない。前節で取り上げた「インド料理ジャイプール」はその一例である。ジャイプールのオーナーとの話で分かったことだが、ジャイプールは「ハラール認証」を受けていない。しかし、オープン当初から、インド出身のムスリムシェフを雇い、ハラール食材を使った料理を提供しているので、信州在住のムスリムたちにハラールレストランとして公認され、利用者の好評を得ている。

ハラール食品に関するより詳細な知識を求める読者には『食のハラール入門』（阿良田二〇一九）をお薦めしたい。

今日では、学校教育現場でも、イスラーム文化の影響が現れる場面がある。日本の学校は宗教的な要素を排除する方針を取っている。だが、ムスリム児童のニーズに合わせて、柔軟な対応を取っているところもある。例えば、ハラールではない食材が含まれる給食の日にはムスリム生徒に弁当を持参させたり、ラマダン（断食）期間中に断食を行っている生徒に昼の休憩やお祈りする場所を提供したり、プールの授業でプールに入りたがらない（裸を人に見られたくない）意志を表す女子生徒やヒジャブを被っている女子生徒などに適切に対応したりする学校も徐々に増えてきている。

医療現場でも患者からムスリムの文化慣習に従った医療行為を求められる場合がある。イスラームの文化慣習では、女性と男性との直接の身体的接触をタブーとされる。特に、婦人科検査やお産の際、必ずといっていいほど患者かその家族が女性医師や看護師が検診するように要望する。実は、これはシャリア（イスラーム法）で男女の直接接触を禁じることに由来する行為である。

イスラームの慣習に関わる問題がもう一つある。日本在住のムスリムたちの悩みごとの一つは葬儀である。日本では一般的に火葬を取り入れているが、イスラームは一般的に土葬で、火葬は禁じられる。しかし、日本には現時点でムスリム用の土葬ができる墓地はそう多くないのも事実である。

おわりに

イスラーム文化は、イスラームに基づいた特有の文化であり、ムスリムの日常に反映されているものである。イスラーム文化を理解することは、異文化理解の範疇だけに留まらず、地域興し、ムスリムインバウンド、ハラール産業による地域活性化、在日ムスリム児童の習慣への理解、さらにはムスリム女性の診察などにおける適切な配慮、ムスリムの墓地問題などの諸問題への対応においても不可欠である。今日では、日本国内でもムスリム人口が増加傾向にある。今後、イスラーム文化に関する基礎知識は飲食や旅行などのサービス業界だけではなく、教育関連機関や行政機関でも必要となってくるだろう。

〔参考文献〕
店田廣文「世界と日本のムスリム人口2019／2020年」多民族多世代社会研究所、二〇二一年
大塚和夫 他『岩波 イスラーム辞典』岩波書店、二〇〇二年
阿良田麻里子『食のハラール入門 今日からできるムスリム対応』講談社、二〇一九年

『大学的長野ガイド』の読者に向けて

本書は、学術論文や啓蒙書とは異なり、多様な読者層を対象としている。長野県に住む方々、長野県を訪れる観光客や旅行者、自然や環境、地域文化に関心を持つ一般読者、教育関係者や高校生・大学生、移住や地方創生に関心がある方々、地元企業や観光事業者など、多様なバックグラウンドをもつ読者層が想定される。特に高校生や大学一年生に手にして欲しい。

高等学校の「総合的な探究の時間」では、課題を解決する力や自己の生き方を考える力を養うことを目的に、探究的な見方・考え方を働かせ、横断的・総合的な学習を行うことが重視されている。この探究学習を修学旅行の事前・事後学習にも取り入れる学校も増えており、本書はその教材としても活用が期待される。観光スポットや地域の特色が学術的な視点で紹介されており、生徒たちの学びを深めるきっかけとなるだろう。

大学の初年次ゼミでは、基礎知識の習得や研究の進め方を学ぶとともに、卒業研究に向けたテーマ選びも行う。本書には大学教員が選んだ魅力的な研究テーマが掲載されており、学生が自身の興味を見つける助けとなるだろう。研究の面白さを感じ、学びの幅を広げる教材としても本書を活用していただきたい。

私の研究分野では、少しでも評価の高い学術雑誌に論文が掲載されることに情熱を燃やす。そのような論文は学術的意義が高く評価されるが、多くの場合、英文で書かれているため、専門家には読まれても、一般の方々にはほとんど読まれることがない。こうした論文が一定数蓄積されると、それを一般の方々にも理解してもらえるようにわかりやすく書き直し、一般書籍として出版を目指す。しかし、研究者が啓蒙書としてまとめたつもりであっても、その内容は専門性の高いものであるため、一般の読者に広く読まれる機会は限られてしまう。その結果、研究が社会にどのように役立っているのか、不安に思うときがある。そのような中で、『大学的長野ガイド』の執筆に携わる機会を得たことは、大学教員として大変貴重な経験であった。研究者としての独自の視点から見た「長野」の姿を、本書を通じてより多くの人に届けられることを、心から嬉しく思う。

編者　髙橋一秋

『大学的長野ガイド』の発刊に至るまで

二〇二〇年夏、個人的な出版企画の相談を目的に、いくつかの出版社に電話をかけていた。昭和堂で応対してくれたのは、物腰の柔らかい男性スタッフであった。挨拶の後、書店で目にした「大学的地域ガイド」シリーズについて賞賛の言葉を述べたところ、そのスタッフがシリーズを担当する大石さんであることがわかった。個人的に相談した出版企画は実現に至らなかったが、ここでシリーズ長野県版の企画が未定と聞いた。だったら長野大学を、と暫定的な候補としてご検討いただくよう要請した。

電話後、長野大学における出版社企画型の出版事例を情報収集した。しかし、すぐに先例がないことが判明した。これは案件を持ち込むための正規ルートがないことを意味するので、調整の難航を予感した。いずれにしても執筆者を確保し、なんらかの予算を確保せねばならない。嫌な予感を断ち切るため、ひとまずチラシを作成して全教員に配布した。すると励ましの反応があり、企画は、教員個々のつながり合いで具体化していった。まれに研究室へ招かれ、激励してくれた教員もいた。きっと大丈夫だろうと思えてきた。

二〇二一年冬、執筆者が出揃った。長野大学の事業に追加することを大学執行部へ相談し、審議を依頼した。しかし、具体的な目次や執筆原稿などを添えてほしいとの指摘を受け、あっさりと差し戻されてしまった。嫌な予感は、的中したのである。この逆境で、研究関連部門の長として大学運営に従事していた先生から親身に相談に応じていただいた。この先生が、本書の共同編者の髙橋先生であり、再出発の大きな支えとなった。

二〇二二年夏、まだまだ予算確保の見通しが立たずにいたが、執筆者たちは自己負担を覚悟しながらも執筆を続けたいという熱意を示してくれた。長野大学の三学部にまたがって力を添えていただいた執筆者各位には、頭が下がる思いである。これが支えとなり、二年間も待たせていた昭和堂さんから長野大学を正式な候補として認めていただくこととなった。

二〇二四年春、難所である二度目の学内調整が始まった。熱心に対応してくださったのが、環境ツーリズム学部長である。その結果、学長からも本書の価値をお認めいただき、学長裁量費が得られた。実は二〇二〇年夏に研究室へ私を招き激励したのは、塚瀬学部長(当時は学部長に就いておられなかった)であった。出版に理解のある小林学長と塚瀬学部長のご高配がなければ本書は完成に至らなかった。

二〇二五年、『大学的長野ガイド―こだわりの歩き方』が完成した。困難な状況もあったが、いつも好転したのは、関係者の皆様のおかげである。とくに大石さんは四年半にわたり身近に本書の完成を信じてくだり、最大の支えとなった。待たせておきながら、本書は細部にこだわってしまった。それでも大石さんは、一緒にこだわるものをつくりたいと、いつもお願いを受け入れて寄り添ってくれた。ここに記すことで、最大級の感謝の意を表す。

編者　横関隆登

●や行●

●ら行●

●た行●

●な行●

●は行●

●ま行●

●さ行●

索引

●あ行●

●か行●

大学的長野ガイド―こだわりの歩き方

2025年3月25日　初版第1刷発行

監修者　長野大学環境ツーリズム学部

発行者　杉田　啓三

〒607-8494 京都市山科区日ノ岡堤谷町3-1
発行所　株式会社　昭和堂
TEL(075)502-7500／FAX(075)502-7501
ホームページ　http://www.showado-kyoto.jp

印刷　亜細亜印刷

ISBN 978-4-8122-2318-5
乱丁・落丁はお取り替えいたします。
Printed in Japan

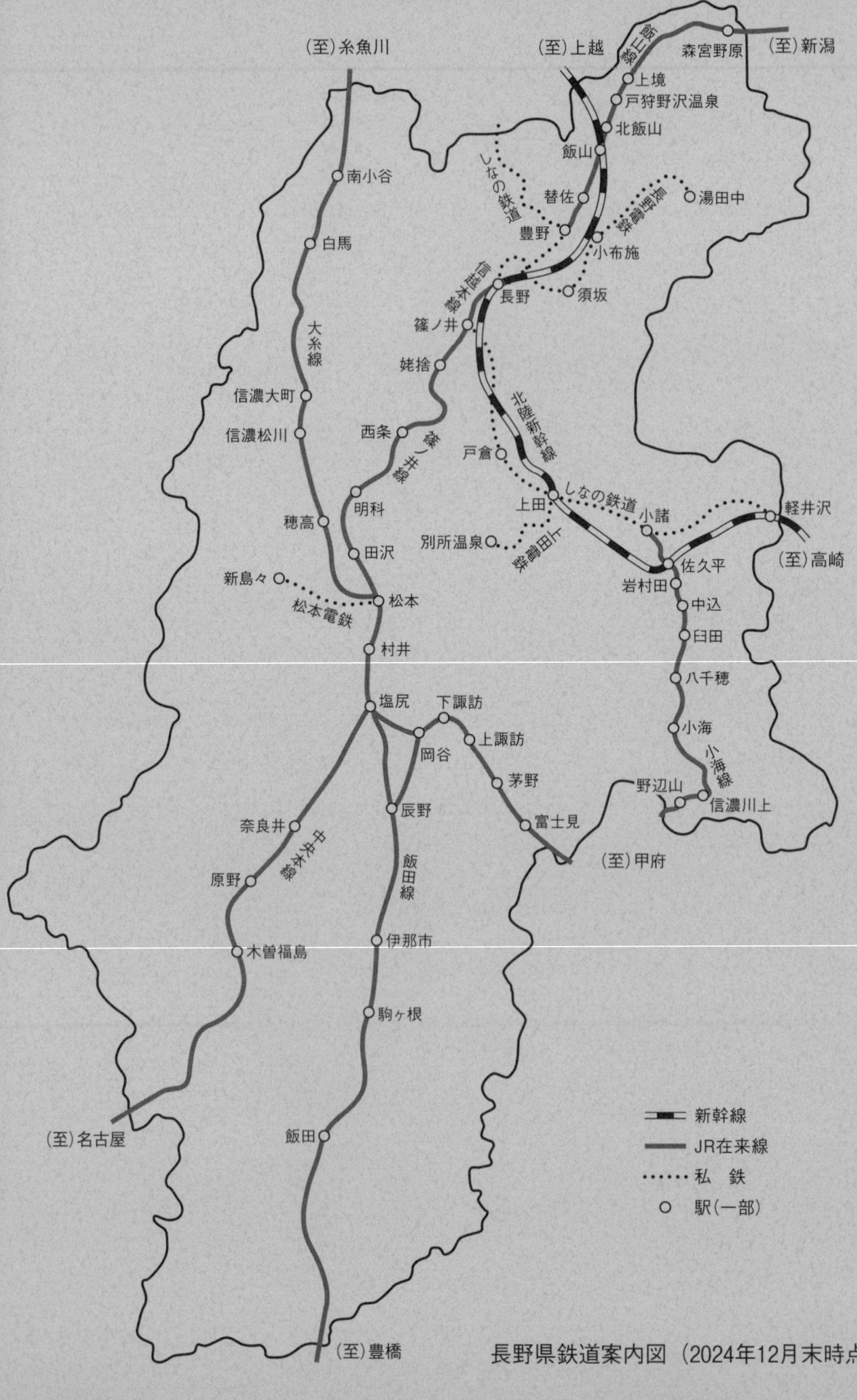

長野県鉄道案内図（2024年12月末時点）